作者简介

郭春镇，男，山东聊城人，厦门大学法学院副教授，法学博士，吉林大学理论法学研究中心博士后，福建省法学会法理学专业委员会秘书长，华东政法大学外国法与比较法研究院客座研究员，厦门大学立法学研究中心副主任，厦门大学法学院法律与认知神经科学研究中心研究员，厦门大学知识论与认知科学研究中心研究员，芝加哥大学访问学者，伊利诺伊大学访问学者。

  著有《法律父爱主义及其对基本权利的限制》（法律出版社 2010 年版）一书，参与翻译《审判故事》（人民大学出版社 2012 年版）一书；曾在《中国社会科学》《学术月刊》《法学研究》《环球法律评论》《法制与社会发展》《法律科学》《法学评论》《北大法律评论》等期刊发表多篇学术论文和译文，其中多篇被《新华文摘》、中国人民大学报刊复印资料等全文转载；主持国家社科基金和省部级课题多项；获福建省社会科学优秀成果奖、吉林省优秀博士后等多项省部级奖。

张薇薇，女，河南许昌人，厦门大学法学院讲师，法学博士，福建省法学会法理学专业委员会理事，厦门大学法学院法律与认知神经科学研究中心研究员。

  著有《宪法未列举权利比较研究》（法律出版社 2011 年版）一书，曾在《国外社会科学》《法学评论》《武汉大学学报》（哲社版）等期刊发表多篇学术论文，其中有文被中国人民大学报刊复印资料全文转载，参与国家社科基金和省部级课题多项，获中国法学会"第七届中青年宪法学者优秀科研成果奖"等多项省部级奖。

转型期权利的法律保障研究

——以未列举权利及其推定为例

郭春镇　张薇薇◎著

■ 本书为上海市普通高等学校人文社会科学重点研究基地华东政法大学外国法与比较法研究院资助项目"美国宪法未列举权利发达史研究"最终及后续成果

■ 本书为中国法学会部级课题"比较法视野中的中国宪法未列举权利研究"最终成果（项目编号：CLSD0921）

■ 本书获中国博士后科学基金第四十九批面上资助和第四批特别资助

厦门大学出版社　国家一级出版社
XIAMEN UNIVERSITY PRESS　全国百佳图书出版单位

目　录

引 言

　　权利被认为是"法律思想的起点"①和"法的真谛"②。权利之于人的意义,是不言自明和一言难尽的。说它不言自明,是因为对权利的需求和渴望不仅是人类根深蒂固的一种向往,③在某种意义上它还是人之为人之所赖,正是它的存在,才使得人真正成为万物之灵长,成为有活力和尊严的主体。说它一言难尽,不仅是因为人们观察权利的视角多种多样,权利呈现出"谱系化"特点,就像棱镜折射出的光芒,有不同的波长并呈现不同的色彩;而且因为权利的范围仍是一个聚讼纷纭的论题,它是仅限于法律规范明文列示的文本之中,还是除了明示权利之外,尚包含那些"隐匿"于文本之中并因此需要解释、推定乃至"挖掘"的权利,仍存在着种种分歧与争议。也正是由于权利的这些特点,才使得它如同磁铁一样吸引学人尤其是法律学人的关切,关于权利的各类不胜枚举、汗牛充栋的著作和论文即是明证。

　　有法谚云:对于自己权利的无知,无害于该权利。④ 这里的无知,可以理解为法律文本规定了某项权利而主体却浑然不知,但这种不知并不影响当事

---

　　① ［德］拉德布鲁赫:《法学导论》,米健、朱林译,中国大百科全书出版社1997年版,第6页。

　　② 张文显:《从义务本位到权利本位是法的发展规律》,载《社会科学战线》1990年第3期。

　　③ ［美］博登海默:《法理学——法哲学及其方法》,邓正来等译,华夏出版社2001年版,第278页。

　　④ 其拉丁文表述为:Ignorantia juris sui non praejudicat juri. 英文表述为:Ignorance of one's right does not prejudice the right.

1

人在规范意义上对该权利的享有。而这些权利,既包括法律文本中明文直接规定的权利,也包括文本虽然没有直接规定但可以从中推导而出的权利,甚至在特定情况下还包括文本没有规定但主体应当享有的某些权利。那些文本没有明文直接规定而推导出来的权利和主体基于人之为人而应当享有的权利,都涉及权利的推定。

当然,一项权利应否在法律意义上存在,并不完全取决于主体的"知"或"无知"。"无知"不影响权利的存在与被享有。"知道"自己"应该"享有也并不意味着法律规则或原则就一定会予以规范性表达,更不意味着社会现实就能承受这些权利的存在。一项权利在法律意义上应否存在,涉及几个不同的维度。一是权利的范围,它包括权利的主体与客体,前者是指谁拥有权利,后者是指权利针对的对象;二是权利的内容,即不同的权利要求;三是权利的力度,即这种权利是否和与其相互抗衡的一个或多个对手在衡量时能够获得更重要的分量,并因而被承认为一种权利。就后二者而言,权利主张的力度决定了权利的内容,如果权利主张 A 的力度超越了 B 和 C,那么 A 就有资格被承认为权利的内容。衡量不同权利主张者谁具有权利主体地位和权利力度标准的问题,在李泽厚那里被称为"度",①即"掌握分寸,恰到好处",亦即对不同的权利主张进行综合、适切的衡量,这个"度"产生和出现在生产技艺中。这种"恰到好处"的结构和形式,是在实践—实用中形成的。

宪法未列举权利(unenumerated constitutional rights),意指那些宪法文本中没有列举出来的宪法权利。这个术语自身的表达方式注定了它必须先就"权利"这一概念进行界定,否则就会沦为无源之水和无本之木。按照应然—实然这种二分框架,权利可以分为应然权利与实然权利,前者是指权利主体应该享有的权利,包括道德上的应然权利和法律上的应然权利(亦称法定权利),后者是指权利主体实际享有的权利。在我国,通常将其细化为应有权利(道德上应该享有的权利)、法定权利(法律规定人们应该享有的权利)和实有权利(权利主体实际上所享有的权利)。② 对这三种权利的着力点的不同也是自然法学、规范法学和法社会学分野的标准之一。宪法未列举权利则在这三者之间横跨和交错,因此其范围和力度尤其容易引发纷争,并由此影响人们对某些宪法权利的享有与实践。

---

① 李泽厚:《历史本体论》,三联书店 2002 年版,第 1～4 页。

② 李步云:《论人权的三种存在形态》,载《法学研究》1991 年第 4 期。

宪法未列举权利这一表述所引发的核心问题是：对于那些宪法文本中没有明确列举的基本权利，是否就不是宪法权利？对于这个问题的回答，有两大类不同的答案，第一类是否定式的，即基于规范法学进行最为狭义的理解：宪法中没有列举的权利，当然就是不受宪法保护的权利。第二类是肯定式的，其中又可分为以下几种：(1)从自然法学的立场来看，有些基本权利，哪怕在宪法文本中并没有列举，由于它们之于人们的基础性价值与作用，因此也应该为人们所享有，这些权利可以视为宪法没有列举的权利。如我国《宪法》并没有明文规定公民的生命权与生存权，但这并不意味着人们没有这些权利。(2)从规范法学的立场来看，有些基本权利，虽然在宪法文本中没有明文的表达，但可以通过对宪法文本的合理解释推导出来。如我国《宪法》中并没有规定良知自由、学术自由等宪法权利，但可以从《宪法》第35条和第36条关于言论、出版、集会、结社、游行、示威的自由和宗教自由等规范中解释而来。(3)从社会实证的立场来看，有些基本权利虽然没有在宪法文本中规定，但在实际生活中人们已经在不同程度上享有，这些权利具有基本权利的重要性，需要并可以上升为宪法权利，适于进行宪法性保护。如隐私权和某些自我决定的权利。

"推定"在中文里的含义被解释为"推测判定"、"推举决定"，①显然，权利推定和未列举权利推定这一名词中的"推定"意指前者。对应的英文是 inference 或 presumption。对于 presumption，由于其更多地作为证据法中的专有名词来使用，是指从其他经司法认知或经证明或承认为真实的事实[一般称为基础事实(basic facts)]中推断出某一事实成立或为真实。② 因此本书所用的"推定"一词为前者。对于该词，有这样的解释：infer，reach(an opinion) from facts or reasoning；conclude sth.［(根据事实或推理)推断，推定(一想法)］。③ 就推定一词的基本内容而言，无论在英文还是中文里，其所对应的意涵有两类：一类是指推理、推论、推断的过程，一类是推断的结果和推导而得出的结论。④ 作为法律用语，权利推定有以下含义：(1)权利推定是通过事实或推理来确定某项权利的过程；(2)权利推定内在包含着通过事实或推理来确定某项

---

①　在线新华字典，http://xh.5156edu.com/html5/101311.html，访问日期：2011 年 10 月 5 日。

②　元照英美法词典，http://www.lawdata.com.tw，访问日期：2011 年 10 月 5 日。

③　《牛津高阶英汉双解词典》，商务印书馆 1997 年第 4 版，第 762 页。

④　元照英美法词典，http://www.lawdata.com.tw，访问日期：2011 年 10 月 5 日。

权利的技术；(3)权利推定的结果是确定某项权利。

在既有的文献中，在探讨权利推定时，郭道晖教授主张权利推定的方式是从权利推导出权利，从义务推导出权利，从宪法和法律的基本原则、精神和立法宗旨以及"法不禁止则自由"的理念推导出新的权利。① 霍红霞博士主张从法律概念、规则和原则来推导出新的权利。② 在这里，相对于郭道晖教授的权利推定四方式说，作者进行了有说服力的整合，将"法不禁止则自由"作为权利推定的原则之一种。把郭道晖教授的从权利推导出权利、从义务推导出权利整合到从规则推导出权利这一部分中，同时进一步细化和条理化，在这部分增加了从责任推导出权利的内容。此外，作者还通过对法律概念进行分析，认为通过对概念进行与时俱进的解释，可以推导出新的权利。但从作者论述的内容看，有些被推导出的新权利，与其说是"新"权利，不如说是对某些法律上已经规定的权利范围进行扩张性的解释；有些被推导出的是新权利，与其说是"新"权利，不如说是通过对权利主体进行更清晰的界定使其享有了某些权利，而这些权利是法律已经确认或规定的权利。③ 刘星教授就"法不禁止则自由"这一原则进行了更为精致的分析，指出该原则自罗马法时代开始，就为部分国家所接受，并在1789年法国《人权宣言》和1791年的《法兰西共和国宪法》中有明确的规定。④ 在法律规则出现漏洞或法律规定模糊的情况下，虽然对某些行为并没有作出明确禁止性规定，但也不适用于径行推导出某些权利。如对于自己曾审判过的案件，离退休法官是否可具有担任上诉审、再审一方当事人的代理人的权利，虽然当时并没有法律对此作出明确的禁止性规定，但从有关法律的立法精神与目的来看，如果允许其代理，有可能会影响到案件的公正判决，因此应予禁止。又如法律并没有明确禁止人们自杀，但据此就说人们有自杀的权利也未必合理，更难说具有法定的权利甚至"求死"的权利。此外，在适用法律规则时，也可能会出现权利推定的情况，有些民事行为法律并没有明文禁止，从这个意义上说是不直接违反法律的明文规定，但有可能违反社会道德、政策或公共利益而不应认定其应享有权利，这在《民法通则》第6条中也有

---

① 郭道晖：《论权利推定》，载《中国社会科学》1991年第4期。
② 霍红霞：《论权利推定》，吉林大学2008届博士学位论文，第87～115页。
③ 霍红霞：《论权利推定》，吉林大学2008届博士学位论文，第109～115页。
④ 《人权宣言》第5条规定：法律只能禁止有害于社会的行为；凡是法律不禁止的，都是许可的。

所体现。① 总之,无论在民事领域,还是在行政法乃至宪法领域,这一原则都应该结合具体的规范与现实情况进行审慎对待,而不是笼统地得出不禁止则有权利这种脸谱化和粗线条的结论。② 在这里,作者对权利推定所赖的重要原则"法不禁止则自由"进行了反向分析,从权利限制的角度进行探讨,丰富了对权利推定的理解。

就宪法未列举权利的推定而言,我国已经有部分文献涉及对未列举权利的探讨,③这些论著分别从宪法未列举权利的内涵、宪法未列举权利的产生与沿革、宪法未列举权利的部分推定主体、宪法未列举权利如何认定和保护、如何通过宪法保护此类权利、美国式与德日式宪法未列举权利保护的比较及各自的特点等诸方面进行了分析与探讨,丰富了对宪法未列举权利的研究。但就该权利如何产生、推定主体、推定方式(直接进行宪法性保护还是进行制度性保障)、推定方法、被推定而得的权利内容等问题,仍可进行更为深入的研究。本书的工作即是试图对这些问题进行探析,出于表述便利的考虑,除了在探讨中国宪法未列举权利时以全称称谓外,一般将其称为未列举权利。

---

① 该条规定:民事行为必须遵守法律,法律没有明文规定的,应当遵守国家政策。

② 刘星:《对"法不禁止则自由"的重新审视》,载《法律科学》1995 年第 5 期。

③ 可参见张薇薇:《"人权条款":宪法未列举权利的"安身之所"》,载《法学评论》2011 年第 1 期;夏泽祥:《未列举权利的认定方法与判断标准》,载《山东社会科学》2010 年第 7 期;郭春镇:《从"限制权力"到"未列举权利"》,载《环球法律评论》2010 年第 2 期;张卓明:《法官能否推定未列举权利? ——格里斯沃尔德诉康涅狄格州案述评》,载《云南大学学报》(法学版)2008 年第 2 期;王广辉:《论宪法未列举权利》,载《法商研究》2007 年第 5 期;屠振宇:《未列举基本权利的认定方法》,载《法学》2007 年第 9 期;屠振宇:《未列举基本权利的宪法保护》,载《中外法学》2007 年第 1 期;秦季芳:《概括条款之研究》,台湾大学 1993 年硕士学位论文;李雅萍:《概括的权利保障》,辅仁大学法律学研究所 1995 年硕士学位论文;林俊言:《论非列举权利之宪法保障》,台湾政治大学法律学研究所 2001 年硕士学位论文;李震山:《多元、宽容与人权保障》,台湾元照出版公司 2005 年版。

第一章

未列举权利的产生与权利推定

　　宪法是保护人的基本权利之法,一般而言,一个国家的宪法总是用专章或专门的宪法性文件来对人们的基本权利予以昭示和规定。但在某些情况下,这些文本无法全面涵盖对基本权利的保障,进而无法完全满足人们对基本权利的需求。这一方面是因为人类自身理性与认知能力的有限性,使其在制定宪法中的权利保护规范时无法毫无遗漏地将人们的基本权利包容进来。一方面是时代的发展与社会的进步,使得人们随着这种发展与进步产生了新的权利诉求,而且这些新权利对于人们的重要性也达到了基本权利的程度,但在之前制定的宪法文本中无法直接找到保护这些权利的文本依据。还有一种可能就是尽管某些权利诉求可能已经被某些制宪者所意识到,但由于在宪法文本的形成阶段没有形成基本共识而最终没有成文。这是因为自近代以来,包括宪法在内的任何法律文本都是规则的制定者们经过反复讨论、争辩乃至博弈的结果,是一种达成基本共识的产物。无共识则无法律,因此这些权利主张并没有形诸文本。

　　在这些情况下,为了更为全面和恰当地保护人们的基本权利,可以通过两种方式对宪法进行两种完善。其一是修改宪法,对那些新兴的权利和通过新共识而认可的权利进行保障,其二是通过对宪法中的某些兜底性的权利保障条款进行解释来推定人们享有这些新的权利。众所周知,由于大多数国家的宪法都属于"刚性宪法",因此修宪的门槛很高,难度很大。尤其在一个价值多元或多样的国家,就修宪与否和如何修改宪法内容达成共识是一项艰巨的任务。因此,发挥释宪者的积极性与能动性,通过对那些兜底性的条款进行与时俱进的解释,几乎就成了现代社会一定程度上克服人的有限理性,适应社会发展与新权利诉求的重要方式。这些兜底性条款,有两种表达方式,未列举权利条款大致包含以美国为代表的间接规范方式和以德国为代表的直接规范方式两种表达类型。① 作为间接规范方式的美国未列举权利条款体现在 1791 年 12 月批准的《美国联邦宪法》第 9 条修正案上,该条规定:"本宪法对某些权利的列举,不得被解释为否定或轻视由人民保留的其他权利。"作为直接规范方式的德国未列举权利条款体现在《德意志联邦共和国基本法》(1949)第 2 条第 1 项上,该条款规定:"人人都有自由发展个性的权利,但不得侵犯他人的权利或触犯宪法秩序或道德准则。"由于美国是未列举权利条款的肇始国,其对该条款的理解与解释的过程、对未列举权利推定过程中联邦最高法院解释宪法的技艺都颇值得我们研究和学习,因此本书以对美国宪法未列举权利条款的研究作为探析宪法未列举权利的开端。

第一节　第九修正案的理论争议

《美国联邦宪法》第 9 条修正案规定:"本宪法对某些权利的列举,不得被解释为否定或轻视由人民保留的其他权利。"这一条款产生的历史渊源、丰富意涵及其在司法适用方面所具有的潜力本应使其成为学界研究的宠儿,但令人讶异的是,直至其被批准 174 年后的 Griswold v. Connecticut 案,它才第一次被关注,之后的 Roe v. Wade 和 Planned Parenthood v. Casey 等案件使其进一步吸引来学界和实务界的目光。第九修正案,宛若一个"睡美人",在沉睡了一个半世纪后,在聚光灯下闪亮登场,以艳丽的姿容在吸引了众多学者、法官注目的同时,也让人有了惊艳之余的不知所措。它的意涵、立法目的、适用范围、沿革与发展、它与联邦宪法其他规范的关系等诸多问题使学界与实务界的人士各持己见,甚至针锋相对。这些争议愈发增加了第九修正案的魅力。

在引发对第九修正案研究"井喷"的 Griswold 案中,第九修正案首次在联邦最高法院的宪法权利的推导中发挥保障个人权利的作用——尽管只是辅助作用。道格拉斯(Douglas)大法官在其主笔的多数意见中以第一、三、四、五、九修正案为基础,创造性地运用"伴影"(Penumbras)理论,推导出婚姻中的隐

---

① 张薇薇:《宪法未列举权利比较研究》,法律出版社 2011 年版,第 13 页。

私权这一实体性的宪法未列举权利。① 发表独立协同意见的金伯格(Goldberg)大法官则引用第九修正案作为第五和第十四修正案正当程序条款推导权利的文本支持。② 至此,尽管对于隐私权这一所谓的宪法未列举权利应否存在和产生渊源尚有争议,③但隐私权就此已在规范意义上产生了。而第九修正案即便不是"孕育",但至少"催产"了这一权利。对第九修正案的诸多讨论由此而生,并随着其后相关案件的产生与进展一度形成风潮。④

其实,在学界就第九修正案是限制联邦权力还是维护个人权利展开激烈争论之前,第九修正案在实践中已经以或隐或显的方式被长期适用了。因此,尽管学界的分歧依旧,但实践中第九修正案的确经历了从限制权力的宪法解释规则到保护未列举权利的宪法规范依据的演变,而引发和推进这一演变的,是日益变化的社会需求与思潮。

以对第九修正案的意涵的不同理解,学界大体分为两派别:未列举权利派(unenumerated rights)和限制权力派(limited government)⑤。尽管学者们的观点并不直接具有规范效力,但他们的立场与观点被联邦最高法院的大法官们分别接受,大法官们对第九修正案的观点分属这两大派别或其中的某个亚种。⑥ 因此,这两大派别的观点被大法官们在学理上认可与在实践中应用的次数和程度,在某些时候可能会直接影响到某种权利的获取与丧失。

未列举权利派认为第九修正案提供了司法强制的方式来保护未列举权利,即第九修正案允许法院执行宪法文本中没有写明的宪法权利,⑦比如隐私

---

① Griswold v. Connecticut,381 U. S. 484(1965).

② Griswold v. Connecticut,381 U. S. 499(1965).

③ 布莱克(Black)和斯图尔特(Stewart)大法官发表了不同意见。

④ 根据笔者对目前所搜集到的以第九修正案和未列举权利为题目的文献梳理可知,对美国宪法第九修正案研究的第一个高潮在20世纪80年代末90年代初;第二个高潮体现在1996—2000年度有二十余篇关于第九修正案的文章陆续发表在芝加哥肯特学院的几期专刊中;第三个高潮体现在2006年度宾州大学宪法学期刊对第九修正案的集中研究中。

⑤ 参见 Cameron S. Matheson,The Once and Future Ninth Amendment,38 *B. C. L. Rev.* 186.1996.

⑥ 参见 Cameron S. Matheson, The Once and Future Ninth Amendment,38 *B. C. L. Rev.* 182.1996.

⑦ Cameron S. Matheson, The Once and Future Ninth Amendment,38 *B. C. L. Rev.* 184.1996.

权。限制权力派则认为,第九修正案澄清了在前八条修正案中列举的权利表明没有授予联邦政府未列举的权力,①即第九修正案被用来对联邦权力进行限制性的解释以防范联邦权力的扩张。有限制权力派的学者进一步指出第九修正案与第十修正案是双生(twin)的关系,它们结合起来,分别从权利与权力的面向约束与限制联邦权力,维护联邦主义。② 比如,宪法没有赋予联邦政府任命州法院法官的权力。

一、未列举权利派

支持未列举权利派观点的有三个主要来源:历史(historical)、语境(contextual)与文本(textual)。③

从历史方面来看,在美国宪法生成的过程中,一直存在着联邦主义和反联邦主义之争。联邦主义的"核心问题就是赞成强化'联邦'或者总体权威",优先考量"联邦"的整体利益。1787 年宪法设计的联邦制的目的是要建设一个真正的国家,一个"更完善的联盟",以"能够抵抗外来力量,可以自己维持下去而内部不致腐化"。④ 这一主张遭到反联邦主义者的反对,他们更强调州是个人自由的自然家园、州与地方政府的自治,担心一个过于强大的联邦对地方自治和他们平等、自由生活的威胁,因此他们强调在宪法中增加《权利法案》,对州和人民的在联邦宪法规范中列举和未列举的权利进行保护。

对于反联邦党人坚决要求增加《权利法案》的主张,⑤联邦党人认为,"宪法不是个人之间的,而是主权独立的各州之间的契约",⑥是限制和规范政府权力的基本规则,而且各州宪法中已经包含了《权利法案》的内容,因此没有必

① Thomas B. McAffee, The Original Meaning of the Ninth Amendment, 90 *Colum. L. Rev.* 1307(1990).

② Kurt T. Lash, The Lost Original Meaning of the Ninth Amendment, 83 *Tex. L. Rev.* 427. 2004.

③ Sanford Levinson, Symposium on Interpreting the Ninth Amendment: Constitutional Rhetoric and the Ninth Amendment, 64 *Chi.-Kent. L. Rev.* 140~142 (1988).

④ [美]汉密尔顿等:《联邦党人文集》,程逢如等译,商务印书馆 1980 年版,第 43~44 页。

⑤ [美]赫伯特·J.斯托林:《反联邦党人赞成什么》,汪庆华译,北京大学出版社 2006 年版,第 25 页。

⑥ [美]赫伯特·J.斯托林:《反联邦党人赞成什么》,汪庆华译,北京大学出版社 2006 年版,第 121 页。

要把它们再写入联邦宪法中。联邦主义者担心将《权利法案》包括到宪法中去有两个理由。第一,威尔逊和汉密尔顿表示,《权利法案》将意味着联邦政府拥有列举权力之外的权力;第二,麦迪逊表示,不对权利进行列举是可以更全面地保护权利,列举就意味着没有列举的权利不存在。① 面对这两种意见尖锐的对立,制宪会议的伟大调和者、"宪法之父"麦迪逊促成了两党达成政治共识。为了使联邦宪法被批准,最初反对增加《权利法案》的麦迪逊坚决地向反联邦主义者作出了让步,明确地表明要保护一些不受联邦政府掌控的基本权利。② 根据未列举权利派的这些历史文献,麦迪逊草拟的第十修正案解决了联邦主义者担心的第一个问题,第九修正案解决了第二个。③ 因此,其结论是第九修正案必须保护未列举权利。④

未列举权利派的第二个理由是语境。他们认为,第十修正案规定:"宪法未授予合众国、也未禁止各州行使的权力,由各州各自保留,或由人民保留。"据此,他们认为,第十修正案明确规定了对没有授予联邦的权力由各州或人民保留,这就是对联邦政府的限制。如果还认为第九修正案也是限制政府权力,那么两条修正案的意思就一样了,因此限制政府派的主张会导致第九修正案成为多余。⑤ 正如马歇尔大法官所说的那样,"不能设想宪法中的任一条款在制定的时候是不期望让它有实际效果的"。⑥ 因此,将第九修正案置于整个宪法体系中,限制政府派的观点会导致第九、十修正案的意涵重复,对于经过各派反复讨论的《权利法案》而言,出现这样低级的失误是无法想象的,因此第九修正案应该是对未列举权利的保护。

未列举权利派的第三个理由是文本。他们认为,对于未列举权利,宪法第

① Sanford Levinson, Symposium on Interpreting the Ninth Amendment: Constitutional Rhetoric and the Ninth Amendment, 64 *Chi.-Kent. L. Rev.* 140~141 (1988).

② Russell L. Caplan, The History and Meaning of the Ninth Amendment, 69 *Vir. L. Rev.* 252~253 (1983).

③ Sanford Levinson, Symposium on Interpreting the Ninth Amendment: Constitutional Rhetoric and the Ninth Amendment, 64 *Chi.-Kent. L. Rev.* 141 (1988).

④ Suzanna Sherry, Commentary on the Symposium Interpreting the Ninth Amendment: The Ninth Amendment: Righting an Unwritten Constitution, 64 *Chi.-Kent. L. Rev.* 1001 (1988).

⑤ 参见 Sanford Levinson, Symposium on Interpreting the Ninth Amendment: Constitutional Rhetoric and the Ninth Amendment, 64 *Chi.-Kent. L. Rev.* 142 (1988).

⑥ Marbury v. Madison, 5 U. S. (1 Cranch) 137, 174 (1803).

九修正案的文本已经进行了明晰的说明,对这些文字的字义进行最平实直接的解释就是"对某些权利的具体列举不得被解释为否认在法律体系内未列举权利的同等存在"[1]。基于文义解释这种法学解释中最基本和重要的解释方式,不难得出宪法第九修正案的文本就是对宪法规范中没有列举权利的保护,这意味着对限制权力派观点不言自明的反驳。

二、限制权力派

限制权力派也从历史、语境和文本方面进行反驳。

从历史的角度来看,他们认为发现第九修正案意涵的关键在于对《宪法》是否应该包括《权利法案》的争论。他们引用了未列举权利派承认的史实——作为坚定的联邦主义者的麦迪逊对《权利法案》的态度。[2] 威尔逊、汉密尔顿和麦迪逊都明确表示,将《权利法案》包括进去意味着联邦政府就拥有了在《宪法》中列举的权力之外的权力。[3] 州会议坚持在《权利法案》中增加两个独立的修正案。第一个原则是宣布列举的联邦权力,没有授予的权力由州保留。第二个是宣布对联邦列举的权力进行限制性的解释。麦迪逊建议的《权利法案》草案包括两个条款,反映了州会议的主张:对保留的、没有授予的权力予以宣告和对联邦宪法的解释规则进行阐明,即禁止联邦权力不正当的扩张和保护人民保留的权利。[4] 最后,这成为第九和第十修正案。不知为何,第九修正案的最后版本去掉了权力扩张的语句,留下了权力保留的语句。尽管麦迪逊坚持说第九修正案意义不变,但弗吉尼亚会议却未被说服并延迟了批准,因为他们要求对联邦列举权力进行限制性解释的规则的考虑被忽略了。为此,麦迪逊在众议院做了个演讲,陈述了第九、十修正案的起源和意涵。按照他的说法,这两个修正案的目的是限制联邦政府权力,以防止其干涉本属于地方或州控制的事项,包括采矿、农业和商业。州担心那些没有被《权利法案》明确否定

---

[1]　Sanford Levinson, Symposium on Interpreting the Ninth Amendment: Constitutional Rhetoric and the Ninth Amendment, 64 *Chi.-Kent. L. Rev.* 141 (1988).

[2]　Thomas B. McAffee, The Original Meaning of the Ninth Amendment, 90 *Colum. L. Rev.* 1259~1260 (1990).

[3]　Thomas B. McAffee, The Original Meaning of the Ninth Amendment, 90 *Colum. L. Rev.* 1285 (1990).

[4]　Kurt T. Lash, The Lost Original Meaning of the Ninth Amendment, 83 *Texas L. Rev.* 360 (2004).

的权力会被默认授予联邦,而这会造成联邦权力的扩张。麦迪逊强调,第九修正案的目的不是确认未列举权利,而是考虑到州的担心,根据州的意见和建议采取的补救措施,①专门防止把联邦权力"扩张解释"到由州的人民保留的事项上去,以免损害州的利益。② 弗吉尼亚州因此批准了《权利法案》。

限制权力派的第二个理由是语境。"限制权力"论的解释并未架空第九修正案使其显得"多余",因为该派区分了第九和第十修正案。③ 根据该派的解释,第十修正案明确了联邦政府权力是法定权力之一,《宪法》只是将有限的权力授予政府。尽管《联邦宪法》第 1 条中的"必需而适当"条款对限制政府的目标有所暗示,但第十修正案出台之前,宪法确未明示权力赋予的有限性。在"限制权力"论者看来,第九修正案表明《权利法案》不能以任何方式改变明示权力的联邦体系。因此,他们认为第十修正案消除的是因缺乏明确规定联邦政府只能行使法定权力的《宪法》条文的威胁,而第九修正案消除的则是由《权利法案》带来的威胁。④

限制权力派的第三个理由也是文本。相对于未列举权利派,限制权力派就文本对其观点支持的程度和进行的论证力度似乎有所不及。他们认为第九修正案将联邦政府权力限制于《宪法》的明确规定,没有考虑到对其所用的"权利"和"人民"的概念进行严格的区分。根据"限制权力"论,制宪者几乎是交互使用了"权力"和"权利"两个概念。⑤ 因此,有些论者认为第九修正案的条文

---

① 参见 Thomas B. McAffee, The Original Meaning of the Ninth Amendment, 90 *Colum. L. Rev.* 1285 (1990);也可参见 For an overview of Madison's speech, see Gazette of the United States(Philadelphia), Feb. 23, 1791, reprinted in Documentary History of the First Federal Congress, 1789—1791,at 373～374 (William Charles DiGiacomantonio et al. eds.,1995).转引自 Kurt T. Lash, The Lost Original Meaning of the Ninth Amendment, 83 *Texas L. Rev.* 386～391 (2004).

② 参见 Kurt T. Lash, The Lost Original Meaning of the Ninth Amendment, 83 *Tex. L. Rev.* 332(2004).

③ Thomas B. McAffee, The Original Meaning of the Ninth Amendment, 90 *Colum. L. Rev.* 1306—1307 (1990).

④ Cameron S. Matheson, The Once and Future Ninth Amendment, 38 *B. C. L. Rev.* 187 (1996); Thomas B. McAffee, The Original Meaning of the Ninth Amendment, 90 *Colum. L. Rev.* 1307 (1990).

⑤ 对于政府的权利与权力的产生与转化问题,刘星教授有精当的类比和分析。参见刘星:《法理学导论》,法律出版社 2005 年版,第 130～135 页。

规定并未驳斥"限制权力"对该修正案的解读。① 更有学者从法律解释学的角度出发,认为如果对第九修正案的原初含义——即制定权利法案时立法者的目的——进行探求的话,就需要暂时搁置19—20世纪的宪政发展史,以当时的眼光看待第九修正案的文本,而从现在的视角来看很难理解的是:对于制宪者一代来说,保护人民保留的权利就等同于保护州保留的权利。难怪哈丁(Hardin Burnley)把第九修正案的文本理解为"保护人民的权利和州的权利"。②约翰泰勒更进一步,认为"州的权利就是人民的权利"③,人民保留的权利就是那些留给地方控制的权利,不受联邦的干涉,人民有在其愿意的时候将这些权利给与他们州政府的自由。基于这种原因,州会议坚持要增加一条以保留给州所有未授予的权力、管辖和权利,以更好地保护自由。当麦迪逊能够以限制联邦权力的语句制定第九修正案时,他选择了以权利语句进行表达。④

三、小 结

值得注意的是,在两派不同意见看似激烈的交锋中,有一点似乎双方都有意无意忽略,却被拉什(Kurt T. Lash)教授捕捉到了:他注意并强调了对不同历史阶段第九修正案的理解,他还间接提到了两种不同的宪法规范解释方法——原意主义与客观解释——对双方观点的影响。⑤ 就未列举权利派而言,他们对于宪法第九修正案的解读是基于当前自由主义和个人主义的立场而进行的,将第九修正案视为保护宪法没有列举的、人之为人的自然权利的规范依据。因此,他们更强调从当前社会的价值立场与社会背景理解第九修正

---

① Cameron S. Matheson, The Once and Future Ninth Amendment, 38 *B. C. L. Rev.* 188(1996).

② Letter from Hardin Burnley to James Madison (Nov. 28, 1789),in 5 Documentary History of the Constitution of the United States of America, 1786—1870, at 219 (F. B. Rothman 1998) (1901),转引自 Kurt T. Lash, The lost original meaning of the Ninth Amendment,83 *Tex. L. Rev.* 394. 2004.

③ John Taylor, New Views of the Constitution of the United States 96 (Washington, D. C. , Way & Gideon 1823),转引自 Kurt T. Lash, The lost original meaning of the Ninth Amendment, 83 *Tex. L. Rev.* 394. 2004.

④ See Kurt T. Lash, The lost original meaning of the Ninth Amendment,83 *Tex. L. Rev.* 395~396. 2004.

⑤ See Kurt T. Lash, The lost original meaning of the Ninth Amendment, 83 *Tex. L. Rev.* 394~401. 2004.

案,以此时的"读者"眼光对文本进行"客观"的解释。这种立场当然是可以理解的:毕竟,第九修正案是当前生效的宪法规范文本。而对于限制权力派来说,他们更强调从第九修正案的"原意",从《权利法案》产生的联邦主义的历史背景、州会议的提议、制宪者在协调与平衡各方立场的考量出发来分析第九修正案的意涵,对它所蕴含的"原初意思"通过历史追溯和理论跋涉来进行探求,以此为基础得出第九修正案与第十修正案一起,从不同角度对联邦权力进行限制与约束,以保护基于人民主权而存有的州和人民的权利。此时,他们追求的是"作者"的"真实意思"。作为对第九修正案进行了深入研究并有极为丰硕成果的学者,拉什教授通过语言和技术处理,审慎地将自己的研究侧重于追问第九修正案的原意,其系列论文中印证了第九修正案作为限制对联邦权力进行扩大解释的立法目的。① 因此,就两派的观点而言,根据其研究方法和对宪法规范的解释方式的不同而产生的争议,如果进行简化分类的话,可以分别代表随着时代的变迁而产生的"阶段式理解"。限制权力派是基于对制宪者原意的探究的立场,其观点侧重于制宪时第九修正案的含义;未列举权利派则是基于现代自由主义和个人主义立场而对宪法文本的当前应该具有的含义进行探求,其观点侧重于对第九修正案的当前理解。两派的观点不存在非此即彼的对错之分,他们的纷争是基于不同立足点观察的眼光在此产生的交错,而非对视。

第二节　宪法实践中的第九修正案

学术理论争议可以一直存续下去,而法律判决则没有这么"幸运"——它必须在限定的时间与空间内对特定的法律争议作出裁判。美国法院对第九修正案的适用可以让我们看到在实证法学的框架内第九修正案的定位及在相应案件中所起到的作用,这也是对未列举权利派和限制权力派的理论争议在司

---

① 拉什教授有对第九修正案研究的"重量级"的"三部曲":The Lost Jurisprudence of the Ninth Amendment, 83 *Tex. L. Rev.* 648(2005); The Lost Original Meaning of the Ninth Amendment, 83 *Tex. L. Rev.* 427. 2004; A Textual-Historical Theory of the Ninth Amendment, 60 *Stanford Law Review* 895 (2008).

法实践中的验证。让第九修正案声名大噪的是 Griswold v. Connecticut 案，此案之前，第九修正案其实在很多案件中已经在不同程度上被注意和适用了。而在此案之后，在对联邦最高法院大法官的听证会上，参议院常常将第九修正案作为在某种意义上认定大法官候选人的政治立场和是否同意其成为大法官的标准，[①]不能让参议院满意的回答者有可能就此失去成为大法官的机会。因此，观察第九修正案在实践中的作用、影响、沿革对于探索它的"真实"意涵及其意涵的流变是有意义的。当然，由于司法实践中与第九修正案有直接、间接关系的案例有很多，本书只能对其中具有代表性的进行相对详细的梳理与分析。

通过梳理，可以看到在二元联邦制下，第九修正案在宪法实践中一直作为限制联邦权力的解释规则而存在。在二元联邦制后期第十四修正案的出现使得联邦权力有所扩张并对第九修正案的传统理解发生偏离，而"新政"则基本终结了这种解读。在后二元联邦制阶段，第九修正案经由大法官的解释，成为保护个人未列举权利的规范依据。

一、二元联邦制下对第九修正案的解释

联邦党人和反联邦党人就国家制度妥协的结果，是所谓"二元联邦制"：中央政府负责外交、国防和州际间事务，州政府全权负责州内事务。在这种框架下，依麦迪逊所说，就是中央政府的权力"很少而且有明确的规定"，州政府权力"很多但没有明确规定"。有关"人民的生命、自由和财产以及州的治安、改良和繁荣等方面有关的一切"事务，一般情况下均归州政府管理。[②] 一般而言，从制宪到 20 世纪 30 年代被视为二元联邦制时期。

（一）二元联邦制确立期间对第九修正案的解释及其"原意"

美国银行案（McCulloch v. State of Maryland[③]）是牵涉联邦与州分权的

---

① 在众议院听证会上各法官对于就第九修正案是否含有隐私权问题的回答可参见 Cameron S. Matheson, The Once and Future Ninth Amendment, 38 *B. C. L. Rev* 181. 1996.；Sanford Levinson, Symposium on Interpreting the Ninth Amendment：Constitutional Rhetoric and the Ninth Amendment, 64 *Chi.-Kent. L. Rev.* 135 (1988).

② ［美］汉密尔顿等：《联邦党人文集》，程逢如等译，商务印书馆 1980 年版，第 238 页。

③ 17 U. S. 316 (1819).

重要案件之一，在一些重要的教科书中，它被安排在宪法案例的首要位置。①它之所以被如此安置，是因为该案与更早之前的合众国第一银行应否建立及其合宪性等问题联系在一起。

1790年12月，财政部长汉密尔顿向国会提交了一份建立国家银行的计划。以求强化联邦政府，帮助征税和公共财政的管理，并能为政府提供贷款，用于偿还战争留下的内外债和建设跨州的基础设施。国会批准了汉密尔顿的建议，华盛顿总统也签署法案成立了"合众国第一银行"。第一银行经营期限满后即1811年，反联邦党占优势的国会拒绝重新授权。四年后，由于战争带来的经济混乱以及各州银行不负责任的财政行为，国会再次表决通过了建立国家银行，并由原来对成立联邦银行最激烈反对的、此时已成为总统的麦迪逊签署了法案，合众国第二银行于1816年成立。由于第一、第二银行不是纯粹的政府机构，有80％的私人投资者股份，它们在充当着政府的首要财政机构、改善全国的金融状况的同时也影响了州银行和其他私人投资者的利益。马里兰州议会于1818年立法规定对未经州议会批准成立的所有州内银行或银行分支征收1.5万美元的年税。事实上唯一符合征税条件的就是合众国第二银行设在马里兰州巴尔的摩市的分行，可见该征税法律的矛头直指联邦政府。由于第二银行没有按照州的规定交税，马里兰州将麦卡洛克（分行的出纳员）告到州法院，法院判后者败诉并罚款100美元。麦卡洛克不服上诉，州上诉法院维持原判，最后该案到了联邦最高法院。由马歇尔担任首席大法官的联邦最高法院判定马里兰州议会对美国银行征税的法律因违宪而无效。马歇尔所依据的是宪法第1条第8款，即"必需而适当"条款，该款规定国会有权制定为行使宪法赋予国会的权力和由宪法授予联邦政府的一切其他权力"所必需而适当的任何法律"。据此，他认为政府不仅拥有宪法所列举的权力，还拥有默示的权力。"必需而适当"条款和马歇尔所阐发的默示权力论成为后来美国联邦权力扩大的重要依据。

尽管马歇尔大法官在其判决中对宪法第1条第8款以扩张的方式进行了解释，但同为联邦党人的麦迪逊总统则在第一银行成立之时就有激烈的反对意见。反对成立银行的人认为，只有对国会列举的权力进行不合理的扩张性解读才能导致有权成立银行。杰弗逊认为这样的"扩张解释"会破坏第十修正

---

① 参见［美］保罗·布莱斯特等：《宪法决策的过程：案例与材料》，张千帆等译，中国政法大学出版社2002年版，第7～55页。

案所宣告的列举权力原则。① 他认为联邦宪法的基石是"所有没有通过联邦宪法规范授予联邦政府的权力,所有联邦宪法没有禁止授予州的权力都应保留给州或人民"。如果允许对必需和正当条款进行这样扩大的解释,给予联邦未列举的权力,那么这种权力就会延伸到各处,造成联邦权力的扩张并侵犯州所保留的权利。②

1791 年的 2 月 2 日,麦迪逊在众议院发表了他的演讲,质疑成立银行的合宪性。③ 麦迪逊宣布银行案侵犯了州的权利——第九修正案规定的州免受侵害的权利。麦迪逊的主要观点是:联邦宪法规范没有授予联邦成立股份银行的权力。他坚信联邦政府是一个具有有限列举权力的政府,如果国会有权成立银行,它必须正确地解释这些权力以找出其成立银行的权力。在有争议的案件中,争议方关于工具④的观点如果能通过合理的证据收集而证立,该观点才能是正当的。麦迪逊相信"巨大和重要的权力"不能源自默示的方式,而要求明确的列举。成立一个银行不能被认为是一个附属的权力,如果它对联邦的确是必要的,它就应该被列举。因此麦迪逊明确表示银行的成立会"直接干涉州的权利"。⑤

麦迪逊认为联邦宪法结构蕴含了正确的解释规则,联邦主义者对州会议所做的陈述中明确表达了该规则并使其体现在第十一和第十二修正案的文本中。他认为:联邦议会提出的解释性的修正案体现了该规则,对于人们争议的权力幅度范围的划分,提供了好的典据。由于这些解释不仅是由联邦议会提出,而且有四分之三的州所批准,因而更应受到尊重。这些提议中的第十一修

---

① Thomas Jefferson, Opinion on the Constitutionality of the Bill for Establishing a National Bank (Feb. 15, 1791), in 19 The Papers of Thomas Jefferson, 275, 276~80 (Julian P. Boyd ed., 1974).

② Thomas Jefferson, Opinion on the Constitutionality of the Bill for Establishing a National Bank (Feb. 15, 1791), in 19 The Papers of Thomas Jefferson, 275, 276~80 (Julian P. Boyd ed., 1974).

③ For an overview of Madison's speech, see Gazette of the United States (Philadelphia), Feb. 23, 1791, reprinted in 14 Documentary History of the First Federal Congress, 1789—1791, at 367 (William Charles DiGiacomantonio et al. eds., 1995).

④ 这里的工具是指成立银行的权力被当作执行联邦宪法规范中列举权力的工具。

⑤ James Madison, Speech in Congress Proposing Constitutional Amendments (June 8, 1789), in James Madison, Writings 283 (Jack N. Rakove ed., 1999)。转引自 Kurt T. Lash, The Lost Original Meaning of the Ninth Amendment 390。

正案,意在防止对联邦权力进行扩张性的解释;而第十二修正案,则意在排除所有宪法规范中没有列入的权力。①

法院经常在他们的非官方的言论——信件、论文和出版物中发现"制定者的意旨"。对此,大法官威特(Waite)解释道:"既然这确实出自于这种方式倡导者中一位公认的领袖,它几乎可以被看做是对该修正案的范围和影响(所作的)权威声明而被接受……"②虽然马歇尔大法官并没有在其执笔的判决书中提到麦迪逊的观点,但作为《权利法案》起草者,尤其是第九和第十修正案起草者的麦迪逊的观点,无疑是应该被重视的。因此,马歇尔的忽略,或许是一种选择性的忽略。从另一个角度考虑,或许马歇尔认为,作为一个坚定的联邦主义者,麦迪逊内心深处应该不会反对有一个强大有力的联邦。而他就第一银行问题在参议院所做的演讲,虽然是旗帜鲜明地反对对联邦权力进行扩大化的解释,但考虑到当时的背景是弗吉尼亚会议延迟了联邦宪法的批准,麦迪逊如此陈述,或许只是基于一种谋略,只是为了让宪法被批准而不得不做如此的让步和诠释。因此,马歇尔选择性地忽略了规范文本作者麦迪逊的"原意",宣告了宪法规范中所蕴藏的"默示权力"。当然,这或许只是本书作者的"小人之心",麦迪逊的内心所想,他人自是无法全部猜透。但从一个旁观者的角度来看,法律人研究的是外在表现而非内心的状态,一个人内心所想并不重要,重要的是他是怎么说的、怎么做的、怎么向他人承诺的。即便麦迪逊后来签署成立了第二银行,旁观者要求掌权的联邦党人在后来的宪法解释中遵守他们的领袖、宪法修正案作者麦迪逊的诺言和解释,应该也是正当的、无可非议的要求。

(二)二元联邦制发展期间对第九修正案的解释

内战使得南北平衡被打破,但二元联邦制仍在存续和稳步发展。在第十四修正案产生之前的二元联邦制平衡构架稳定存续期间,麦迪逊对第九修正案的解释一再被适用于银行案之后的一些案件中,该观点成为在宪法实践中

---

① James Madison, Speech in Congress Proposing Constitutional Amendments (June 8, 1789), in James Madison, Writings 489 (Jack N. Rakove ed., 1999) 转引自 Kurt T. Lash, The Lost original meaning of the Ninth Amendment 489。需要说明的是,这里的第十一、十二修正案是指后来的第九与第十修正案。因为在所提议的12项修正案中,1791年批准了10项。于是其中的最后两条称为后来的第九和第十修正案。

② [美]保罗·布莱斯特等:《宪法决策的过程:案例与材料》,张千帆等译,中国政法大学出版社2002年版,第138~139页。

的"通说"。在 19 世纪，与第九修正案所涉的案件很少，主要有：United States v. Robins①、Huston v. Moore②、Holmes v. Jennison③、Roosevelt v. Meyer④。

在 1799 年，美国公民乔纳森·罗宾斯(Jonathan Robins)被诉在公海上的英国战船上犯有谋杀罪。按照英美的协定，罗宾斯应该被引渡到英国受审。罗宾斯认为这侵犯了他受陪审团审判的权利，按照罗宾斯律师的说法，第九和第十修正案保留了人民受陪审团审判的权利。法院驳回了他的诉讼请求，没有对第九和第十修正案进行讨论。

在第二个案件中，宾州民兵入册人员休斯顿(Huston)因拒绝加入其分遣队被宾州指控没有履行法定的联邦民兵役义务并依照州法被罚款。休斯顿认为该案中宾州法律"违反了联邦宪法"，尤其是第 1 条第 8 款和第 15 条、第 16 条。他认为，联邦关于军事的权力是排他性的，因为它"排除了州"的管辖。因此即便联邦国会没有建立自己的军事法庭，州仍无权创立军事法庭并对违反联邦军事法律的人施加制裁。华盛顿(Washington)法官在其撰写多数意见中认为联邦国会并没有授予联邦法院对此类案件有排他的管辖权，判决休斯顿有罪。而斯托里(Story)大法官则提出了不同意见，他认为第九修正案一个最初的目的是防止《权利法案》被解释为国会的权力扩展到除了明确限制的所有事项上来。⑤

第三个案件中，一个被控犯有谋杀罪的加拿大公民在佛蒙特州被捕获，佛州的州长下令州法院将其引渡到加拿大当局，而没有注意到美国与加拿大的宗主国英国没有引渡协议。在联邦最高法院，前州长范·内斯(C. P. Van

①　27 Fed. Cas. 825，no. 16,175 D. S. C. 1799.
②　18 U. S. 1 (1820).
③　39 U. S. 14 Pet. 540 540 (1840).
④　68 U. S. 512 (1863).
⑤　需要注意的是，这里斯托里用的是第十一而非第九修正案。第十一修正案的主要内容是限制联邦法院对个人诉州的案件的管辖权，在这一段斯托里不是在讨论联邦法院的管辖权，而是对联邦的立法权进行正确的解读，这是第九而不是第十一修正案下的内容。第十一是第九修正案在早期会议上的位置，这表明斯托里是以早期《权利法案》中第十一修正案的眼光看待当时的第九修正案的，或许这种理解是最贴近该修正案原意的。令人感到意味深长的是，斯托里是麦迪逊提名而称为大法官的，他对该修正案的理解因此可能是最贴近"原意"的。

Ness)认为时任州长的单边引渡行为违反了被告人第五修正案规定的正当程序权利,他认为人民保留受包括联邦和州政府尊重的固有个人权利。他区分了第九修正案的权利保留和第十修正案的权力保留,同时认为不仅第九修正案承认了这些权利,《权利法案》也应该被理解为授予了联邦政府权力以保护这些权利不受州的侵犯。联邦最高法院驳回了被告的主张,仍然没有讨论范·内斯对于第九和第十修正案的观点。

在第四个案件中,迈尔(Meyer)希望以联邦发行的纸币支付他欠罗斯福(Roosevelt)的债务,而后者拒绝。该案涉及联邦政府是否有权发行纸币,双方要求州法院就纸币的合法性进行裁判。前者基于《联邦宪法》第 1 条第 8 款的"必需与适当"条款认为纸币有效,后者则依据第五、第九和第十修正案认为不应违反其意愿给付金币或银币之外的通货。纽约州的最高法院认为纸币是法定流通货币而判定罗斯福败诉,罗斯福上诉到联邦最高法院,联邦最高法院拒绝了上诉要求,认为自己不应管辖此案,没有把罗斯福根据第九修正案的主张看作一项未列举权利,而将其视为在《破产法》条款下解释联邦权力的规则。

在这些案件中,基于第九修正案提起的个人权利诉求,都被法院拒绝。可见,联邦最高法院至此都没有将第九修正案视为保障个人权利的规范依据,而只是用来对联邦权力进行限制性解释。此外,主张蓄奴主义者与废奴主义者的纷争也可以从侧面表明第九修正案的规范意涵:废奴主义者一致主张对个人自由进行重新评估和扩展性的理解,但是他们一直没有将第九修正案视为一种权利来源或对更多的个人自由的文本支持。如果第九修正案被认为是对个人反抗州的自由的间接支持,那么废奴主义者的言论中对此遗漏则是难以解释的。在美国内战前,废奴主义者一直以最高的敏感度,尽最大的努力来寻求《宪法》上可用的支持来反对奴隶制。实际上,他们曾求助于《独立宣言》、《自然法》、《圣经》解释、普通法,甚至包括对《权利法案》进行自由至上主义式的解读,他们求助于其他所有途径,就是没有求助于第九修正案。[①] 而且,据学者的考证,斯托里对第九修正案的联邦主义式解读贯穿了整个 19 世纪。[②]据说,斯托里的理解还影响到了塔克(St. George Tucker),塔克在 1803 年编

---

① 参见 Kurt T. Lash, The Lost Jurisprudence of the Ninth Amendment, 83 *Tex. L. Rev.* 648(2005).

② Kurt T. Lash, The Lost Jurisprudence of the Ninth Amendment, 83 *Tex. L. Rev.* 621(2005).

辑的《布莱克法律评论》中这样叙述："在所有的案件中，授予联邦政府的权力都将接受其所包含的默示权力（instrument）可能承受的最严格的解释，而此时州或人民的集体或个人权利，可能被牵涉进来。"①

（三）二元联邦制结束过程中对第九修正案的解释

在二元联邦制下，《权利法案》仅仅适用于联邦政府，保护诸如言论、信仰、人身自由是联邦政府的义务却不是州政府的义务。废奴与内战让自由获得了重生，极大地改变了联邦与州之间最初的平衡局面。在南北战争结束后不久的 1868 年通过的第 14 条修正案，实际上是为了防止南方各州的奴隶制卷土重来而设的。② 但第 14 条修正案的通过，意味着州政府也必须开始遵守《权利法案》，实际上宣告了"二元联邦制"的终结的开始。③ "二元联邦制"的终结是一个过程，基于论述便利的考虑，本书将二元联邦制结束的过程分为起始、发展与终结阶段。起始阶段指第十四修正案产生初始阶段，发展阶段是指自屠宰场案至罗斯福新政后其改革、复兴、救济政策所遭遇的宪法案事，终结阶段是指罗斯福宪法革命的成功。④

第十四修正案的产生，引发了对第九修正案新的理解。如果此时作为解释规则的第九修正案被理解为个人权利的保证的话，那么对这一条款的新理解可以并入（incorporate）第十四修正案以防范个人权利被州侵犯。实际上，至少有两个人在重建国会的时候明显以这种方式解读。⑤ 这一观点也是一些研究第九修正案的专家所主张的，约翰·永（John Yoo）教授即是其中的代表，他认为自此可以放弃对《权利法案》的最初的联邦主义式的理解。在建国

---

① St. George Tucker, View of the Constitution of the United States, in 1 Blackstone's Commentaries: With Notes of Reference, to the Constitution and Laws, of the Federal Government of the United States; and the Commonwealth of Virginia 154 (St. George Tucker ed., Augustus M. Kelley 1969) (1803). 转引自 Kurt T. Lash, The Lost Jurisprudence of the Ninth Amendment, 83 *Tex. L. Rev.* 622 (2005).

② 崔之元：《关于美国宪法第十四条修正案的三个理论问题》，载《美国研究》1997 年第 3 期。

③ 崔之元：《关于美国宪法第十四条修正案的三个理论问题》，载《美国研究》1997 年第 3 期。

④ 崔之元：《关于美国宪法第十四条修正案的三个理论问题》，载《美国研究》1997 年第 3 期。

⑤ Kurt T. Lash, The Lost Jurisprudence of the Ninth Amendment, 83 *Tex. L. Rev.* 645 (2005).

与内战之间,一些州在它们的州宪法内采纳了反映联邦第九修正案文本的条款。永教授认为这些州的宪法条款,限制了州的权力,表明对第九修正案语言和内涵的新理解。① 可以说,第十四修正案消除了废奴主义者为坚持自己观点而四处寻求的权利来源的窘境:第十四修正案将《权利法案》的并入,让废奴主义者在学理与规范上有了坚实的基础。

1. 起始阶段之联邦最高法院的犹疑

在第十四修正案产生之后的四年内,发生了两个牵涉联邦权力的重要案件:Legal Tender Case② 和 Slaughterhouse Cases③。这两个案件的过程和结果似乎表明联邦最高法院开始仔细考虑对第九和第十修正案重新进行解释和定位。在 Legal Tender Case 案件中,联邦最高法院开始接近放弃对列举权力进行限制的原则。但是在 Slaughterhouse Cases 中,法院回到了它在内战前对联邦国会和联邦法院进行的限制性解释的老路上来。这似乎表明了联邦最高法院还没有废弃第九和第十修正案背后的原则。④

联邦政府有没有权力发行纸币是贯穿于 19 世纪的问题,尽管州被禁止发行法定货币,但对发行纸币的权力是否被授予联邦政府仍存有疑问,联邦最高法院在联邦有权还是无权之间一直摇摆不定。在 Hepburn v. Griswold 案中,首席大法官切斯(Salmon P. Chase)对联邦权力进行了限制性的解释,认定国会发行纸币非法。⑤ 在法定货币案中,以斯壮(Strong)大法官为主导的多数派对 Hepburn 案的判决结果予以翻转,对联邦权力进行了扩张型的解释,认为国会"有权自由地运用各种不受禁止的、必要的手段来履行其被承认的职责"。⑥ 斯壮大法官比马歇尔走得更远,他甚至认为国会有超越《联邦宪法》文本明示和默示权力之外的权力。⑦

---

① John Choon Yoo, Our Declaratory Ninth Amendment, 42 Emory L. J. 967, 1009 (1993),参见 Kurt T. Lash, The Lost Jurisprudence of the Ninth Amendment, 83 *Tex. L. Rev.* 646 (2005).

② 79 U. S. 12 Wall. 457 457 (1870).

③ 83 U. S. 36 (1873).

④ 参见 Kurt T. Lash, The Lost Jurisprudence of the Ninth Amendment, 83 *Tex. L. Rev.* 653 (2005).

⑤ 75 U. S. 603 (1870).

⑥ 79 U. S. (12 Wall.) 457, 457 (1870).

⑦ 79 U. S. (12 Wall.) 534~535 (1870).

由于第十四修正案的"加盟",屠宰场一案更为著名:1869 年,路易斯安那州立法规定将新奥尔良屠宰业的专营权授予一家公司,并禁止维持其他屠宰场。对此,新奥尔良的屠宰场主们指控州政府制定的法律违反了《联邦宪法》第十四修正案"正当法律程序"原则,剥夺了他们为宪法所保护的财产权。原告认为,第十四修正案的目的是"使这个国家中的每个成员都理解和享有这一事实:其特权与豁免不受州政府的剥夺"。但米勒大法官拒绝了这种观点:即认为第十四修正案将一些州合并成一个共同的政府,在这个共同政府中,所有的特权与豁免可以在国家层面上被控制。米勒认为,如果联邦最高法院采纳了原告的意见,那么在第十四修正案之下,国会"可以事先通过法律,以其认为对待此类事情最合适的方法,限制和约束各州在各自最普通和常见的功能中的立法权力的实施"。"当其作用在于通过使州政府受制于国会而在州政府实施广泛让与它的最普通、最基本的权力时对它进行束缚和贬低;当事实上它根本地改变了州政府和联邦政府之间的关系以及这两者与人民之间的关系的整套理论时,在没有语言清晰地阐述这一目标时,该论点具有不可抗拒的力量"。① 因此,路易斯安那州对新奥尔良屠夫交易所强加的约束不能作为对财产权的剥夺。

可见,在二元联邦制终结过程的起始阶段,对于如何理解和定位第九修正案中所蕴含的宪法解释规则,有着一定的犹疑和反复。在法定货币案中,以斯壮大法官为代表的多数派一定程度上脱离了对第九修正案"原意"的理解,开始尝试将联邦权力扩大适用。或许,战争导致公共财政的囊空如洗,这一财政危机使得包括联邦最高法院的法官们也不得不面对这一事实。另外,重建时期国会控制了联邦最高法院法官的人数,其于1869 年4 月规定的法官终身薪金制及重建时期国会中激进共和党人的主导地位使得大法官们对联邦权力范围的解释有所扩张。而在屠宰场案中,第十四修正案作为"重建"修正案中的一条,②其主要目的是帮助实现林肯对新近获得自由的奴隶所说的"自由的崭新诞生"。③ 尽管国会对于第十四修正案的辩论在目的和范围上很少是不含

① 83 U.S.(16 Wall.)78(1872).参见[美]保罗·布莱斯特等:《宪法决策的过程:案例与材料》,张千帆等译,中国政法大学出版社2002 年版,第307 页。
② 另外两条分别是1865 年的第十三修正案和1870 年的第十五修正案。
③ 第十四修正案要求非经正当程序,州不得剥夺任何人生命、自由和财产。或许该条主要针对的是某些以前主张蓄奴的州。

糊的,但其明确的重点是在种族歧视上,而不是公民自由上,[①]所以米勒大法官或许基于这种"立法目的"和联邦主义传统的影响,继续着麦迪逊以来的观点,将第九修正案作为对联邦权力限制性解释的规则予以适用。

2. 发展阶段之联邦主义解释方式的坚持

第九修正案的限制联邦权力派观点在其后的一些案件中保持了一定的稳定,在一些牵涉联邦规制的案件中,如关于对卖淫[②]、药品[③]、不公平交易[④]、贿赂[⑤]以及童工案[⑥]等事项的规制案件中,第九修正案常被用来对抗联邦权力,认为联邦管理这些事项的法律违反了第九修正案所包含的解释原则,而联邦的规制被认为企图插手国会无权过问的纯粹的州内事务。

这些案件中最为著名的是童工劳动案 Hammer v. Dagenhart。《童工劳动法》(the Keating-Owen Child Labor Act)禁止 14 岁以下儿童生产的产品在州际贸易中流通。因为国会没有办法直接禁止各州使用童工,它只能利用管制州际贸易的权力来限制童工产品的流通,从而间接地限制使用童工。被告戴根哈特(Roland Dagenhert)的两个幼子在一家工作环境极其恶劣的棉花加工厂当童工。《童工法》生效后,工厂经理告诉戴根哈特他不得不解雇其两个儿子。戴根哈特在反对《童工法》的老板联盟的唆使和资助下,把负责执行北卡罗来纳地区《童工法》的联邦地区检察官哈默告上法院,抗议该法让其儿子失去了工作。来自老板联盟的律师在法庭上声称:一个儿童是否在工厂工作与联邦政府无关,与州际贸易更没关系。联邦最高法院以 5∶4 判定《童工法》违宪。判决意见执笔人戴伊(Day)大法官认为:"对国会在州际贸易方面的授权是为了使它能够调整这类贸易活动,而不是赋予它对各州对当地贸易和加工行业行使治安权力的控制权。将管理纯粹的联邦事务的权力授予国会并不代表着摧毁宪法第十修正案中规定的由各州保留的地方权力……""该法案从两方面来说都与宪法抵触。它不仅超越了授予国会对贸易的调整权,而且企

---

① 参见[美]保罗·布莱斯特等:《宪法决策的过程:案例与材料》,张千帆等译,中国政法大学出版社 2002 年版,第 315 页。

② Hoke v. United States, 227 U. S. 308,319～320(1913).

③ United States v. Charter, 227 F. 331(N. D. Ohio 1915).

④ T. C. Hurst & Son v. FTC, 268 F. 874,875～886(E. D. Va. 1920).

⑤ Dropps v. United States, 34 F. 2d 15 (8th Cir. 1929).

⑥ Hammer v. Dagenhart, 247 U. S. 251 (1918).

图插手于国会无权过问的纯粹的州内事务……"①虽然在该案中戴伊大法官只提到了第十修正案,但其对联邦权力解释的方式却是对第九修正案的联邦主义式理解一以贯之的坚持。

富兰克林·罗斯福总统(Franklin·Roosevelt)的新政在整顿金融、复兴经济、救济工作方面收效显著的同时,也引发了一系列的宪法案件。由于牵涉到对联邦权力范围的解释和界定,第九修正案在此期间一再登上舞台,成为保守立场的法官们坚持司法克制、质疑新政的合宪性、反对联邦规制和管理的规范依据。新政期间颁布的《国家工业复兴法》(*National Industrial Recovery Act*)是司法克制瞄准的靶心,在诸多案件中,该法的合宪性是争论的焦点。比如,在 Amazon Petroleum Corp. v. Railroad Commission 案中,原告主张该法超越了第十修正案规定的联邦权力,侵犯了与第九修正案相悖的自然和固有权利。② 在 Hart Coal Corp. v. Sparks 案中,联邦地区法院认定基于《国家工业复兴法》制定的规制工资和工作时间的规定无效。③ 在 United States v. Lieto 案中,地区法院认定违反基于《复兴法》而制定的《公平竞争法》(*Code of Fair Competition*)关于最长工作时间和最低工资的规定的行为不应受到追诉。④ 在 Acme, Inc. v. Besson 案中,新泽西联邦地区法院认定基于《复兴法》而规定的工资和工作时间条款无效。⑤ 类似的案件很多,据学者不完全统计,从 1935 年开始,仅在短短的 16 个月之内就连续有 12 个关于新政的案件判决政府一方败诉。⑥ 这些案件的判决体现了在联邦权力扩张阶段,法院和法官们对第九修正案限制联邦权力解释规则的坚持。

3.最后阶段之被放弃

据学者拉什统计,在内战期间和新政期间,有一些案件已经开始将第九修正案作为未列举权利来源。他自己发现了有五个州级案件试图将第九修正案作为独立的未列举权利的来源,这与内战之前没有一个类似主张的案件形成

---

① 参见[美]保罗·布莱斯特等:《宪法决策的过程:案例与材料》,张千帆等译,中国政法大学出版社 2002 年版,第 348 页。

② 5 F. Supp. 639,644 (E. D. Tex. 1934).

③ 7 F. Supp. 16,28 (W. D. Ky. 1934).

④ 6 F. Supp. 32,36 (E. D. Tex. 1934).

⑤ 10 F. Supp1,6~7 (D. N. J. 1935).

⑥ 参见法治斌:《人权保障与释宪法制》,台湾月旦出版公司 1985 年版,第 246 页。

对比。① 这些案件似乎意味着在州层级上将第九修正案作为个人权利来源的主张已经萌芽。

促使对第九修正案的理解和解释发生根本性转变的还是罗斯福总统,他在 1936 年第二次当选之后提出了"法院改组计划"(Court Packing Plan),不知道是对这个计划的担忧还是个人的认知有了变化,罗伯茨(Roberts)大法官突然发生了"及时的转变"②,转而支持他曾经强烈反对的扩张联邦权力的观点。这明显体现在著名的 West Coast Hotel Co. V. Parrish③ 一案中。华盛顿州为了保护妇女和未成年人免受在有损健康与道义的工作条件下工作,将以不足维持生计的低工资雇用妇女工作等行为规定为违法,并确立了妇女和未成年人最低工资以及劳动条件的基本标准。帕里什(Parrish)是一家名为西岸宾馆(West Coast Hotel)的一名清理房间的服务员,为了弥补其工资和州法所规定的最低工资之间的差距,她和她丈夫提起诉讼,要求补回差额,被法院驳回后上诉。州最高法院否定了西岸宾馆一方所提出的有关华盛顿州《妇女最低工资法》构成违宪的主张,裁定该法律合宪,并支持原告的诉讼请求。被告提起上诉,主张州法违反了《联邦宪法》第 14 条修正案中的正当程序条款而无效。联邦最高法院以 5∶4 的微弱多数认定上述州法合宪。该案的判决宣告了传统经济正当程序理论的崩溃,此后,联邦最高法院再没有以这一理论判决过社会经济立法违宪而无效,正是这个原因,才有了"1937 年的宪法革命"之说。该案的判决虽然有浓重的偶然性色彩,罗伯茨大法官一改之前与坚守保守主义"四骑士"的合作,和休斯(C. J. Hughes)首席大法官与三位支持新政的大法官联袂作出了历史性的决定,这看似是个人行为,其实反映了那个时代的巨大转型。④

宪法革命还意味着传统的二元联邦制的崩溃,在二元联邦制下的纯属"正解"的、对第九修正案限制联邦权力的解读也基本就此作古。联邦最高法院开始构建一个新的框架以保护前八条修正案中列举的个人权利,第九和第十修

---

① Kurt T. Lash, The Lost Jurisprudence of the Ninth Amendment, 83 *Tex. L. Rev.* 674 (2005).

② Cushman, *Barry Rethinking the new deal court: the structure of a constitutional revolution*, Oxford University Press, 1998, p. 45.

③ 300U. S. 379(1937).

④ 参见林来梵、胡锦光:《西岸宾馆诉帕里什案》,载《判解研究》2001 年第 3 辑,人民法院出版社 2001 年版。

正案则被放弃了。在其后的三十余年里,它们都没有在任何联邦法院中被成功地用作诉讼理由。①

二、后二元联邦制下对第九修正案的解释

二元联邦制在经历了自由放任的镀金时代顶峰后,随着新政的进展和宪法革命发生,联邦权力也不断扩张,原来被用于对其进行限制解释的第九修正案在被短暂遗忘了30年后,以一种新的面孔出现了。而这种面孔不仅与以前的样子不同,甚至是截然相反——虽然仍有些"羞答答"。②

在 Griswold v. Connecticut 案中,原告格瑞斯沃尔德(Griswold)是康涅狄格州(Connecticut)计划生育协会的执行主任,布克斯顿(Buxton)是一名执业医生和耶鲁医学院教授,还是计划生育协会纽黑文(New Haven)中心的医学主任。两人由于违反了康州法律为已婚人士提供有关避孕方法的信息、指导和医学建议,为妇女进行体检并开出最佳的避孕器具和药物以供她们使用而被逮捕和定罪。最后,他们以所适用的州法共犯条款违反第 14 条修正案为由上诉至联邦最高法院。联邦最高法院以明显优势认定康州法律侵犯了婚姻中的隐私权,并推翻原判决。

在该案中,道格拉斯和金伯格大法官都借助了第九修正案用以支持隐私权的主张。不同的是前者借助的是"半影"理论,把第九修正案与《权利法案》中列举的权利结合起来;后者则是将其与两条正当程序条款的修正案结合起来。金伯格大法官特别强调美国宪法第九修正案对于该案的关联性与重要性。他以《权利法案》的制定者麦迪逊和斯托里大法官的见解为理论基础,通过对第九修正案的语言和历史意涵的探寻,认为"自 1791 年以来,第九修正案一直是我们所宣示要捍卫的宪法的基本组成部分",并主张,制宪者无意使前八条修正案解释为《权利法案》所保障的全部权利,在前八项修正案中没有明确列举出来的基本权利也是存在的。在此基础上,金伯格进而主张,"婚姻中的隐私权是一项如此重要和基本的根植于我们社会的权利","该基本权利因

---

① Kurt T. Lash, The Lost Jurisprudence of the Ninth Amendment, 83 *Tex. L. Rev.* 689 (2005).

② 第 9 条修正案从限制联邦权力的解释规则到主张个人权利的规范依据这一转变的确可以称为"相反",但在一开始它不是以独立的个人权利来源而出现的,所以有些"羞答答"。

为没有在宪法前八条修正案或其他地方的术语中提到而不受宪法保护的司法解释是明显违背宪法第九修正案的"。① 金伯格对于第九修正案的诠释,对《权利法案》中未列举的权利提供宪法保障拓展了可能空间。

但把第九修正案和其他修正案结合起来保护未列举宪法权利的主张并不是大法官们的一致意见。在反对意见中,布莱克(Hugo Black)大法官嘲笑金伯格大法官的观点是对第九修正案"最近的发现"②,他说,第九修正案的目的是保护州免受联邦的侵犯,现在它被用来作为联邦的武器来防止州的立法机构通过它们管理地方事项的法律。一个历史系的学生也知道第九修正案的目的是"《联邦宪法》的所有条款的目的是限制联邦明示的或必需的默示的权力"。③ 对于金伯格大法官所说的"自从1791年,第九修正案就成为我们所倾力支持的宪法的基本部分",④学者拉什以较隐晦语言表达了他的讥讽:他认为金伯格对第九修正案的法理与内涵所知实在有限,金伯格的话从某种程度上是对的,因为我们都支持宪法;从某种程度上是荒谬的,因为金伯格所支持的宪法第九修正案是一种误读。⑤

尽管有来自大法官和学界诸多的反对意见,但第九修正案作为支持个人权利的主张毕竟已经成为规范事实。在 Griswold 案中所发生的对第九修正案解释的根本性转变,对其后的案件有着直接的影响。这首先体现在 Roe v. Wade⑥ 案中:1969年,杰恩·罗伊(Jane Roe)挑战德克萨斯州的刑法,她声称自己被强奸而怀孕,但她不愿意也无力生育和抚养孩子。而此时德州依然执行着1854年通过的反堕胎法律。该法规定除了依照医嘱、为拯救母亲生命而进行堕胎之外,其他一切堕胎行为均为刑事犯罪。原告认为,一个孕妇有权单独决定在什么时间、以什么方式、为何种理由而终止妊娠,这是一种绝对权利,德州刑法剥夺了她的选择权,因此违宪。被告辩称,宪法所称之"人"(person)包含胎儿,非经正当法律而剥夺胎儿生命为宪法第十四修正案所禁止。1973年联邦最高法院作出多数意见的裁定:德州刑法禁止堕胎的规定过于宽泛地

---

① 381U. S. 493 (1965).

② 381 U. S. 518(1965).

③ 381 U. S. 520(1965).

④ Griswold v. Connecticut, 381 U. S. 479, 491 (1965).

⑤ 参见 Kurt T. Lash, The Lost Jurisprudence of the Ninth Amendment, 83 *Tex. L. Rev.* 716 (2005).

⑥ 410 U. S. 113(1973).

限制了妇女的选择权,侵犯了宪法第十四修正案正当程序条款所保护的个人自由,布莱克门(Blackmun)法官代表多数意见作出了支持罗伊的判决。

在判决书中,布莱克门大法官认为:个人具有宪法保护的隐私权,"隐私权的广泛性足以涵盖妇女自行决定是否终止妊娠的权利"。他指出:无论是《权利法案》提供的特定保障、第九修正案确认的"人民保留的其他权利",还是第十四修正案确认的、未经正当程序不可剥夺的个人"自由",都隐含着隐私权的宪法保护,都足以包括一个妇女自行决定是否终止其怀孕的权利。个人隐私属于宪法所称的"基本权利"(fundamental right)或者"法定自由"(ordered liberty),德州法律侵犯了妇女受到宪法保护的基本权利。① 可见,在 Griswold 案中经道格拉斯和金伯格大法官由于对第九修正案的"误读"而空手"套"来的、作为个人权利的隐私权俨然跻身于基本权利的行列,成为受宪法判例保护并形成前例约束的宪法基本权利,并受到大法官们的普遍认同。②或许有人会反驳,认为与罗伊案类似的凯西案(Planned Parenthood of Southern Pennsylvania v. Casey)判决结果中没有支持凯西所主张的宾州堕胎控制法违宪,因而依据第九修正案的隐私权在该案中没有得到支持。这种观点是错误的:因为在该案的联合意见中,重申了罗伊判决主文的正当性和有效性,对堕胎权保护的强度是不变的,只是在政府关注和限制堕胎方面提高了强度。③ 可见,由于对第九修正案的"误读"而"阴差阳错"所生的、作为未列举权利的个人隐私权已经牢固地立身于宪法基本权利之中了。

三、小 结

从第九修正案在宪法实践中的应用来看,其含义由最初的对联邦权力进行限制的解释规则转化为支持个人宪法基本权利的文本支持——虽然这种文本支持需要和其他宪法修正案协作。

第九修正案意涵是伴随着美国历史发展过程中联邦与州权力的此消彼长、反反复复而逐渐演化的,贯穿于其间的是时代变迁和联邦司法机关的保守特质。在二元联邦制下,联邦与州的权力边界保持着适度的平衡,而这种平衡是在制宪时联邦党人与反联邦党人互相妥协而成的。因此,在此期间,第九修

---

① 参见方流芳:《罗伊判例中的法律解释问题》,载《比较法研究》1998 年第 1 期。

② 在该案中,肯定与否定罗伊主张的大法官比例为 7∶2。

③ 505 U. S. 833,112 S. Ct. 2971(1992).

正案一直作为制宪时联邦党人的承诺而起着限制联邦权力,尊重和维持州与地方权力与权利的解释规则存在着。自由资本主义的发展需要自由的劳动力,而奴隶制却阻碍着这一需求的满足,因此有了第十三、十四修正案的产生。① 第十四修正案将前八条修正案"并入"②,使得州的权力与权利范围受到限制与压缩,相应的,联邦的权力开始扩张,二元联邦制开始走向终结之路。但法律人的保守性和联邦最高法院尤其保守的特性,③使得这终结之路并不平坦,新政初期的一些具有显著联邦权力扩张色彩的联邦规制,均被联邦最高法院宣告违宪。在这段时间里,第九修正案固守着第九修正案的"原意",阻碍着新政的实施,以致罗斯福总统不得不考虑"法院改组计划"。或许是来自总统的压力,或许是感受到了来自选民的力量④,罗伯茨大法官顺应时代和选民要求而产生的立场转变成为压死第九修正案"原意"解释的最后一根稻草。自此,第九修正案的原意解释被放弃了。但是事情并未到此为止,30 年后,在Griswold 案中,第九修正案重新登场。这次,它有了一个"华丽"的转身,站在了相反的方向——它不仅不用来如"限制权力"派所期待的那样限制联邦权力,反而被用来支持个人隐私权。在这个案件背后,我们看到了 19 世纪 60 年代民权运动和女权主义的身影和联邦最高法院司法积极主义的律动。可见,时代的发展、社会的潮流、民众的需求等种种合力造成了第九修正案含义的"反方向弯曲"。

当然,时代的发展又催生出新的主张,已经有学者开始指责金伯格大法官的保守了:施密特(Christopher J. Schmidt)认为金伯格大法官否定"第九修正案构成了一个独立的权利渊源"的观点是不恰当的。他认为修正案的文本

---

① 史密斯认为第十三、十四修正案必须放在共和党"自由劳动力"观念的上下文中来理解。即洛克所主张的"虽然各个种族不可能在所有方面都完全平等,但是每个人都享有从事劳动力交易并从出卖劳动力中获得报酬的权利。"参见[美]保罗·布莱斯特等:《宪法决策的过程:案例与材料》,张千帆等译,中国政法大学出版社 2002 年版,第 302~303页。

② 当然,这种"并入"的程度与范围尚需进一步的探讨。

③ 保守与开明的较量中,除了沃伦法院(1953—1969)一度是开明派主导外,联邦最高法院一直是美国保守势力的中流砥柱。参见胡晓进:《美国伦奎斯特法院保守性初探——以联邦主义问题的相关判决为中心》,载《南京大学学报》(哲学·人文科学·社会科学版)2004 年第 3 期。

④ 此时罗斯福再次当选总统。

并不意味着、也不能推论出它是一种辅助性的原则（complimentary doc-trine），只能辅助性地来帮助法院确定某一基本权利是否为第十四修正案所保护的自由利益。在此基础上他认为作为一个独立的宪法条款的第九修正案，必须被独立地作为权利的来源。① 尽管在凯西案中，随着法官构成的变化和社会潮流的转向，最高法院从最大限度保护妇女选择权的最初立场上后退了不少，认可了各州立法机构对堕胎的种种限制。但 Griswold 案中所确定的基于第九修正案而生的、被认为是未列举权的个人隐私权被坚定地尊重着。② 随着时代的发展与变迁，在将来的案件中对宪法规范进行更具"成长性"③的解读，第九修正案在保护个人宪法基本权利方面更进一步，独立地成为新兴未列举权利文本来源也并非不可能。

　　未列举权利派和限制权力派对第九修正案的认识的真理性方面并非"非此即彼"、直接尖锐地对立。前者是对二元联邦制终结后到如今这段历史时期第九修正案在宪法实践中适用情形的一个总结。后者是基于对第九修正案自产生到二元联邦制终结前这段历史时期在宪法实践中适用情形及对制宪者制定第九修正案"原意"的探究而得出的结论。二者的观点各有其可取与值得肯定之处，相比较而言，限制权力派的观点从学理到实践更具有说服力。但就当前第九修正案的适用而言，其"原意"的确发生了变化，从限制联邦权力转为维护个人宪法未列举权利，并充满戏剧性地产生了隐私权这一宪法没有列举的基本权利。规范意义上的隐私权从无到有的诞生历程颇有"说你有你就有，没有也有"的色彩。产生这种变化的规范基础是第十四修正案对州正当程序的要求及第十四修正案对《权利法案》的"并入"。但这种变化背后更重要的是其社会基础：无论是新政前后联邦最高法院的法官态度变化还是隐私权的产生，看似偶然的、受个别人士观点转变而根本地改变了判决的情形，其后的影响因素是巨大的时代转型和汹涌的社会思潮。哈耶克即认为，1936 年总统大选的结果似乎也使最高法院认识到罗斯福新政得到美国选民的广泛赞同，据此，最

---

① Christopher J. Schmidt, Revitalizing the Quiet Ninth Amendment：Determining Unenumerated Rights and Eliminating Substantive Due Process 32 U. Balt. L. Rev. 179

② 或许，这也是联邦最高法院遵循先例的保守性的体现。此时，联邦最高法院是所谓伦奎斯特法院，保守派为主导。

③ Ernst Benda, The Protection of Human Dignity，3 *SMU L. Rev.* 452，453. Spring，2000.

高法院才改变了自己的立场。① 而隐私权及相关的罗伊诉韦德、凯西案背后涌动的是民权运动、女权运动的暗流。庞德所强调的法律的稳定和变化相互协调或相和谐这一法学首要问题之一的难题在这里被相对成功地解决了。②联邦最高法院有意无意地践行了庞德主张的实用主义理念,对第九修正案的文本根据社会的需要作出了相应的解释,既维护了规范的稳定性,又最大限度地满足了人们的要求。第九修正案这个为了满足当时人们的需求而建造的"建筑物",为了满足人们变化了的欲求而不断地被修理、改造和重建。

总之,是时代的发展、社会的需求使得一个本来不存在的、规范意义上个人享有的宪法未列举权利借着一个限制联邦权力的条款横空出世,并在之后的案件中受到肯定和尊重。反观我国宪法规范中的人权条款,在其是否为宪法未列举权条款存在迥异意见的情形下③,追溯、探求、思考、咀嚼美国《联邦宪法》第九修正案从"限制权力"到"未列举权利"的演变过程和隐私权产生的历程,令人感到回味悠长。

第三节　作为概括性人权条款的《德国基本法》第 2 条第 1 款

《德国基本法》第 2 条第 1 款规定:"只要不侵犯他人的权利,不破坏宪政秩序或者道德准则,任何人都应享有自由发展其人格的权利。"与以间接方式来保护宪法未列举权利的第九修正案相比较,以直接方式来保护的《德国基本法》第 2 条第 1 款则貌似相对"单纯"。一是因为相对于美国联邦宪法第九修正案制定时的复杂纷争、适用时的场景移转与立场变幻,《德国基本法》的历史相对清晰简单。它没有太多宪法制定时对立双方立场的针锋相对和对立双方观点与立场的调和乃至"和稀泥",它更多的是在二战结束之后,在战胜国的主导下,在深刻反思纳粹罪行的基础上制定而成,价值取向较为明显。二是因为

---

① ［英］哈耶克:《自由秩序原理》(上),邓正来译,三联书店 1997 年版,第 242～243 页。

② 参见［美］庞德:《法律史解释》,邓正来译,中国法制出版社 2002 年版,第 2、30 页。

③ 关于人权条款是否为未列举权利条款的争议,可参见韩大元:《宪法文本中"人权条款"的规范分析》,载《法学家》2004 年第 4 期;林来梵、季彦敏:《人权保障作为原则的意义》,载《法商研究》2005 年第 2 期。

相对于第九修正案历经了两百年的变迁,随着历史跨度的延伸和社会条件的变化而不断进行在某种意义上重构或重建式的宪法解释,《德国基本法》第2条第1款则一开始就在工业化后的现代社会的轨道上运行,相比而言"历史包袱"不是那么沉重。

但是,关于《德国基本法》第2条第1款的理解与适用,仍存在巨大的理论分歧与适用问题。这首先与德文中关于权利与法律的表述有关。在德文中,Recht 有即"权利"与"法"双重含义。① 其直接对应的德文分别是 Recht im subjektiven Sinn 与 Recht im objektiven Sinn,前者是指个人的主观权利,而"Recht"一词在此情境下亦应被译为"权利";后者是客观意义上的国家的客观秩序或规则,此时可被称为"法"或"规则"。② 因此,关于《德国基本法》第2条第1款有三种理解:一种是否认它具有基本权利的性质,认为它只是一项客观的宪法规范,并非主观公权利意义下的基本权利。另一种则认为它具有基本权利的属性,具有弥补第2条第2款与第4条以下各条所列举的特殊自由权无法全面保护基本权利不足的功能与意义。第三种则认为不可以非此即彼的方式理解该款规定,认为它具有双重意义,可以作为主观的收容权利,来把那些宪法没有明定的权利包括进来;同时也认为在解释其他特殊基本权利的意义内涵时,可以作为一种客观法上的解释规则。③ 时至今日,第一种观点已基本被放弃,认为该款规定具有基本权利意涵的观点,已经成为通说。在德国法上,基本权利被认为是公民的一种主观权利,可以用于对抗国家权力的侵害,保障个人自由,在受到侵害时,可以同其他主观权利一样,通过诉诸司法予以救济。但基本权利的功能并不仅限于此,《基本法》第1条第3款规定:"所有基本权都应作为直接有效的法,而约束所有国家权力。"基本权由此具有了客观法的拘束效果和特征,基本权利的功能延伸到了具有客观价值这一面向。④

值得注意的是,《基本法》第2条第1款使用的与"发展"(development)一词相对应的德语词汇不是通常使用的 entwicklung,而是 entfaltung,其文字含

---

① 窦学富等编:《现代德汉汉德词典》,外语教学与研究出版社 2003 年版,第 563 页。
② 赵宏:《主观权利与客观价值——基本权利在德国法中的两种面向》,载《浙江社会科学》2011 年第 3 期。
③ 参见李雅萍:《概括的权利保障——德国基本法第二条第一项与我国宪法第二十二条之研究》,辅仁大学法律性研究所 1995 年硕士论文,第 20~29 页。
④ 赵宏:《主观权利与客观价值——基本权利在德国法中的两种面向》,载《浙江社会科学》2011 年第 3 期。

义是"展开"(unfolding)——用于形容花蕾绽放或者国旗招展。仅词语的选择就已经表明人格权利的核心概念是一种外旋的概念(outward-turning one)。早期的司法解释使我们相信人格权并没有被臆造为一种用来阻隔社会的权利。例如,德国联邦最高法院在1957年审理的一起案件中表示:"人格的自由发展正好存在于个体超越自我的延展之中。"①"发展"一词使得人们对基本权利的理解逐渐深入的同时寻找到了扩展权利范围的规范载体。在基本权利的发展历程中,发生了从自由权向既包括自由权也包括社会权的变迁。最初,基本权利的目的在于防范公权力对个人自由的干预和侵害,其重点与核心在于防御功能。把基本权利理解为免受公权力侵害的自由权,这也是近代宪法的基本立场和重要特点。但随着社会的发展,个人之间的关系不被定位于"原子化"的关系,毕竟人的活动是有目的性的,人与人之间的交往也都是具有能动性的主体之间进行的有意识的经济与思想之间的交流,绝非原子之间发生的那种无规则的"布朗运动"。随着经济的发展与社会分工的细密化,人与人之间的交流越来越密切,一个人越来越依赖于他人与社会。在这个时候,"鲁滨逊"式的生活方式不仅是不可行的,也几乎可以说是不可能的。因此,人固然是独立、自主和自治的主体,但他作为社会成员的角色也越来越凸显。其自由的实现程度也不仅仅体现为公权力的不禁止或不作为,而是受个人能力、财产状况和教育等诸方面因素的影响。公民在这些方面的提高,需要国家有所作为。国家的角色由自由放任改变为积极地为公民创造有利的生存与发展条件。也就是说,由"无为"改变为某些方面"无为",某些方面要"有所作为"。基本权利的主观面向也由此从自由权向既保护自由权,也部分地保障社会权的方向发展。

在《德国基本法》中,基本权利不仅仅是一种主观权利,还是一种客观的价值秩序。《基本法》第1条第3款规定,"所有基本权都应作为直接有效的法,而约束所有国家权力"。也就是说,基本权利不仅代表了公民的主观权利,还对整体的法律秩序具有决定性和拘束力。德国学者Guenter Duerig发展出了基本权作为客观价值的学说,认为基本权对于整体的法秩序均有约束力,这体现在法律的制定、解释和适用过程中,都应尊重的客观价值决定。基本权利体现了宪法价值观,也是国家整体制度的价值基础,其作用力辐射至所有的国

---

① 〔美〕玛丽·安·格伦顿:《权利话语——穷途末路的政治言辞》,周威译,北京大学出版社2006年版,第83页。

家权力领域和整体的法律秩序,包括立法机关、司法机关和行政机关。宪法文本中基本权利条款因此不再只是宪法规则,而是在立法、执法、司法等法的实施各个环节中被普遍遵守和适用的价值秩序。这一观点后来获得德国联邦宪法法院的肯定,并在基本权理论中得到推广。① 基本权利作为客观价值,要求国家负有不得侵害的义务,同时对国家课以通过立法设立有关机构或要求有关职能机构有所作为的义务,同时还要求国家通过制定法律规则来保障这些价值得以实现的义务。这意味着,基本权利作为客观价值,要求包括公法和私法在内的整个法律制度体系都要体现、保护和保障其价值。保护的方式体现在国家公权力机构在立法、执法和司法的全部环节。比如,1896 年颁布 1900年生效的《德国民法典》中,大多数侵权诉讼的基础都是法典中一个用十分普遍的范式加以规定的部件:第 823 条(1)任何人违反法律故意或过失致使他人生命、身体、健康、自由、财产以及其他权利受到损害的,均有义务向他人赔偿由此造成的损失。(2)违反旨在保障他人之法律的人被课以同样的责任。多年来,德国法院以及学者们维系着这样的观点,即第 823 条规定的"其他权利"并没有宽泛到足以包括对人格的损害。在 1954 年这一理解发生了重大变化,德国联邦最高法院判定根据 1949 年宪法对第 1 条所规定的个人价值以及第 2 条所确立的人格权利的尊重义务,重新检讨对第 823 条第 1 款的权威解释。到 20 世纪 50 年代结束时为止,法院的判决明白地表明宪法上的人格权已经将新的内容注入到了《民法典》第 823 条所使用的"其他权利"之中。据此,个体公民被赋予了更多的机会寻求法律救济,以对抗其他个体未经授权出版或者披露个人资料的行为,例如私人信件或者医疗信息。②

　　在这里,作者梳理美国与德国两种保障未列举权利的方式,并不是意在进行那种诸如"这个制度甲国有、乙国有,但是我们没有"这种简单的规范比较,也不是想借助"这个制度甲国有、乙国有,它们都是法治发达国家,所以我们也应该有"这种淳朴却缺乏逻辑说服力的方式来促进我国的制度变革。作者想要表达的是:我国《宪法》中的人权条款(《宪法》第 24 条修正案,《宪法》第 33条第 3 款,该款规定:"国家尊重和保障人权。")在形式上具有德国概括性权利

---

① 赵宏:《主观权利与客观价值——基本权利在德国法中的两种面向》,载《浙江社会科学》2011 年第 3 期。

② 〔美〕玛丽·安·格伦顿:《权利话语——穷途末路的政治言辞》,周威译,北京大学出版社 2006 年版,第 84 页。

条款的表象,在功能上存在作为我国宪法未列举权利保护条款的潜质。但是,虽然我国基本上属于大陆法系,但对于宪法基本权利部分的规定与德国有很大的不同,《德国基本法》基本权利的主观权利与客观价值理论与我国的宪法学理论也有很大不同。而且,就立法目的而言,对于该条款的立宪目的也有不同的纷争,①因此该条款的立意及产生背景与美国《联邦宪法》第九修正案有不少相似之处。美国对该条款进行理解、解释与适用的历程,对待该条款运用不同法律解释方法的处理方式,颇有我们可以借鉴的地方。但是,中国又具有极其特殊的地方,我们的宪法迄今为止仍没有"牙齿",宪法诉讼虽经千呼万唤,仍无法出来,故而美国式的通过法院来适用宪法以完善权利保障的方式,至少短时间内在中国尚不可行。因此,我国的"人权条款"无论在文本表达的形式上,还是在法律实践的过程中,都与美、德大不相同。梳理美、德理论与实践的目的,在于从"形"与"神"的角度理解、解释我国的"人权条款",充实对我国基本权利内容的理解,以及在宪法诉讼长时间缺位的情况下,尽可能地让那些基本权利获得一定的承认和保障。

---

① 郭春镇:《〈行动计划〉·计划·行动》,载《厦门大学法律评论》2009卷,第十七辑,厦门大学出版社 2009 年版。

第二章

未列举权利推定的背景
——权利本位范式

第一节　权利推定的价值基础——自然法

　　权利推定是一种权利从"无"到"有"的产生过程,前已述及,从规范法学、法社会学和自然法学的视角,都存在着对权利进行推定的空间,只是权利的直接来源不同,分别来自规范文本、社会现实和理想的人类状态。在这些权利推定的不同视角中,相对于其他来源,自然法学的角色尤为重要。这是因为,自然法学为权利推定提供了基本的价值取向和论证框架。尽管对什么是自然法仍然存在着不同的理解,但自然法至少提供了理想的人类形象并据此形成了一个基础性的人权框架。在这个框架内,基于人的理想形象,基于每个人应有的权利,给那些法律文本没有直接明文列举的权利留下了空间。也就是说,从理想"返照"法律规范和社会现实,那些与理想的生活样态和权利享有之间存在的张力与距离,就是需要被推定而来的权利来填补的空间。同时,它对于人类法律的发展也起到了不可磨灭的作用。正是在自然法的作用下,罗马法这样一套具有很强地域性的规则不断扩张,不仅促进了欧洲社会与政治结构转型,而且在全世界范围内获得尊重并在广大的土地上被遵守和适用。罗马法在发展过程中引进了希腊哲学中的自然法学说,认为除了国内法与国际法之外,还有另一种法,它表现了一个更崇高的、更持久的准则,那就是自然法(ius naturale),它是"永远善与公正的事物"。① 正是在自然法的作用下,一个具有普遍适用性的法律体系得以成功构建并广为传播。同时,正是通过自然法这个中介,法律与正义发生了勾连并为一个理想的法律体系勾勒了蓝图,为实证法的完善和发展提供了动力和标杆。在这个意义上,可以说"一切人生来就是自然法学者"②,因为对正义的追求是人类的希望。

但是,由于自然法这一概念自身意涵的模糊性,以及过于辽阔的可以被人解读的空间,它很容易沦为一个可以盛下任何价值观的容器,这使得其不确定性和虚妄性极易被扩大和滥用。因此,需要把自然法这一概念置于特定的场景下进行相对精细的分析与定位,在确定其基本意涵的前提下,结合宪法与法律文本,以获取文本的支持,同时考量现实,考量和推敲哪些权利适于被推定而出或能够被推定而出。总之,权利的推定需要在自然法的恒久价值与规范文本及社会现实之前"眼光往返流转"。在"仰望星空"之时脚踩大地,同时结合规范,使权利的推定与实现有章可循、有本可依。

一、变动不居的自然法

(一)二元论视野下的义务本位自然法

自然法这一概念自身就决定了它必然会导致各种歧义与纷争,正如登特列夫所说的:"即使是当它被视为自明(self-evident)观点的那段时日,这个概念也充满了暧昧含混。""'自然'这个字乃是造成一切含混的原因,未能清楚分辨其不同含义,乃是自然法学说中一切暧昧含混之由来。"③但作为西方最古老的思想之一,它也有自己的发展脉络与流变的印迹。

在古希腊的主流思想中,"自然"是一个以"至善"为其根本内涵的非物质世界。"希腊思想直到亚里士多德的时代为止,一直为希腊人对城邦的宗教热诚和爱国热诚所支配……斯多葛派认为有德的生活乃是一种灵魂对上帝(God)的关系,而不是公民对国家的关系。"④在柏拉图看来,最好的政体独

---

① ［意］登特列夫:《自然法——法律哲学导论》,李日章译,台湾联经事业出版公司1984年版,第11～14页。

② 马汉宝:《法律思想与社会变迁》,清华大学出版社2008年版,第281页。

③ ［意］登特列夫:《自然法——法律哲学导论》,李日章译,台湾联经事业出版公司1984年版,第1～2页。

④ ［英］伯特兰·罗素:《西方哲学史》(上卷),何兆武、李约瑟译,商务印书馆1963年版,第14页。

具特色的制度就是"符合自然"的。① 在英文文献里,古希腊时代和中世纪都有大写的 God,都可译为神或上帝。但两者有着根本的不同,前者为多神教中的神,后者为一神教中的神。古希腊是典型的多神教传统,有三位神分别主观天庭、海洋和冥界,他们是宙斯、波塞冬和哈德斯。此外还有天后赫拉,太阳神阿波罗,智慧女神雅典娜和爱神阿芙罗狄忒等。他们每一位都有自己的权能领域,在这个领域内行使其管辖权,既分工也合作,他们的权力覆盖了整个世界,形成有序之网。但是,虽然神可以永生,但也一样逃不过命运的掌控,对诸神的崇拜映射了古希腊人对命运的膜拜。这个"至善"缘起于上帝(God)的意志,却最终决定于命运或自然本身,这种"至善",是人们所必须服从的。宇宙是"神的启示和理性与自然的某种必然性的结合",一切都是按照命运的安排发生的,而命运则是"万物的一连串根据或宇宙用以主宰万物的理性"。② 在古希腊自然法理论的集大成者斯多葛学派看来,自然法意味着把自然视为最高宇宙法的体现,正义则是内在于宇宙理性的、固定不变的形式。③

在确定自然法神圣地位的同时,古希腊的哲学家们论及了实证法与自然法的关系,认为在道德位阶上,相对于实证法,自然法具有优势地位:

"真正的法律乃是正确的规则,它与自然相吻合,适用于所有的人,是稳定的、恒久的,以命令的方式召唤履行责任,以禁止的方式阻止犯罪,但它不会无必要地对好人行命令和禁止,对坏人以命令或禁止予以感召,要求修改或取消这样的法律是亵渎,限制它的某个方面发生作用是不允许的,完全取消它是不可能的;我们无论以元老院的决议或是以人民的决议都不可能摆脱这样的法律,无须请求塞克斯图·艾利乌斯进行说明和阐释,它将不可能在罗马是一种法律,在雅典是另一种法律,现在是一种法律,将来是另一种法律,它是永恒的、不变的法律,将适用于所有民族,适用于各个时代;将会有一个对所有的人共同的、如同教师和统帅的神:它是这一法律的创造者、裁判者、倡导者,谁不

①　[古希腊]柏拉图:《理想国》,郭斌和、张竹明译,商务印书馆 1986 年版,第 236 页。
②　参见[古希腊]亚里士多德:《尼各马科伦理学》,廖申白译注,商务印书馆 2003 年版,第 109~110 页;黄颂:《自然法观念考》,天津师范大学 2001 届博士论文,第 19 页。
③　William ARtibald Dounning, A History of Political Theories, Ancient and medieval, The Macmillan Company, 1927, p. 104. 转引自黄颂:《自然法观念考》,天津师范大学 2001 届博士论文,第 20 页。

服从它,谁便是自我逃避,蔑视人的本性,从而将会受到严厉的惩罚……"①

同时,古希腊的自然法强调人的社会属性和个体对社群的义务。在亚里士多德看来,"城邦在本性上则先于个人和家庭。就本性来说,全体必然先于部分……人类生来即有合群的性情,所以能不期而共趋于这样高级(政治)的组合。"②"保证社会全体的安全恰好是大家一致的目的。"③因此,对城邦和集体的热爱优先于对个体权利与利益的考量,共同体的利益高于个人的利益,整个社会得以维系的基础在于公民圆满地履行自己的义务,而非依赖于个体权利的行使。在苏格拉底—柏拉图—斯多葛理论的谱系中,正义就是善,就是每个人依据自然得到他的应得之物。按照这一观点,虽然一个人依照实证法律拥有对某一武器的所有权,但如果他可能失去理智或有意毁灭城邦的话,他就不应该得到和保留该武器,就应该剥夺他的所有权。施特劳斯举了这样的例子来形象刻画应得之物、善和权利之间的关系:一个大孩子有一件小外套,一个小孩子有一件大外套。大孩子是小外套的合法拥有者,因为这是他的父亲给他买的。但这件外套对他来说并不是好的,因为并不完全适合他。明智的统治者会让那个大孩子拥有大外套,小孩子拥有小外套,而丝毫不应考虑什么合法拥有权的问题。在这里,合乎法律的所有权与合乎公正的所有权是两码事,正义与私有权并不兼容。④ 个人拥有某种权利并不是最重要的,最重要的是人们有义务来服从正义与善。

也就是说,在古希腊时代,存在着自然法和实证法两分关系,对个人和城邦的关系而言,个人的权利从属于城邦的利益,在权利与应得之间,权利从属于应得。因此,从某种意义上来说,自然法比实证法更具道德上的优势,自然法更强调个人对集体承担的义务。

(二)三元论视野下的义务本位自然法

在中世纪的西方,自然法具有崇高的地位。在权威法典《葛雷先教规集》中有这样的表述:"人类受两种法律统治:自然法与习俗。自然法就是包含在

---

① [古罗马]西塞罗:《国家篇·法律篇》,沈叔平等译,商务印书馆 1999 年版,第120 页。

② [古希腊]亚里士多德:《政治学》,吴寿彭译,商务印书馆 1965 年版,第 8~9 页。

③ [古希腊]亚里士多德:《政治学》,吴寿彭译,商务印书馆 1965 年版,第 120 页。

④ [美]列奥·斯特劳斯:《自然权利与历史》,彭刚译,三联书店 2003 年版,149~150 页。

圣经与福音书之中的东西。"①相对于其他法律,自然法绝对具有约束力并因此而处于优势地位。这体现在自然法具有更为悠久的历史和更为尊贵的地位:"因为它的产生跟上帝创造人类这种理性的存有同时,它在时间中不会改变而永远一样。""在尊贵上,自然法绝对胜于习俗与种种法规。任何由使用而被承认的东西与明文订出的东西,一旦和自然法发生冲突,都必须视为无效。"②在登特列夫看,《葛雷先教规集》中对自然法的定义容纳了整个中世纪道德与法律哲学的纲领。③

但在那个时代,自然法崇高地位的唯一原因在于它和基督教上帝的关系,虽然它高于实证法,但仍低于直接来自上帝意志的律法——神法。中世纪经院哲学家奥古斯丁将上帝思想中预先形成的理想的造物秩序称为神法。奥古斯丁认为,虽然有原罪的人不能直接认识神法,但是根据其理性和良知,他可以认识"自然法"。从这一自然的造物秩序中应当得出人人平等的秩序、婚姻家庭财产的"自然"秩序。因此,人类的实证法律秩序才具有了这样的目的:保卫和平、服务正义。与自然一致的就是公正的。他说道:"上帝对受造物的这种合理指导,我们可以称之为永恒之律。……但比起其他一切东西,理性的造物可以说是以一种很特殊的方式听命于神圣天命。……理性的造物所分享的永恒定律,即称为自然法。…… 仿佛自然理性之光不外就是神圣之光留在我们心里的印子——而我们用以分辨善恶的,正是这自然理性之光,它就是自然法。因此,很明显,自然法不外就是理性的造物所分享的永恒定律。"④

显然,在奥古斯丁那里,神法、自然法和实证法形成了三元关系,自然法之所以在伦理位阶上高于实证法,是因为它映射了神法的影迹,在人们的理性无法直接接触和理解神法的时候,可以通过理解和掌握自然法来间接地感受神法的存在。

另一位经院哲学家托马斯·阿奎那继承了奥古斯丁的神法—自然法—实

---

① [意]登特列夫:《自然法——法律哲学导论》,李日章译,台湾联经事业出版公司1984 年版,第 29 页。

② [意]登特列夫:《自然法——法律哲学导论》,李日章译,台湾联经事业出版公司1984 年版,第 29 页。

③ [意]登特列夫:《自然法——法律哲学导论》,李日章译,台湾联经事业出版公司1984 年版,第 31 页。

④ [意]登特列夫:《自然法——法律哲学导论》,李日章译,台湾联经事业出版公司1984 年版,第 37 页。

证法的三元论,但在内容上又有所完善。在奥古斯丁看来,神法是最高的理性、永久的真理,是神的理性与意愿。神的法律使得世界存在,并发展其作用与价值,它就是神不变的本质。但阿奎那更进一步将其称为"神的智慧",是神的理性的体现,是神统治宇宙的根本大法。神法是上帝创造和统治世界的范本,由于人类分享了上帝的理性,因此在某种程度上可以分享神的智慧。在阿奎那看来,人是有智慧的生物,可以依据其理性,疏导其自然倾向,从而完成自然法的秩序。由此,自然法是分享了神的智慧之后的人类,借助神授的理性而理解和认知的关于神法的部分知识,是人类行为的一般性原则,自然法由此具有普遍性与永久性的特征。[①] 在分享了神法与自然法的基础上,阿奎那指出实证法(即人法)应符合自然法,否则就不应具有拘束力,没有约束人们良知的力量。

中世纪的经院哲学家们也承继了古典时期哲学家们的权利义务观,认为个人是社会的组成部分,法律必须以社会整体的利益为目标。[②] 中世纪经院哲学家们虽然也强调义务与权利关系中义务的优先性,但与亚里士多德应得作为正义、正义先于权利的义务取向又有所不同。在基督教获得国教地位之后,基督教的教义与价值观在整个欧洲居于统治地位,基督教的教义被信奉和遵守。根据基督教的教义,在耶稣没有到来之前,神与人之间的约定是"旧约",即摩西十诫,其内容主要是人要遵守律法,以行动表达对神的敬仰。对人类而言,这无疑是义务导向的。耶稣复活之后重新与人类有了"新约",其内容是人们生活在恩典中,接受马太、马可和路加福音中的教导,这些教导都具有强调人类义务的特点。因此,可以看出,中世纪的自然法位于神法和实证法之间,是衔接两者的桥梁,同时无论根据旧约还是新约,人类行为更具有义务的导向。此外,个人与社会利益发生冲突的时候,应以社会利益为圭臬,整个社会制度的出发点不是权利,而是义务。

(三)人性论下的自然法与自然权利转向

16世纪的宗教战争和四分五裂的基督教使得人们对宗教的信仰产生了怀疑,那些打着上帝旗号的雇佣兵的行为并没有体现出他们对上帝的信仰,上帝对人们的恩典,更多地体现为丑恶万状的破坏。教会在收取什一税和发行赎罪券的时候赚得沟满壕平,而人民却生活于艰难困苦之中。马克斯·韦伯

---

① 刘美惠:《论自然法的哲学基础》,载《哲学与文化》1996年第23卷第3期。

② [意]阿奎那:《阿奎那政治著作选》,马清槐译,商务印书馆1963年版,第105页。

认为新教伦理使得人们克制欲望，努力奋斗和创造财富，形成了资本主义精神，但在禁欲教义的指导下，同时也由于人们的欲望无处释放进而以一种破坏性的方式来对那些社会中最弱势的群体进行压迫，有无数的女性被指控为女巫并被处以火刑。① 对异端的惩处甚于异教徒。基督教自身也处于四分五裂的状态之中，人们的精神开始在所谓上帝恩典仍然存在的情况下无所依归，整个社会陷入了混乱状态，出现了所谓的"巴洛克"人格。"巴洛克"意为"变形的珍珠"，人们的心灵在四分五裂的宗教与混乱征战的时局下被挤压变形，在找不到慰藉的情况下依靠那些繁复华丽的建筑与装饰风格来满足内心需求。总之，宗教、道德、艺术等无不处在激烈的对立之中。帝国的权力和教会的权威都失落殆尽，最后唯一可以依靠的也只能是人本身以及人的理性了。过去，对于"人怎样才能认识终极真理"这一问题的回答是引证神的启示，而赋予人类理性的任务则只是解释这种启示而已，理性是信仰的婢女。而这时，理性开始超越神的启示，被视为发现终极真理的工具。②

　　在近代自然法正式登上历史舞台之前，16 世纪西班牙的晚期经院哲学家对自然法从中世纪向近代的过渡起到关键性作用。此时的西班牙经院哲学家一方面传承了古典自然法传统，保留自然法与实证法的二元论和社会共同体优先论；另一方面，他们在区分法律与权利的基础上，推进了自然权利论，强调自然法的本质是事物的自然本性（理性）。③ 在神学自然法向理性自然法转变的过程中，格劳秀斯起到了承前启后的作用。他接受了之前的哲学家所提出的"无神论假设"，为自然法与上帝的意志进行切割提供了一种理论上的可能性，从人类趋向社会的本性中寻找法律的基础。他认为，确保人类社会秩序的存续是一切法律的渊源。正如格劳秀斯所说："自然法是如此不可改变，甚至连上帝自己也不能对它加以任何变更。尽管上帝的权力无限广泛，但有些事物仍然不受其左右。因为这些事物既不与具体现实相对应，也不会自相矛盾。正如即使上帝也不能使二加二不等于四，那么，他也不能使固有的恶变得不是恶。"④在此基础之上，他认为每个社会都要努力保护个人拥有的东西，包括生

---

① ［美］马文·哈里斯：《母牛·猪·战争·妖巫——人类文化之谜》，王艺等译，上海文艺出版社 1990 年版，第 157~175 页。

② ［日］大木雅夫：《比较法》，范愉译，法律出版社 1999 年版，第 28 页。

③ 朱晓喆：《格劳秀斯与近代自然法传统的近代转型》，载《东方法学》2010 年第 4 期。

④ 朱晓喆：《格劳秀斯与近代自然法传统的近代转型》，载《东方法学》2010 年第 4 期。

命、身体、自由等基本的使人之为人的东西,即使在法律和习俗制度尚未发明之前并因此无法以法律与习俗来保护和保障这些价值的时候,社会也应对此进行保障。也就是说,格劳秀斯在坚持个人自然权利的基础上,也为个人权利与社会秩序的关系留下了可以继续阐发的空间。

在格劳秀斯以及其他启蒙时期的学者们以一种暧昧语言来表达自然法和上帝意志的那种若即若离关系的时候,他们其实在模糊的文字背后表达了对自然本性,也就是理性的强调。在那个时代,数学知识已经有了极大的发展,同时数学这一学科的非价值性与科学性的特点也使其获得了基督教内外势力的接受和认同,因此才有了借助数学知识来阐明理性主义观的表达:"我断言我在论述这法律时,已使我的心思完全离开任一特殊的事实,正如数学家在处置他们的数字时完全把它们从物体抽离。"①

在启蒙哲学家们对理性主义达成共识的同时,他们还逐步为自然法理论与观念注入了个人主义的价值。无论霍布斯、洛克还是卢梭,他们都对人们在自然状态下的境遇表达了担心,认为人类若要生存下来,必须让渡一部分自己的权利,形成一个强有力的机构来解决人们之间的纷争和抵御来自自然和人类的挑战,于是划时代的社会契约理论出现了。社会契约的核心内容是:它是人与人之间签订的契约,经由这个契约才产生了国家与政府,因此国家和政府是后于人们而产生的,是人们发挥个人理性,以个人为单位凝聚而成的有机团体。这个"个人"的形象,是理性的、是摆脱了社会团体成员身份并以个人的意志表达为特点的。文明社会的形成,正是这些个体审慎理性地运用自己意志的结果。社会契约的形成形式与过程表明,它在形式上是作为个体的人们通过表达和履行自己的意志而成的。社会契约的内容与实质则更进一步地表明了人们的自然权利,以及人们为了社会安定、人们的安全而根据个人的自由意志部分地让渡或处分了自己的权利。此时,近代的自然法理论,已经逐步演化成了自然权利理论,因此,"当我们说到自然法(ius natruae)时,我们从来不曾指自然的法律而言,毋宁是凭借自然法之力量而自然地属于人的权利。"②这个时候,关于自然法和自然权利的论述中,或许仍然可以见到上帝的语句或影

---

① [意]登特列夫:《自然法——法律哲学导论》,李日章译,台湾联经事业出版公司1984年版,第51页。

② [意]登特列夫:《自然法——法律哲学导论》,李日章译,台湾联经事业出版公司1984年版,第59页。

子,这只是由于中世纪长期存在的偶像崇拜情结,人们不会完全拒绝向一个在心灵上仍存在影响、在身边仍存在的强大宗教势力表示一下表面上的敬意。但它核心和基本的功能是对个人权利的强调乃至崇拜,自然法已经转化成为自然权利。

二、不变的自然法

古典自然法、中世纪自然法和近代的理性自然法有着不同的内容,体现着自然法自身理论的变迁,在这个意义上,说自然法变动不居并不为过。但在这些变迁的背后,仍然存在某些可以称得上不变的东西。

自然法学说主张存在一种恒久不变的法律,不管这种法律来自多神教中那些与人的思想及行为并无太大不同的古希腊神,还是一神教中为凡人所信仰、只能为凡人所部分地认知并绝不容许有任何怀疑的基督教上帝,抑或是因宗教战争与宗教、世俗势力的权利丧失殆尽而无法信任,只能"反求诸己"的理性自然法,都强调自然法不变性。这种不变性体现在两方面:一方面是效力的恒久不变,另一方面是对理性的强调不变。而这两者,又交织在一起,更为形象和鲜明地呈现了自然法的特性。

在古希腊哲学中,有一个基本假设,即在变化万千、丰富多彩的世间万象的背后,存在着一个"超越时间变化的万物始基"。[①] 这个始基与中国古代"道生一,一生二,二生三,三生万物"理念中的"一"相类似,被称为"逻各斯"。在古希腊哲学里,万物都是由逻各斯生成。"逻各斯"是一切变化和矛盾中唯一保持不变的,是位于一切运动、变化和对立背后的规律,是一切事物中的理性。作为现象世界赖以生成的原始依据,唯理的逻各斯是"有生命、有理性"的。[②] 在古希腊哲学看来,逻各斯是一种至上的理念,宇宙的逻各斯在动物的本能和人的理性中都体现出来。[③] 但是,正如柏拉图所说的,"人的灵魂里有一个较好的部分和一个较坏的部分"。[④] 因此,人所服从的也就不应该是他自己的理性,而应该是自然的理性、神、命运或宙斯,亦即自然中的"至善"。[⑤] 理性既存

---

① [德]文德尔班:《哲学史教程》(上卷),罗达仁译,商务印书馆1987年版,第42页。

② 黄颂:《自然法观念考》,天津师范大学2001届博士论文,第12～13页。

③ [美]梯利:《西方哲学史》(增补修订本),葛力译,商务印书馆1995年版,第119页。

④ [古希腊]柏拉图:《理想国》,郭斌和、张竹明译,商务印书馆1986年版,第150页。

⑤ 黄颂:《自然法观念考》,天津师范大学2001届博士论文,第19页。

在于人,也存在于神,它们"具有同一种德性","人和神的第一共有物便是理性"。"既然理性存在于人和神中间,那么在人和神中间存在的应是一种正确的共同理性。因为法律即理性,因此应该认为,我们人在法律方面与神明共有"。① 也就是说,理性是神、人共有的特性,它是至善的表现形式,体现在法律之中。

古希腊哲学认为人与神的理性都来自于自然,自然理性即是逻各斯或至善,法律不仅应当符合人的理性,更应当符合神的理性和自然理性,亦即至善。在古希腊时代,神的思想、行为和举止几乎与人类并无二致,神更像是一群具有超能力但又具有普通人情感与情绪的人。与之有所不同的是,中世纪的基督教神学坚定地主张一神教,在教义中明确规定不可崇拜其他的偶像,因此其对理性的观察与分析也沾染了浓厚的上帝色彩与气息。在中世纪经院哲学家看来,人类是上帝的造物,人类是上帝按照自己的形象制造而来,因此他是"理性的造物",人类在享受上帝恩典的时候也分享了上帝的部分理性,接受上帝的合理指导。虽然人类由于受到自己理性的限制,无法认识神法,但可以认识反射了"理性之光"——神法的自然法。自然法是"上帝的荣光在我们身上留下的痕迹"、"是永恒法对理性动物的关系"。②

但是,中世纪自然法中对人的理性处理,不仅具有尊崇上帝的目的,还有通过理性来在理论上缓解宗教神学自身可能引发的质疑之功能。这是因为,虽然早期基督教教义中体现了神法至高无上的地位。但在现实中,某些可能违反上帝意志的实证法仍存在,如何理解分享了神的理性却作出违反上帝意志的行为或制定出违反上帝意志的法律这一问题?既然自然法已经成为人们理性中的既有成分,那么是否还需要上帝的启示?如果神法等同于自然法,那么违反上帝意志的实证法的客观存在,是否意味着上帝权威的丧失?这可能会引发神法和人法之间存在的巨大罅隙乃至鸿沟。因此托马斯·阿奎那创造性地用自然法来作为神法与人法的总结,并通过理性这一概念的运用来弥合自然法和人法之间可能存在的巨大张力。他认为,神法或者说永恒法,是上帝统治整个宇宙的理性,而自然法则是理性动物参与永恒法的结果。"与其他动物不同,理性的动物以一种非常特殊的方式接受着神意的支配;他们既然支配

---

① [古罗马]西塞罗:《国家篇·法律篇》,沈叔平等译,商务印书馆1999年版,第133页。

② [意]阿奎那:《阿奎那政治著作选》,马清槐译,商务印书馆1963年版,第107页。

着自己的行动和其他动物的行动,就变成神意本身的参与者。所以他们在某种程度上分享神的智慧,并由此产生一种自然的倾向以从事适当的行动和目的。"①为了调解一神教中神法与人法的张力,阿奎那引进了自然法这一中介;为了让自己的神法—自然法—实证法三元论更加地协调一致,他重新解释了理性这一概念。他把自然法分为三大类,第一类是世间万物共有的自然法,这种自然法来自万物求生存的本能;第二类是人与动物共有的自然法,这种自然法也偏重自然本能的特点,虽然是人与动物的自然倾向并因此属于自然法,但这种属性和倾向是不受理性控制的;第三类是专属于人的自然法,这是因为只有人分享了上帝的理性。从这个理论框架理解,自然法虽然来自神法,但并不等同于神法,自然法的范围也很广,人类的实证法只是自然法的部分内容,而且是具有理性的人类所能部分认识和理解的内容。同时,最重要的是,自然法是可变的,可以随着时代的发展增加一些有利于公众福祉的内容。自然法的可变性并不影响神法的永恒性。由于人不可能像上帝那样理性,自然法具有世俗的特点,会随着时代变迁有所修正,这都是永恒的神法在不同时代显现出来的结果,所以对自然法的理解有偏差并在实证法中违反自然法是可能的,但归根结底人类的法律不能违反神法。总之,通过自然法的中介,阿奎那虽然没有消除,但在一定程度上消减了神法和人法之间的张力,并且这要借助理性这一理论工具来达成。

随着宗教战争的结束和启蒙思想的传播,宗教和世俗权力都衰落不堪,物质世界和精神世界都混乱到极点,人们对神和神的理性都失去了信任,在这种情况下,近代启蒙者们开始了"反求诸己"的思想历程,开始从人自身的理性中寻找解释世界的答案。笛卡尔是其中先驱性和代表性的人物,丰富的出外旅行经验使他知道"有人持有与我们完全相反的思想方式,但他们并不都是野蛮和粗野之人,他们同我们一样,甚至比我们更富有理性"。因此,在他的《方法谈》的开头断言:良知也好,理性也好,对所有的人来说都是天赋的、平等的,并认为这种理性是人类的最终依据,从而引起了一场科学的变革。② 于是,人们把对上帝的信仰转移到了人类自己身上,理性开始独立于宗教信仰。启蒙时期,科学与数学有了飞跃式的发展与进步,技术革命与工业进步也飞速进行,这进一步增加了人们对自身理性的信心乃至崇拜。人们在把上帝置于一旁的

① [意]阿奎那:《阿奎那政治著作选》,马清槐译,商务印书馆1963年版,第107页。
② [日]大木雅夫:《比较法》,范愉译,法律出版社1999年版,第29页。

同时,开始以科学的眼光审视整个世界,包括人自身。于是,霍布斯开始考虑模仿数学的确定性建立一套哲学体系,并在《利维坦》中把世界看作由因果链组成的一架大机器,将生命和无生命的物质进行类比,认为人与钟表一样,心脏是发条、神经是游丝、关节是齿轮,一切事物都可以按照机械规律进行计算。① 于是拉美特里根据大量医学、解剖学和生理学的科学材料,证明人的心灵状况决定于人的机体状况,特别着重证明思维是大脑的机能和道德源于机体的自我保存的要求。在《人是机器》一书中,假定一切生物都具有所谓"运动的始基",它是生物的运动、感觉乃至思维和良知产生的根据。运动的物质能够产生有生命的生物、有感觉的动物和有理性的人。② 就这样,对人类无限理性的信仰诞生了,而这种基本思想时至今日依然生生不息。③

近代法律中的人像是具有完全理性人的形象,这个"人",是一个抽象出来的人的形象,无论是作为立法、执法和司法的主体,还是守法的主体,都具有完全的理性,因而是一种"强而智"的人。他能够根据"人的理性"认知所有事物,并在此基础上作出明智的判断。这是在科技迅速发展的时代背景下,人类对自身理性自信的表现,是人们的信心与理想在法律中的展现。

这种法律理性人的形象,来自哲学和古典经济学的双重影响。在哲学家的眼里,理性与人是密不可分的,是人的根本属性,是区分人与物的根据。在康德那里,理性是一种巨大的莫可抗御的力量,它排除一切外来干扰,清洗一切利己的意图,保持自己所创制的道德规律的纯洁和严肃。理性不仅是指人类认识可感知事物及其规律性的能力,而且也包括人类识别道德要求并根据道德要求处世行事的能力,道德要求的本质就是理性本身。人的尊严,就是以人所拥有的这种能力为基础的。因此没有理性的东西只具有一种相对的价值,只能作为手段,因此叫做物。而有理性的生灵才叫做"人",而且,作为"理性存在者"的人,"都自在地作为目的而实存着,他不单纯是这个或那个意志所随意使用的工具。在他的一切行为中,不论对于自己还是对其他理性存在者,任何时候都必须被当作目的"。基于对这种理性的信任乃至信仰,产生了当时法律人格的定位:"人格一般包含着权利能力,并且构成抽象的从而是形式的法的概念,这种法其本身也是抽象的基础。所以法的命令是:'成为一个人,并

---

① [英]霍布斯:《利维坦》,黎思复、黎廷弼译,商务印书馆1985年版,第92~132页。
② [法]拉·梅特里:《人是机器》,顾寿观译,商务印书馆1959年版,第50页。
③ [日]大木雅夫:《比较法》,范愉译,法律出版社1999年版,第29页。

尊敬他人为人。'"

古典经济学理论的立足点是对"经济人"的假设,它认为所有的人都是理性"经济人"。由于理性在经济学中的基石性地位,它甚至被认为是"经济学之母"。虽然经济学曾被认为是伦理学的一个分支,并因此与哲学保持密切的联系,但经济学中所说的理性与哲学家们所说的理性并不完全相同,亚当·斯密在《国富论》中的表述就突出体现了这点:"由于他管理产业的方式的目的在于使其生产物的价值达到最大程度,他所盘算的只是他自己的利益。他追求自己的利益,往往使他能比在真正出于本意的情况下更有效地促进社会的利益。"①因此,经济学中的理性主要表现为:(1)每个人都是自身利益的最佳判断者;(2)人的本性是利己的;(3)每个人都在追求个人利益的最大化,而这种最大化只有在与其他人利益的协调中才能实现。

近代法律中的人像融合了哲学和古典经济学对人和人的理性的理解。这体现在:强调对人性尊严的尊重,认为这是使人之为人的核心价值;强调个人自治,因为这是个人意志自由的体现,是人性尊严的外在表达,而个人具有完全的认知能力,因此自治(autonomy)被视为一种最高权(sovereign)。自治意味着自我决定,自己是自身利益的最佳判断者,不应受到他人和国家的干预。这突出体现在强调平等和自由的法律原则上:平等主要是指形式意义上的平等,自由主要包括人身自由、精神自由和契约自由。同时,自治还表现在强调过错责任原则,即个人只对自己的故意或过失所产生之损害负责。

总之,在古希腊时期、中世纪基督教主导时期以及近代启蒙时期,理性论时刻伴随着自然法理论。在古希腊时期的理性论强调理性来自于自然,中世纪强调人在分享了上帝形象的时候,也分享了他的理性并将理性最终归结为上帝,启蒙时期在抛弃了上帝的时候构建了对人类理性的崇拜,以理性拜物教取代了上帝崇拜。从形式上看,理性的来源并不相同,但都强调了人的理性具有认识世界和一定程度上改变世界的能力,并且随着对人的理性强调程度的变化,把自然法理论逐步改造为自然权利体系,并在近代通过立法建立了一整套基于自然权利而成的法律体系。这些都为权利理论的发展,权利主体、内容和范围、实证法规范以及权利的推定奠定了智识和学理上的基础。

---

① ［英］亚当·斯密:《国富论》,唐日松等译,华夏出版社 2005 年版,第 25～28 页。

第二节　权利本位——自然法的中国表达

一、中国的自然法学说

从前文对西方自然法理论的简单梳理中可以看到，即便在西方，在自然法理论发展的长河中，关于其内涵的争论与分歧，已是聚讼纷纭了。① 由于自然法这个"瓶子"在不同的时代不同的地区盛了不同的"酒"，因此登特列夫才将仅仅依凭自然法的名称而不问其内容来梳理自然法以确定它的沿革的研究方式称为"最大的幻想"。② 从古希腊到文艺复兴，再到纳粹帝国和二战之后，它为各色人等染指并被赋予不同含义。在自然法的旗帜下，有的主张对人的尊严与权利的尊重，有的容忍奴隶制，有的积极主张种族灭绝。但其虚妄性和不确定性并未使其消亡，因为：在完美的法律理论和法律制度出现之前，自然法永远有其存在的理由和价值——只要承认"完美"仅是一种理想的话，不朽的自然法精神就"永远不可能被熄灭"。③ 与自然法相伴的自然权利被认为是依据自然法则和人性而来的，而不是来自国家的制定法，它们是不可让与和不可变更的权利，牢固扎根于古代、中世纪和近代的自然法理论并在《独立宣言》和《人权宣言》中被强调和重申。④

就中国有没有自然法这一问题，有两种针锋相对的观点。反对者认为自然法是西方社会特有的产物，根植于西方的法文化背景，中国与之截然不同，甚至可以说是完全对立，因此中国当然没有自然法，也自然没有法治。如俞荣根教授认为："众所周知，自然法观念是西方法学史上一种源远流长的法思想，

---

① 因此登特列夫说："'自然'这个字乃是造成一切含混的原因，未能清楚分辨其不同含义，乃是自然法学说中一切暧昧含混之由来。"参见［意］登特列夫：《自然法——法律哲学导论》，李日章译，台湾联经事业出版公司1984年版，第2页。

② ［意］登特列夫：《自然法——法律哲学导论》，李日章译，台湾联经事业出版公司1984年版，第4页。

③ 陈林林：《从自然法到自然权利》，载《浙江大学学报》（人文社会科学版）2003年第2期。

④ David M. Walker, *The Oxford Companion to Law*, Clarendon Press, 1980, p. 870.

一种一脉相承的法文化精神。若如上述论者所言，儒家法思想乃至中国古代法思想也是自然法的话，那么中西法文化亦不过小异而大同，中国古代法、儒家之法简直成了西方古代法的东方分支。这样一来，就很难真正揭示儒家之法及整个中国古代法的特有的民族性的法文化精神。"①在此基础上，他还认为"儒家法思想不是自然法"，"道家、墨家的法思想同样不能归结为自然法"。赞同者则认为中国有自然法，儒家思想即是自然法，"从自然法的定义来看，他们都强调自然法是永恒和普遍的道德原则（道德法）；从自然法与人定法的关系来看，他们都认为自然法高于人定法，是人定法的基础，人定法必须合乎自然法才是真正的法律；从自然法的内容来看，他们均把正义作为自然法的根本原则。"②

对于这个问题，从比较法的角度来看，超越概念的"名"，代之以"实"对其进行比较是更为恰当的，这个"实"，就是其内在的理路。因为即便在西方，除了名称相同之外，中世纪的自然法观念与近代的自然法观念，几无共同之处。③ 俞教授的论述颇值得玩味，他先是将自然法定位于完全属于西方的法思想，然后据此论述如果中国也有自然法思想，则中国古代的法律思想就从属于西方，那么中国古代法中所蕴含的中国民族精神与文化则无法凸显。如果运用法学中常用的形式逻辑进行表达的话，其内容是：

大前提：自然法是西方社会与文化的产物。

小前提：中国有自然法。

结论：中国属于西方社会与文化。

而这是俞教授无法接受的结论，在大前提已成共识的情况下，他只能从小前提着手，否定中国有自然法这一观点。

而赞同者的逻辑是：

大前提：在定义、自然法与人定法的关系和内容等方面具有某些特点的思想即是自然法。

小前提：中国的儒家思想具有上述特点。

---

① 俞荣根：《儒家法思想通论》，广西人民出版社1992年版，第42页；白强：《论中国儒道法思想与西方自然法特质》，载《重庆大学学报》（社会科学版）2003年第5期；[美]昂格尔：《现代社会中的法律》，吴玉章、周汉华译，中国政法大学出版社1994年版，第99页。

② 崔永东、龙文茂："中国古代无自然法"说平议》，载《比较法研究》1997年第4期。

③ [意]登特列夫：《自然法——法律哲学导论》，李日章译，台湾联经事业出版公司1984年版，第4页。

结论：中国有自然法。

可见，两类不同观点的核心纷争在于对大前提的界定完全不同。前者认为自然法就是西方的，后者认为只要具有了某些特点，这样的思想或行为规范就是自然法。因此，虽然两者的观点直接对立，但由于各自论证的立基点——对自然法的定义——完全不同，因此其争论颇有鸡同鸭讲的意思，基本上是你说你的，我说我的，缺乏真正意义上的理论交集。虽然各自的论证都很丰实，也具有说服力，但都是在自己的理论框架内进行。严格地说，两者并非是在同一个话语体系内进行的讨论。笔者以为，就中国有没有自然法这一问题，最重要的前提是对自然法进行界定。如果说自然法即 natural rights 这一名称，舍此没有自然法，那么中国当然没有自然法。因为 natural rights 是英文，中国文字为方块字，没有这样的须经字母拼写组合而成的文字。如果说自然法是西方社会与文化特有的产物，必须是经历古希腊、古罗马、基督教思想和启蒙思想家思想的依次浸润后形成的思想与规范才能称得上自然法，那么结论是无疑的：中国当然没有自然法。因为中国古代当然是没有经过上述思想的浸润，即便中国在近代接受了上述思想的浸润，也难说是顺次进行的。如果从功能比较的视角说，自然法是一种评判标准，并且这种标准有形式和实质的面向。在形式上，它是一种在道德上具有高位阶，可以据此对实证法规范进行评判的标准；在实质上，它能引导出一些具体的价值观。那么我们完全可以说，任何法律文化背景下的国家地区都有自己的自然法。对此夏勇教授有着深刻而精当的论述：尽管从我国的传统学说和当代理论中很难找到西方式的自然权利，但"人之作为人的要求和尊严……是内在于每个人自身，是人之天性、民之本性"，"我们的同胞也是人，是正常的人，是有尊严和价值的人。在具备人之作为人的一般特性的意义上，他们与欧洲人、美洲人、非洲人和其他国家的人毫无二致。他们不希望在没有满足需求时被说成是没有需求"[1]。基于这种人的天性与本性，即所谓"天爵"，一些特定的权利和义务可以被启发和支持。[2] 因此，从功能比较的角度，中国有以自己的语言表述而功能上与西方自然法相似的自然法，相应地也就有了可以通过解释而存在的自然权利空间。而且这些权利还由此具有了一种基于本性而先于国家、不可让与和侵犯的性质。

---

[1] 夏勇：《中国民权哲学》，三联书店 2004 年版，第 49 页。

[2] 夏勇：《中国民权哲学》，三联书店 2004 年版，第 9～10 页。

二、权利本位的自然法影迹

在 20 世纪 80 年代末、90 年代初,随着 1988 年珠海法理学年会和 1988 年长春法学基本范畴研讨会的召开,权利与权利本位成为学界关注的焦点问题。时至今日,关于权利本位的探讨仍回音不绝,①探讨权利本位的话题也从法理学界弥散到整个法学界②,甚至在整个人文社科科学领域,权利本位都成为一个人们耳熟能详、可以被直接"拿来"用于本学科研究的术语。③

权利本位立足于"权利"这一法哲学的基石范畴,围绕权利本位这一法学的基本价值导向,形成了一种法学的全新理解、解释系统和理论框架,为法律学术共同体搭建了一个从事学术活动的基本平台。这一平台不仅为法哲学的研习者们所享有,也是各部门法及各部门法哲学的研习者们共享的基础。这一平台的搭建与构造,是中国学者在对西方权利发展进行梳理、总结,并从哲学、伦理学和经济学的不同视角进行归纳概括而成的。权利本位是指"现代法学应是权利之学,现代法制应以权利为本位"④,"在现代法哲学中,权利是更根本的概念,是法哲学的基石范畴,无论法学理论,还是法律实践,都应当以权利为本位"。⑤ 它强调在权利与义务的关系上,权利是目的,是处于主导地位的起点、核心、轴心和重心;义务是手段,是权利的引申和派生物。其特征为:(1)权利的主导性和义务的从属性;(2)权利主体的平等性和广泛性;(3)权利限制须有赖于法律文本才可进行;(4)法无明文规定时,应进行权利推定而非

---

① 如在 2011 年年度,就有多篇关于权利本位的学术文章,参见吕明:《刚性维权与动态维稳——"权利本位说"在维稳时代所遭遇的挑战》,载《法律科学》2011 年第 4 期;曾凡珂:《论法治国家中的权利本位与权力制约》,载《黑龙江省政法管理干部学院学报》2011 年第 1 期;张亮:《当代中国权利本位思想生成路径与理论内涵》,载《吉首大学学报》(社会科学版)2011 年第 1 期;姚伟:《"权利本位"理念下的教师专业自主权特征解析》,载《东北师范大学学报》(哲学社会科学版)2011 年第 1 期。

② 如方流芳:《近代民法的个人权利本位思想及其文化背景》,载《法学家》1988 年第 6 期;张宗厚:《"权利本位"对于宪法学研究的意义》,载《当代法学》1988 年第 3 期。

③ 姚伟:《"权利本位"理念下的教师专业自主权特征解析》,载《东北师范大学学报》(哲学社会科学版)2011 年第 1 期;周彪:《人大代表"权利本位意识"值得期待》,载《学习月刊》2009 年第 9 期;邵健:《"还权于民"中的权利本位》,载《领导文萃》2009 年第 3 期;郑敬蓉:《图书馆法"权利本位"的思考》,载《山东图书馆季刊》2008 年第 4 期。

④ 郑成良:《权利本位说》,载《政治与法律》1989 年第 4 期。

⑤ 张文显:《法哲学范畴研究》,中国政法大学出版社 2001 年版,第 342 页。

义务推定。①

　　同时,权利本位范式这一术语的形成还具有浓烈的中国色彩:首先,这一范畴是在特定的历史时期基于中国自身的特点与要求而适时产生的。在中国开始进行改革开放,以经济建设取代阶级斗争的历史背景下,法制建设是这一历史进程的重要组成部分,而上个世纪80—90年代对权利义务的研究构成了法学研究与创新的焦点。因此,权利本位范式这一基石范畴由呼之欲出到破茧而出,奠基并引领了法学的进一步发展。其次,这一范畴是在吸收西方自然法和自然权利理念内核的基础上,经马克思主义法学的批评和驯化而产生的。中国的权利本位范式,借用了马克思主义的历史唯物论,在历史和逻辑的有机结合上,令人信服地揭示了权利本位的必然性与合理性,解答了权利本位的成立条件。在此基础上,国内学界对权利的研究形成了一种"范式",使法哲学和法学的研究实现了常规化、革命化和群体化。②

　　任何行为和理论,如果要想对其进行全面和公允的评价,都无法脱离其所产生和存在的背景,这就是一种所谓结构主义或整体论的思维方式。人们的行为、举止、语言及其他符号性动作,必须要在其所在的背景下对待,才有可能了解其"真意",而不应以一种孤立的动作对待并产生误读。这个背景,包括前后的语境、动作的场合,还有该动作所处的文化。比如一个简单的吐舌头的动作,在医院看这可能是医生检查病患者的舌苔或喉咙有没有炎症;在学校可能是一个学生被老师批评之后表示不好意思或尴尬;在藏族地区则是向他人表示尊敬。把吐舌头这样一个动作脱离其所在的背景,以一种孤立、静止的眼光看待,往往会得出错误的结论。同样,对任何动作、行为或理论的理解,如果完全脱离其背景,很可能失之于僵化和错误。正因为如此,苏力才针对梁祝悲剧进行了合理但富有创意的解读,对"父母之命,媒妁之言"这样的规则不是像曾有的很多文献那样简单地斥之为"干涉婚姻自由的、封建落后的制度",而是结合该制度所在的特定时空,得出该制度在当时的场景下是最合理和有效的制度这样的结论。③ 同样,对权利本位理论的探讨,当然可以基于当前的视角进行分析,但了解尤其特殊的背景并基于该背景对该理论进行理解和定位,同样

---

　　① 张文显:《从义务本位向权利本位是法的发展规律》,载《社会科学战线》1990年第3期。

　　② 张文显:《法哲学范畴研究》,中国政法大学出版社2001年版,第359、372、373页。

　　③ 苏力:《制度是如何形成的》,中山大学出版社1999年版,第15~44页。

甚至更为重要。将远景与近观相结合，能使我们得出更为公允的评价。

（一）权利本位的背景

权利本位产生于上个世纪 80 年代末 90 年代初，其时法学教育恢复不久，法学的教学与研究人员正处于青黄不接的时候。此前三十余年的时间里，并不存在像样的法学教育，民国时期的法学家几乎凋零殆尽，而新的合格法学人才却由于众所周知的原因并没有产生，至少是没有充分产生。恢复法学教育后走上讲台的新法律人充满了学术热情却发现自己既没有学术底蕴，又缺乏像样的学术著作可读，在这种情况下，一个在美国籍籍无名的法学家博登海默所著的、由于某种偶然而被发现并被翻译过来的《法理学——法哲学及其学习方法》就成了那个时代最为知名的教材式著作，这种影响直至今日仍广泛存在——这本书在当前被更为广泛地流传和阅读。可见，那是一个迫切需要新书籍、新知识、新理论填充法律人饥渴心灵的时代，而权利本位理论就是在这种情况下，在学习和吸收了西方近代法学理论的基础上，以中国人能接受的表达方式所作出的理论创新。

权利本位理论产生的时代，是阶级斗争理论和观念日渐无法解释当时社会形势与经济形势的时代。在"以阶级斗争为纲"且"纲举目张"数十年之后，人们发现这样的政策导致了大规模、高烈度的人权贬损。为了防范"文革"式的运动再次出现，需要以法律的方式确认和保障公民基本的政治权利和人身权利。同时，再一次睁眼看实际的知识界人士发现中国已经和西方发达世界拉开了很大差距，中国人正面对"开除球籍"的危险。"拨乱反正"的结果是十一届三中全会的召开和改革开放政策的制定与实施，阶级斗争理论无法满足经济发展对理论的迫切要求。此时，经济开始走上高速发展的轨道，相应地，1984 年党和国家的政策转向"有计划的商品经济"，后来又转向"市场经济"。而商品经济和市场经济的内在属性要求参与市场的各个主体地位平等，要求以权利义务双向机制调整人们的行为，要求市场行为在法制的轨道内进行。"春江水暖鸭先知"，在当时的政治与经济发展的背景下，一些有政治与学术敏感度的学者在分析了前资本主义经济与资本主义经济发展特点的基础上，将前者在法律上的体现归纳为"义务本位"，将后者在法律上的体现归结为"权利本位"。社会主义要求解放和发展生产力，要求市场对资源配置起到重要的乃至基础性的作用，这需要对市场经济主体和市场行为进行法律规范，而权利本位的法律有助于市场主体地位的确立和市场秩序的形成，有助于经济的有序发展。因此，才有学者以在当时较为典型的政治性的表达来肯定将整个法律制度确定为权利本位有助于民主政治和商品经济和市场经济的发展。①

（二）对权利本位的评价

1.作为实证法的价值观

权利本位由理论法学的学者提出后,迅速得到部门法学的回应,部门法学的学者们不仅认为有必要进行深入剖析,而且还将其视为部门法的价值基础与依归。在私法方面,市场经济的发展内在地要求经济行为的主体具有法定资格、作为私法关系中地位平等的主体而存在,权利本位为这一主体地位的确立奠定了理论基础。更重要的是,作为平等主体间的法律关系,私法关系强调尊重当事人的意思自治,防范国家权力的干预。在权利与权力的关系上,虽然权利在某些时候需要权力的保障与救济,但更多的时候是要求权力提供一个合理、有效的秩序,而非权力的直接介入。在公法方面,由于公法关系至少一方主体牵涉国家权力,因此往往会发生权利与权力的直接面对和交锋。在这种场合下,权利本位对于公民权利的确认与保护更加具有积极意义,这是因为,在私法传统不甚浓厚的中国,对权力的强调和崇拜尤其突出。在公民与国家权力的关系上,权力的使用范围和影响范围没有边际,可以渗透到任何权利者的任何领域,权力很少也很难受到约束。同时,在权力与法律的关系上,掌权者往往轻慢法律、虚置法律乃至鄙弃法律,以个人意志取代法律。"无法无天"在某些时候甚至被作为褒义词来使用。此外,尽管有"水可载舟亦可覆舟"这样的表达,强调国家权力的运行不可逾越其轨道,以免危害国家的基本秩序与安全,但这种表达的基本理念更多的是把本应作为权利主体的人视为维护权力秩序的客体,把本应作为工具服务于权利主体的权力视为目标。② 因此,在公法关系上,尤其需要权利本位来祛权力之"魅"。权利本位理论完成了这一历史任务,这体现在刑法、宪法和行政法等各个领域。在刑法方面,1997年的新《刑法典》在刑法制度非常发达的中国历史上,第一次明确地规定了"罪刑法定",施行无罪推定,这是第一次以如此显著的方式昭示权利本位。在行政法方面,《行政诉讼法》的制定也首次明确地规定了民如何告官,权利主体以何种方式来限制权力,保护和救济自身。《行政强制法》的出台与《行政程序法》

---

① 张文显:《从义务本位向权利本位是法的发展规律》,载《社会科学战线》1990年第3期。

② 石印秀:《中国社会转型时期的权力与权利:观念分析》,载夏勇编:《走向权利的时代》,中国政法大学出版社1995年版,第69~129页。

的呼之欲出也是一步步给权力套上枷锁，在驯服权力的同时保障公民的权利。在宪法方面，2004 年宪法修正案首次将"国家尊重和保障人权"写入宪法，以最高法的形式确认和保障公民的权利。

总之，中国法制发展的过程，就是中国法治演进的过程，就是权利本位日渐在法律规范中实证化的过程。权利本位不仅作为一种知识宣示了公民的权利，更作为一种价值观在法律规范中进行表达，以法律形式承认和保护公民的权利。此外，蕴含了权利本位这一价值观的法律规范在调整人们行为的同时也在逐步形塑人们的权利意识，使得人们对自身利益和自由的认识和认同更加强烈和深化，对自己权利的主张与要求更加普遍。同时这种意识不仅意味着对自身权利的认知与主张，更强调自己的认知与主张具有正当性，法律规范应当对此认同，有权机关也应当对此进行保护和保障。

2. 作为自然法方法论的权利本位

自上世纪 80 年代末 90 年代初一些学者提出"权利本位说"之后，该理论从理论法学界到部门法学界都引发了广泛的讨论与评议，在这些评述中，有学者带着方法论自觉清醒地对权利本位进行了学理上的定位。针对"权利本位说"、"义务重心说"和"权利义务一致说"的分歧与争议，该学者认为从整体上看三种学说都是正确的，只是各自研究的基点与方法不同。三种学说分别以应然法、实在法（法律规范）和社会的法为基点，分别运用价值分析的方法、实证（规范）分析的方法和社会分析的方法，各有侧重地研究了权利义务关系的不同层面。[1] 在学界对法律应该以权利为基本的价值取向这一观点取得基本共识之后，"权利本位"论者并没有止步，而是试图将该学说进行完整化和体系化。他们认为"权利本位"不仅是在权利义务关系方面认定权利取向的理论，而且是一个有关法的本体论和价值论的理论体系；不仅仅是一个理论体系，也是法学研究的新方法、新概念和新视野；不仅仅是法学研究的理论和方法，也是呼唤和推动中国法制现代化的动力。[2] 非但如此，"权利本位"论者还试图将其理论与中国自身的法律文化进行对接和汇流，在体系化的同时"有机化"。如借助中国古代的民本学说，将民本理论融贯而化为民权理论。在学界关注

---

[1]　孙笑侠：《"权利本位说"的基点、方法与理念——兼评"法本位"论战三方观点与方法》，载《中国法学》1991 年第 4 期。

[2]　张文显、于宁：《当代法哲学研究范式的转换——从阶级斗争范式到权利本位范式》，载《中国法学》2001 年第 1 期。

法律规范移植的时候尤其强调将人权理论与中国文化有机结合起来。① 在体系化的过程中,科恩的范式理论令他们"眼前顿时一亮",于是他们借助科恩的科学范式理论,在共识的基础上提出了"权利本位"范式,以此来进一步丰实权利本位论并借助科学哲学的知识来对其进行体系化。范式这一术语首先意味着它代表由特定社群的成员所共享的信仰、价值与技术等构成的整体,亦即学术共同体及其共享的信仰。它同时还意味着具体问题的答案,可以被当做模型或范例,可以代替规则作为常态科学或其他谜题的解答基础。② 可见,范式意味着一种分析问题的模型和框架、一种分析问题的技术、一种评价事物的价值观和信仰,还意味着一个学术共同体的构建。而"权利本位范式"则意味着有这样一个学术共同体,他们把权利作为自己的价值观、信仰和学术传统,把权利分析与推定当做分析问题、尤其是法律问题的技术和艺术,把主体享有权利的范围、内容与程度当做科学与社会的发展目标与指针。从某种意义上说,我们可以将其称为"权利学派"。③

就权利而言,存在着应然与实然之分。实然是指人们实际享有的权利,应然权利又可分为两种,一种是法律规范中规定的权利,一种是道德上的应然权利,即那些在法律规范中并没有规定但人作为一个有尊严的、有自由意志的主体所应该享有的权利。④ 实然权利和两种应然权利之间并非简单的范围逐次增大的关系,而是复杂交错的关系。一般而言,道德上的应然权利高于和广于法律上的应然权利,也高于并广于人们实际享有的权利。但法律上的应有权利未必在任何时候都广于人们实际享有的权利,有些权利法律未必有所规定,但人们却在实际生活中或多或少地享有它。如生存权,在 2004 年宪法修正案产生之前,⑤虽然在不少政府对外或对内的文件中时有所见,但并未见于任何

---

① 夏勇:《中国民权哲学》,三联书店 2004 年版,第 1～57 页。

② 张文显、于宁:《当代法哲学研究范式的转换——从阶级斗争范式到权利本位范式》,载《中国法学》2001 年第 1 期。

③ 作为"权利本位"理论倡导者的张文显教授,也颇有意指地将学术共同体指称为"学派"。参见张文显、于宁:《当代法哲学研究范式的转换——从阶级斗争范式到权利本位范式》,载《中国法学》2001 年第 1 期。

④ 李步云教授进行应有权利、法定权利与实有权利的三分法,并指出三者的范围呈逐步减小的样态。

⑤ 2004 年宪法修正案规定了"国家尊重和保障人权",在某种意义上可以从中解读出生存权的意涵。

法律文本。同时，不管在狭义上把生存权理解为生命权还是在广义上理解为既包括生命权也包括部分社会权，在生活中人们确实在不同程度地享有。有学者在梳理和吸收西方法律思想与实践的基础上，指出从自然法向自然权利发展有两条途径：经验式的和先验式的。前者以英美为代表，后者以法国为代表。在英国人心目中，普通法是法律最完美的理想，是经由许多代人的集体智慧发展而来并加以阐述的自然理性，它的权威在议会的法令和王室的法条之上。传统和习惯作为高一级的自然法则，也赋予了普通法超然的高级法地位。1776 年大陆会议的决议开头就重申，在北美的美国殖民地的居民们，依照自然法、英国宪法的原则以及某些宪章和公约"皆有权享有生命、自由和财产"。也就是说，在英国人和美国人看来，他们之所以应该享有某些权利，是因为依照传统和经验，他们以往就拥有某种权利，法律要做的，就是把这些权利进行实证化，以法律文本把它们固定并表达出来。与英美经验式路径不同的是法国。法国革命延承了欧洲大陆从自然法和人性出发对自然权利进行先验推定的传统，提出了"天赋人权"的口号。在法国革命的领袖人物眼里，"自然的、不可剥夺的和神圣的"自然权利是一个超越现存社会制度并且与之对立的范畴，它是良好社会的基础和标准，却向来被忽视和践踏。人权成为法国革命的纲领——1789 年《人权宣言》的核心，宣言强调人权是自然的、天赋的、人人平等具有的、不可剥夺的东西。在《人权宣言》开篇就写道："不知人权、忽视人权或轻蔑人权，是造成公众不幸和政府腐败的唯一原因，所以，决定把自然的、不可剥夺的和神圣的人权阐明于庄严的宣言之中。"《人权宣言》还宣告了自由、财产权、安全、反抗压迫、自由交流思想和意见等一系列权利内容。在此基础上，该学者指出这种先验式的自然权利理论缺少实证法（譬如说普通法）以及传统的支持，往往流于形式。[①]

这样的分类说服力并不充分。当英国人和美国人在口号中寻求"既往的权利"和"普通法中的权利"时，这些权利其实未必就是他们曾经享有过的权利，当时的斗争也未必是"恢复"他们曾经拥有的权利。他们更多的是借助那些传说中普通法的权利来为当时的自己争取权利。从这个意义上说，那些既往的权利更多的是被当作批判当时人们不能充分享有权利的一个由头，人们之前是否真正享有过它，是否真正体验经历过它，并不重要。独立战争时期，

---

① 陈林林：《从自然法到自然权利——历史视野中的西方人权》，载《浙江大学学报》（人文社会科学版）2003 年第 2 期。

亚当斯重复了洛克的主张:"权利先于所有世俗政府……英国人的自由权不是君主或议会特许的权利,而是原初的权利……我们的许多权利是固有的、根本性的。"在这里,我们只能看到其所主张权利的先验本色,而非英国的历史与传统。① 孔子在严厉批评他所处时代的时候曾说过要复古,要恢复以往的那个"美丽旧世界":"郁郁乎文哉,吾从周",难道周代就比春秋时期好得多吗?"周"无非是一个想象中的美好世界,是用来反衬和评判孔子当时所处世界的黑暗与不公的工具与标准而已。那些英国普通法上的权利也是如此的作用。因此,从这个意义上看,那些自然权利更多地具有先验的色彩,也正是这些先验的色彩起到了批判和借机完善当时权利的功能。

"权利本位范式"价值取向上具有自然法的权利导向。"权利本位范式"强调人的主体性,强调作为法律主体的人,具有自主性、自觉性、自为性和自律性,具有某种主导和主动的地位,在此基础上,对这"四自二主"性进行了详细的剖析。② 其实质在于强调人是一切法律规范和法律行为的根本,强调尊重人的理性和以"人的尊严"为核心的价值,尊重作为主体的人根据自己的自主意志自由、自治地位自己设定权利和义务。同时强调从人和权利的本质来理解法律,把法律的本质视为保护和调动人的潜能、智慧、积极性的方式,通过赋予主体权利和自由的方式来保障主体的利益,来解放作为法律主体的人并最终实现人的价值。这与近代自然法对人的理性的强调,对神格(包括具有神的地位一样的"集体"、"国家"之类主体的崇拜)的否定及对人格的肯定,在价值取向和对法律规范的评判方面,具有非常相似的品格。

"权利本位范式"具有一定的先验色彩,同时具有评判既有法律规范标准的功能。在"权利本位范式"看来,法律产生和发展的最终目的是为了人的尊严和人的解放。而这个人,既是特定历史条件下的人,也是具有普遍人类形象的人。在这个意义上,对权利与自由的渴望与追求,对人的尊严的主张与要求,不是某个特定历史时期才有或应有的产物,而是人性所致,它是"自然的、不可剥夺的",是使人能被称之为人所必备的标准。它是一个超越曾经的和既有的社会制度而存在并与之相对立的范畴,它是不容忽略、更不容践踏的良好社会的标准和基础。可见,强调以权利作为价值取向和具有一定先验色彩的

---

① [美]考文:《美国宪法的"高级法"背景》,强世功译,三联书店 1996 年版,第 82 页。

② 张文显、于宁:《当代法哲学研究范式的转换——从阶级斗争范式到权利本位范式》,载《中国法学》2001 年第 1 期。

"权利本位"及在此基础上形成的一种研究范式——"权利本位范式",在价值取向和功能上具有自然法的特征。依该范式而成的研究共同体在某种意义也可以称为"自然法学派"或"权利学派"。

权利本位范式提供了审视、批判和重构法律与法学的思想武器,但同时它也在被审视和批判,其中有些批判也有相当的学术价值和知识上的贡献。苏力将中国法学研究分为三个范式:第一种为政法法学范式,始于上个世纪七八十年代至今,其特点是运用大词,借助经典学者和权威文本(这里的权威包括学术权威,也包括政治权威)的语句,强调政治合法性的话语,具有较为鲜明的意识形态特色,因而是传统的、政治的和非实证的。第二种为诠释法学范式,时间是上个世纪 90 年代中期至今,这个学派更偏重于一个基本完整、自洽且能够有效传达和便于司法运用与教学的法律概念系统和规则体系,在西方法理学的话语体系中,也可以称之为概念法学。这一范式强调对概念和规则进行逻辑分析,强调逻辑和概念的严谨自洽,强调法律共同体的作用与技能。第三种为社科法学,时间是上个世纪 90 年代至今。该学派强调从人文社会科学的研究资源和方法中寻找探索和研究中国法学,自觉或迫不得已地不把法学话语当做一个自足的语言体系,并试图把法律话语与社会实践联系起来予以考察,考察其实际效果,试图通过对具体问题的分析来分析和把握法律,[1]甚至有学者干脆称之为"法律社会科学"。[2] 按照苏力的分类,"权利本位范式"既不同于诠释法学,也不属于社科法学,当落入政法法学的范围中去。平心而论,在当前的初级法学教育(法学本科和非法学法律硕士教育)的层面上,诠释法学具有无法撼动的地位。毕竟,法律人安身立命的基础还是对规范的理解和解读,或者套用苏力观点,它能养活更多的人。社科法学也代表了今后法学研究的一个重要领域和发展方向,因为不管是解释社会历史实践,还是试图运用法律规范"经世致用",在很多场合下都需要借助其他领域的知识,尤其是社会科学知识乃至自然科学知识来把探索作为社会实践的法律行为的机理。但这并不能否认权利本位范式的贡献与前景。苏力也承认,政法法学在发展的过程中,借助权威话语完成了启蒙的任务。在完成这一任务的过程中,权利本位范式确实借助了权威话语,包括领袖话语和政治话语,也包括历史话语。如

---

① 苏力:《也许正在发生》,法律出版社 2004 年版,第 9～14 页。

② 成凡:《为什么是法律社会科学》,中国社会科学网,http://www.cass.net.cn/file/20090811239799.html,最后浏览日期:2011 年 10 月 27 日。

法律的本质是"解放生产力和发展生产力",甚至在权利本位理论刚刚成型之际,还本能地与"天赋人权"、"自然权利"等西方话语体系进行切割。① 如有的学者在对待历史材料时摆脱了历史学界最主流的"有罪推定"理论(遇到史料时,除非有充分的证据证明其为真,否则认定为假)而改为"无罪推定"(只要没有充分的证据证明该史料为假,则以其为真论)。运用《尚书》等史料,证明在先秦时代,中国就具有鲜明的主张人权与应有权利的理论,因此当前社会人权和自然权利理论的建构,与其说是从西方移植,不如说是基于中国古已有之但后被湮没和忽略的理论进行重构,②这样进一步减小和降低了权利理论、权利本位在中国取得"政治正确"和"文化正确"地位的阻力,也为后续立法的完善奠定了学理和政治基础。或许权利本位范式在产生和创立的过程中在特定政治背景、历史与社会环境的条件下借助了某些权威话语,但其初创过程中的方法论自觉性的不足并不能够遮掩其对中国法学发展的启蒙的光芒,也不影响其在今后发展过程中进一步的完善。只要对权利的保障达不到完美的程度,就有权利本位范式存在的物质与社会前提;只要人们还会"仰望星空",就有权利本位范式存在的心理基础;只要把人当作一个自治、自我决定并有人性尊严的个体,就有权利本位范式存在的人文需求。甚至,权利本位范式在为中国法制与法治的发展奠定了基本价值观的同时,也为社科法学在真实世界中研究权利奠定了学术地基。

---

① 张文显:《从义务本位向权利本位是法的发展规律》,载《社会科学战线》1990 年第 3 期。

② 夏勇:《中国民权哲学》,三联书店 2004 年版,第 1～57 页。

第三章

中国宪法未列举权利的文本基础

第一节 作为宪法原则的"人权条款"

一、宪法原则的特征

（一）宪法原则与规则

对于我国宪法中的"人权条款"，在我国当前特定的历史时期，基于不同的视角会有不同的理解。有人将其视为一种价值观的表达，而非一种概括性表达的未列举权利条款，有人则认为作为第四次修宪的"点睛之笔"，"人权条款"是一个宪法原则的表达，其间也包含了对宪法未列举权利的承认和保障。[①]笔者认为，"人权条款"既是一个重要的宪法原则，也体现了重塑后的国家价值观，同时还适于作为推定宪法未列举权利的规范基础。

原则与规则问题，是法理学的重要议题。在对著名的"帕尔玛"案进行分析的过程中，德沃金强调原则在裁判中的地位。[②] 在著名的"泸州遗产案"中，

[①] 韩大元：《宪法文本中"人权条款"的规范分析》，载《人权》2006 年第 1 期；林来梵、季彦敏：《人权保障：作为原则的意义》，载《法商研究》2005 年第 4 期。

[②] 林立：《法学方法论与德沃金》，中国政法大学出版社 2002 年版，第 248～249 页。

究竟适用继承法的规则还是民法的公序良俗原则，也颇值得进行知识上的商榷。① 在这两个案件中，法律原则以不同的面目出现，后者中的法律原则体现为《民法通则》第 7 条的"当事人订立、履行合同，应当遵守法律、行政法规，尊重社会公德，不得扰乱社会经济秩序，损害社会公共利益"这一在实证法中进行规定的原则；前者则是"任何人不得从自己的过错中得到利益"这种未经有权机关经法定程序规定在实证法中的规则。这两个案件中法律原则的适用，体现了原则自身的表达形式既可以规定在实证法规范中，也可以作为一种价值观以不成文的方式体现出来。

宪法原则与之类似，分为以成文或非成文方式表达出来的宪法原则，"人权条款"则是在第四次修宪时通过的成文化宪法原则。在既有的研究中，固然有些文献以列举方式将诸如人民主权原则、人权原则、权力分立原则、法治原则等作为宪法原则，②但它没有回答诸如"宪法原则有哪些"、"'宪法原则是什么'、'宪法原则应该是什么'等问题"。③ 宪法基本原则是指人们在制定和实施宪法过程中必须遵循的最基本的准则，是贯穿立宪和行宪的基本精神。④ "宪法原则直接决定着宪法的性质、内容和价值倾向，因而不仅是宪政制度内部协调统一的重要保障，对宪政改革具有导向作用，而且对于宪法解释、补充

---

① 被告蒋某与丈夫黄某于 1963 年结婚。1996 年，黄某认识了原告张某，并与张同居。2001 年 4 月 22 日，黄患肝癌去世，在办丧事时，张当众拿出黄生前的遗嘱，称她与黄是朋友，黄对其财产作出了明确的处理，其中一部分指定由蒋继承，另一部分总值约 6 万元的遗产遗赠给她，此遗嘱经公证机关于 4 月 20 日公证。遗嘱生效后，蒋却控制全部遗产。张认为，蒋的行为侵害了她的合法权益，按《继承法》等有关法律规定，请求法院判令蒋给付遗产。一审法院认为，该遗嘱虽是遗赠人黄某的真实意思的表示且形式上合法，但在实质赠与财产的内容上存在违法之处：黄的住房补助金、公积金及一套住房属夫妻共同财产，而黄未经蒋的同意，单独对夫妻共同财产进行处理，侵犯了蒋的合法权益，其无权处分部分应属无效。且黄在认识张后，长期与张非法同居，其行为违反了《婚姻法》有关规定，而黄在此条件下立遗嘱，是一种违反公共秩序、违反法律的行为。故该院依据《民法通则》第 7 条（公序良俗原则）的规定判决，驳回原告张某获得遗赠财产的诉讼请求。二审法院认为该院认为原审事实清楚，适用法律正确，作出维持一审的判决。详见赵兴军：《"第三者"状告"原配妻"夺遗产》，载《民主与法制》2002 年第 4 期。
② 莫纪宏：《论宪法原则》，载《中国法学》2001 年第 4 期。
③ 莫纪宏：《论宪法原则》，载《中国法学》2001 年第 4 期。
④ 周叶中主编：《宪法》，高等教育出版社、北京大学出版社 2000 年版，第 93 页。

宪法漏洞，以及强化宪法的调控能力等都具有非常重要的作用"。① 从发生学的角度来看，宪法原则是先于宪法文本的，宪法原则不受宪法文本的左右。从方法论的角度来看，宪法原则内容的确定是价值法学抑或自然法学领域内的重要议题。仅仅从概念法学的角度理解宪法原则，会将宪法原则的存在与否依托于文本的有无，仅仅将成文化的宪法原则当作宪法原则的全部进行研究。或者说，在逻辑上颠倒了宪法原则与文本之间的先后顺序。宪法原则是一种纯粹的价值设计，本质上是一种价值现象，而不仅仅是一种成文化后的规范文本，更不是可以脱离价值构造而存在的客观事实，因此，对作为以价值形态存在的宪法原则的解释必须要运用有效的价值分析手段，而不能依靠简单的形式逻辑论证方式。在这个意义上，仅仅靠概念法学和形式逻辑是无法深入理解和解释宪法原则的。②

由于人文社会学科固有的特点，以自然科学"属加种差"这种严格科学的定义方式来定义法学概念，不仅有削足适履之虞，更是无法完成的任务，也不利于法学研究的学术旨趣与目的。因此，法学中的很多概念都是以表述其特征的方式而成。此时，概念即为浓缩的特征，特征即为舒展的概念。依莫纪宏研究员的观点，解释以价值形态存在的宪法原则首先要回答的问题应当是"宪法原则应该是什么"、"宪法原则为什么应该如此"、"宪法原则有什么效用"，亦即宪法原则应具有确定性、正当性与有效性特征。③ 因此，宪法原则应该是决定宪法文本和内容的基本价值准则，宪法原则的功能在于"反对特权现象"，宪法原则源于立宪主义的实践和对宪法功能与普通法律功能的区分。④

（二）宪法原则与价值观

既然宪法原则是一个价值问题，首先牵涉"应该是什么"这种价值判断，那么就不得不就价值自身的主观性与客观性问题进行简洁的分析，以求为宪法原则的正当性奠定基础。随着价值多元化与多样化的进一步发展，"一千个人眼中有一千个哈姆雷特"，不同的主体基于不同的立场和视角对问题有不同的观点与结论。对这个问题进行讨论的前提是价值到底是主观的还是客观的。

---

① 徐秀义、韩大元主编：《现代宪法学基本原理》，中国人民公安大学出版社 2001 年版，第 184 页。

② 莫纪宏：《论宪法原则》，载《中国法学》2001 年第 4 期。

③ 莫纪宏：《论宪法原则》，载《中国法学》2001 年第 4 期。

④ 莫纪宏：《论宪法原则》，载《中国法学》2001 年第 4 期。

价值主观论主张价值的存在、意义或有效性都根植于主体的感觉和态度。这派思想家们是以经验的立场为出发点,将价值化约为"使人愉快的事物,为人所欲求的事物,或人之兴趣所在的对象"。因此,主体的欲求、愉快及兴趣赋予了客体对象价值,所以价值纯粹就是个人感觉经验的产物①,而与客观事物本身及其属性没有任何联系。价值客观论则以先验立场为出发点,主张客体的价值本来是不以主体的欲求、情感、意志、愿望、兴趣为转移的,客体之所以成为人们欲求、情感、意志、兴趣所指向的对象,是因为客体自身具有价值的内在根据,即价值的存在和本质都和主体无关,只是人类的发现而已②。

价值主观论者主张价值不能完全脱离价值判断的说法是值得肯定的,其贡献在于指出价值关系中的一项重要的因素是评价主体。但它犯了设法将价值化约为价值评断的错误。如果价值只不过是主体愉快、欲望或兴趣的投射,则会因人、因地而有不同,一定会造成价值的混乱。如果价值是由主体所创造,而对任何可能超越主体本身的因素完全不加以考虑,那么行为规范就会被化约成个人的兴之所至,价值观会变得反复无常,伦理、法律教育和审美教育也成了不可能的事情。既然法规范是重要的社会行为规范,自然应当采取价值客观论说,从价值学的立场来看,也认为实际的欲求(或称被欲求之物 the desired),是属于心理学或社会学的问题,唯有可欲之物——也就是事物本身——必有其可贵之处,评判者加以重视,才真正是价值学的范畴。而主张价值客观论的人,有采经验态度的,有采先验方法的。前者总是受一定时代和社会条件制约,缺乏普遍妥当性,如历史的相对的价值客观主义;后者则超越任何时代与社会的条件制约,具有普遍妥当性,即价值绝对主义。而历史的相对的价值客观主义,既然采取经验的立场,则因受不同时代和社会诸条件的制约,难免有其偶然性、非合理性与主观性,若从更高层次的立场看,未必是有正面的、积极的价值,反而是有负面、消极价值的东西。人类历史上发生的种种屠戮与迫害,印证了该说的弊端。价值绝对主义采用先验的方法,固然不受时代的、社会共识的制约,尤其不受个人的、独我的主观所主宰,而具有必然的、普遍妥当性。最典型的就是传统的自然法论,传统的自然法论,根据存在目的论的基本构造或"人的本质"来决定具有普遍妥当性的伦理的价值标准,而这

---

① [阿根廷]Risieri Frondizi:《价值是什么——价值学导论》,黄藿译,联经出版社1986年版,第3、13页。

② 林火旺:《伦理学》,台湾五南图书出版公司1999年版,第38页。

个标准,可以经由人类的理性思辨、直觉或启示来加以把握或认知。如康德就是从"人的本质"切入,认为人性尊严是一形而上的"理性事实",具有绝对价值。根据舍勒的实质价值伦理学,价值是客观绝对的理想存在,独立于主体的评价作用,既不是益品(guter,goods),也不是其负担者(Trager,carrier),价值性质在其负担者的益品改变时也不会改变,比如友人背叛了我们的时候,友谊的价值也是一样不变。价值具有阶层等级关系特性,而在不同的价值阶层相对关系中,价值由于在"更高"的价值奠定中,逐渐地减少了它的相对性,而最后在纯粹的感知中升华到绝对的最高价值。①

马克思的观点在一定程度上解决了这个问题,他指出"价值这个普遍概念是从人们对待满足他们需要的外界物的关系中产生的"。② 在他看来,价值既离不开主体需要,又离不开客体属性,因而研究价值的本质,必须从主体需要与客体属性之间的价值关系入手。在主客体的价值关系中,包含着这样两重关系:一是价值的测度与被测度的关系,二是价值的需求与被需求的关系。在第一重关系中,人作为主体是测量价值的尺度,客体是一个被测度的价值对象。客体有无价值以及价值的大小是由主体测度的,这是价值本质的主体性和相对性方面。这个被测度的对象有无价值以及价值的大小,对象本身又是有内在根据的。如果对象本身根本没有这个根据,主体这个尺度就无法测量它的价值。这是价值本质的客观性和绝对性方面。所以,价值是依附于价值客体之上的,是能够被主体所测度的东西③。脱离事物或价值自身的属性或脱离作出价值判断的人这一主体,所做的结论都可能是片面的。

宪法原则的含义内在地蕴含了价值的主客观相结合观点。确定性与正当性体现宪法原则自身固有的特性,体现其价值客观性的一面。而有效性则表明宪法原则能够满足主体的某些需求,其中一些是直接满足作为主体的人的需求,另外一些则是通过其对宪法规范文本及次级位阶的法律规范的效力确认与正当性确认间接地满足了人的需求,因而体现了其主观性的一面。

---

① 该段落大部引自林辉雄:《人性尊严与自由民主宪法秩序关系之研究》,台湾中正大学法律学研究所 2002 年硕士论文。更详尽的论述可参见该论文全文。

② 《马克思恩格斯全集》(第 19 卷),人民出版社 1995 年版,第 406 页。

③ 蔡陈聪:《试析西方哲学史中的价值主观论和客观论——兼论价值范畴的一般本质》,载《社会科学辑刊》1998 年第 1 期。

二、作为宪法原则的"人权条款"

(一)人权规范的变迁

自中国共产党诞生至今,对人权问题的研究与实践颇有些类似一艘大船穿越三峡的历程。① 在过去的近百年历程中,人权理论与实践也经历了其曲折转回和艰难转型,虽然当前仍有浅滩暗流,但依然正在开始扬帆沿着"长江"而行。

虽然在中共执掌国家政权之后,有相当长的一段时间里,人权理论与实践处于"万马齐喑"的状态,但在其创立伊始,直至夺取国家政权之后的数十年里,对人权的立法、研究一直是其关注并努力实践的重要议题。这些对人权的研究和保护在某种程度上也是使其获取政权的重要因素。1922 年,中国共产党就在其发表的《第一次对时局的主张》中,明确地提出取消列强在华特权,保障人民各项政治自由,废止肉刑,承认妇女平等权利等人权要求,并在领导工人运动的实践中提出了"争自由,争人权"的口号。在抗战期间,还陆续出现了一系列保障人权的规范,如 1940 年 11 月的《山东省人权保障条例》、1941 年 11 月的《陕甘宁边区保障人权财权条例》、1941 年 11 月的《冀鲁豫边区保障人民权利暂行条例》、1942 年 11 月的《晋西北保障人权条例》、1943 年 2 月的《渤海区人权保障条例执行细则》等。除了这些规范,在其官方媒体上,人权也是其公开力主的意识形态之一,如《解放日报》1942 年初就曾刊文呼吁注意保障人权,②1953 年的《中国金融》、《黑龙江政报》等期刊曾发表数篇文章,以"侵犯人权"为标题揭露和谴责非法拘禁等侵犯人权的行为。③

在经历了众所周知的"反右"、"文革"等一系列把人权与资本主义意识形

---

① 唐德刚先生曾把近代以来中华文明的转型比作穿越"历史三峡",他认为:"惊涛骇浪的大转型,笔者试名之曰'历史三峡'……不论时间长短,'历史三峡'终必有通过之一日。这是个历史的必然。"本书对人权发展历程的表述借鉴了他的比喻。参见唐德刚著:《晚清七十年》,岳麓书社 1999 年版,第 7 页。

② 记工编著:《历史年鉴·1901~1950》,吉林文史出版社 2006 年版,第 21 页。

③ 胡以恕:《反封侵犯人权,彻底肃清官僚主义毒害》,载《中国金融》1953 年第 2 期;赵德尊:《黑龙江省人民政府发出关于对明水县公安局长李圃、副局长王德阳等侵犯人权、殴打运输公司经理、股长的错误处理的命令》,载《黑龙江政报》1953 年第 2 期;于天健:《湖南安乡支行行长朱冠军严重违法乱纪侵犯人权,酷刑拷打干部》,载《中国金融》1953 年第 6 期。

态挂钩进而对其在理论上"批倒"、"批臭",以及在实践中不断践踏的运动后,改革开放使得对人权的研究回暖,并使得人权话语在学术研究上逐渐取得优势乃至主导地位。同时,在实践上也越来越强调和厉行对人权的尊重和保障,人权条款写入宪法及相关作为制度性保障的规范陆续出台即是明证,此外在行政与司法实践过程中也越来越强调对人权的保障。其具体体现就是"人权条款"的入宪及《人权行动计划》等一系列人权官方文本的出台,尽管对这些文件有不同的解读,它的历史地位与影响也有待于在将来检验。但如果将中国人权的发展视为穿越三峡这一过程的话,"人权条款"的出现即便离"扬帆直下,随大江东去,进入海阔天空的太平洋"仍相距遥远,但至少可以充当一个浮标,为下一步的航程指明方向。

(二)"人权条款"中"内外兼修"

不可否认,上个世纪80年代末90年代初兴起的对人权问题的热论,有其浓烈的国际国内政治背景。在东欧剧变之后,西方加强了对中国人权价值观的输出和"人权攻势",通过媒体和舆论乃至包括联合国在内的国际组织对中国施压,影响到了中国的对外关系和国内政局。

在这个背景下,中共第三代领导集体开始重视对人权问题的研究。江泽民提出了"如何用马克思主义观点来看待'民主、自由、人权'问题"。[①] 其后,依郭道晖教授所言,在1989年11月10日中宣部理论局召开的一次有关人权问题的小型专家座谈会之后,人权问题开始"解冻"。[②] 由于国外人权组织的一再"施压",中共核心层批示要对人权问题进行深入研究,以回应西方的挑战,而且这种研究不但必须,而且"紧迫"。[③] 此后,国内法学界掀起了学习和研究人权理论的热潮。1991年11月4日,中宣部又召开了较大规模的人权讨论会,中宣部副部长聂大江还对讨论作了总结发言。自此,谈论人权已形成一股新潮。[④] 学界的研究和讨论对中共的政策产生了很大的影响,人权从与资产阶级、敌对势力密切相关的词汇,变为官方认同的意识形态,从对人权设禁区到"随着现代化建设的发展,还要实现更高层次的和更广泛的人权"[⑤],同

---

① 董云虎:《董云虎谈中国人权发展30年》,载《新京报》2009年1月11日。

② 郭道晖、陶威:《人权禁区是怎样突破的》,载《法学》1999年第5期。

③ 郭道晖、陶威:《人权禁区是怎样突破的》,载《法学》1999年第5期。

④ 郭道晖、陶威:《人权禁区是怎样突破的》,载《法学》1999年第5期。

⑤ 江泽民:《与优秀残疾人和助残先进集体、个人代表座谈时的讲话》,载《人民日报》1991年5月11日。

时对人权的含义与范围根据对外"人权斗争"的需要进行了解读,提出"人权、自由的观念是相对的、具体的,是由不同国家的具体国情决定的",①"对中国来说,确保人民的生存权和发展权,是首要的也是最大的人权保障"。② 在此基础上,表达了对保障人权的积极态度。"世界上任何一个国家的社会生活中,都会有侵犯人权的现象发生。重要的是政府对这些现象采取什么态度。在我国的社会生活中也存在一些侵犯人权的现象,对这些现象,中国政府的态度历来是坚决反对,并依法纠正"③,"人权保障,是国家的责任"④,"坚决反对打着'民主'、'人权'的幌子干涉发展中国家内政的强权行径,希望在人权领域中保持密切合作、相互支持和配合"。⑤ 与这种研究热潮相对应的是官方《中国的人权状况》白皮书的发表。1991 年 11 月 1 日,国务院新闻办公室首度正式发表了有关中国人权状况的官方白皮书。迄今为止,中国官方发表了一系列 30 余部事关人权问题的白皮书。与此同时,国务院新闻办自 2000 年起每年都发表《美国的人权记录》,作为与白皮书相呼应的国际人权斗争工具,并收到了相应的效果。美国《华盛顿邮报》的社论指出:"美国确实妄自尊大,美国的社会弊端很多。中国有关美国人权的年度报告揭露了许多美国真实、可耻的问题。"新加坡的《联合早报》也曾就《1999 年美国的人权记录》发表了这样的评论:"几乎与此同时,北京政府发表了一份透视美国人权记录的报告,无论

---

① 1997 年 10 月 29 日江泽民与克林顿举行联合记者招待会时的讲话,新华网,http://news. xinhuanet. com/ziliao/2003-01/20/content_696952. htm,最后访问日期:2009 年 5 月 12 日。

② 1995 年 10 月 25 日江泽民在美中协会等六团体举行的午餐会上的演讲,新华网,http://news. xinhuanet. com/ziliao/2003-01/20/content_696952. htm,最后访问日期:2009 年 5 月 12 日。

③ 1995 年 10 月 25 日江泽民在美中协会等六团体举行的午餐会上的演讲,新华网,http://news. xinhuanet. com/ziliao/2003-01/20/content_696952. htm,最后访问日期:2009 年 5 月 12 日。

④ 江泽民:《发扬民族精神和良好社会风尚,积极推进残疾人事业——〈自强之歌〉序言》,载《中国残疾人》1997 年第 6 期。

⑤ 1996 年 1 月 30 日江泽民与乌干达总统穆塞韦尼会谈时的讲话,新华网,http://news. xinhuanet. com/ziliao/2003-01/20/content_696952. htm,最后访问日期:2009 年 5 月 12 日。

篇幅与内容,都堪与美国的人权报告媲美。""这次不仅是对话了,这是反击"。① 可见,从对人权议题的"解禁"到《中国人权状况》白皮书的发表,直至《美国人权记录》的出现,都是中国在国际压力下作出的回应和"反击",是国际"人权斗争"的需要和结果。这种斗争在宪法文本上的体现,就是2004年第四次修宪"人权条款"的出现。②

"人权条款"的产生历程表明,固然有国际人权斗争的因素,但它自身也具有国内因素的影响,该条款是在国内各界经过协商民主后再经民主投票的产物。作为《宪法》第24条修正案的人权条款,是依据现行《宪法》第64条规定的法定的修改程序制定的。但是根据长期以来的宪法惯例,在法定的宪法修改程序之前,还存在着一种被林来梵教授称之为"作为惯例的前置性加接程序"的这样一种程序③,即执政党率先提出修宪建议案,提请给全国人大常委会,后者基本接受后再启动法定的修宪程序,完成程序的加接。这种程序可以反映出执政党内部之间,以及作为政治代表团体的执政党与作为民意机关的全国人大之间、上意与下情之间的互动关系,其基本逻辑是"先有蓝本,再行完善和表决"。但这次则与以往不同,中共中央没有预先出台任何既定方案,而是一开始就直接广泛听取各个方面和各个阶层的意见和建议,并在此基础上拟定出征求意见稿,再次征求各方意见,即所谓的"自下而上、两下两上"④的

---

① 转引自董云虎:《中国人权发展史上的一个重要里程碑——〈中国的人权报告〉白皮书发表10周年回顾》,载《人权》2002年创刊号。

② 由于"人权条款"在全国人大讨论与通过时,不同理解与观点的探讨与交锋的资料文献难以直接取得,因此本书无法以确凿无疑的证据、以类似数学证明的方式证明国际人权斗争与"人权条款"的产生存在直接的因果关系,但从两方面可以推导出两者之间存在高度的相关性:(1)有参加过包括官方论证该条款的学界前辈曾在言谈中指出,将"人权条款"直接理解为以最高人民法院的方式尊重公民的自由权和保障公民的其他权利固然有道理,但在通过该条款时,作为"立法者"的全国人大的"原意"却更多地将该条款的通过作为在国际人权斗争和国际人权对话中取得主动的工具。(2)如果想确切地理解某个事物,就不仅应当对其本身进行细致的理解和分析,还要将其置于其所赖以存在的背景之下,即以一种结构主义或"宏观透视"的态度来对待。而"人权条款"产生的背景之一就是国内日益强大的人权话语和国际社会日益增加的人权压力。

③ 林来梵:《互惠正义:第四次修宪的规范精神》,载《法学家》2004年第4期。

④ 王兆国:《关于〈中华人民共和国宪法修正案(草案)〉的说明》,2004年3月8日在第十届全国人大第二次会议上,http://www.gov.cn/test/2005-06/26/content_9598.htm。

程序,经过反复认真研究,才修改形成的方案。

"协商"二字就汉语意思而言,"协"主要指的是合作,"商",即"商量讨论"。在西方,协商(deliberation)一般指意志形成过程,也就是在决策前个体对不同方案进行选择的过程。在现代社会,由于价值观、立场和视角的不同,不同的个体与组织对事物有不同的认知与理解,因此有不同的态度和观点实属正常和必然。对此以投票方式进行多数决固然是一种有效且在一定程度上具有正当性的解决方式,但这不可避免地会带来"多数人暴政"的嫌疑。因此,如何"使具有各种不同利益的个人和团体,能够追求差异极大的目标而不会出现公然的冲突"①,就不仅成为一种解决分歧和争端的技巧,还是一种尊重个人自决并形成政治和法律共识的政治艺术。为了避免两败俱伤或一支独大式的"多数人暴政",以协商、对话的方式通过讨价还价、达成共识来进行决策就成为一种具有更少破坏性和更大可接受性的方式。哈贝马斯从法律理论角度出发,把立法政治表述为一个根据论辩形式而分化开来,并把谈判也包括在内的过程。② 从"人权条款"产生的历程来看,它与以往由中共主导的宪法修正案的产生历程有很大的不同:执政党先不提出自己的意见,而是直接听取"自由而平等的公民(及其代表)"③对宪法修改的意见与建议,在汇总梳理了各方建议之后拟定出征求意见稿,然后形成方案并进行表决。这一历程既体现了公民、社会团体与政治团体间就修宪问题的充分讨论和协商,又体现了执政党和公民、社团及政治团体之间就修宪问题的讨论与协商。因此,这体现了不同主体间的"互惠正义"。④ 可见,对人权的肯定和保障是在充分发挥协商民主并体现互惠正义基础上形成的共识性条款,凝聚了国内各界对人权的价值观。

(三)"人权条款"是宪法原则

从前述人权理念在我国法律文本和宪法文本中的变迁来看,我国经历了肯定人权、否定人权、再次肯定人权并以最高规范的形式来表达这样一个跌宕起伏却又暗合历史发展趋势的过程。在发挥协商民主的前提下,在各界各方充分发挥其议价能力并形成互惠共识的基础上,"人权条款"终于历尽磨难,成

---

① [美]布坎南:《自由、市场与国家》,吴良健等译,北京经济学院出版社1988年版,第49页。

② [德]哈贝马斯:《在事实与规范之间》,童世骏译,三联书店2003年版,第358页。

③ [美]埃米·古特曼、丹尼斯·汤普森:《"审议民主意味着什么"》,载谈火生编:《审议民主》,江苏人民出版社2007年版,第7页。

④ 林来梵:《互惠正义:第四次修宪的规范精神》,载《法学家》2004年第4期。

为我国宪法最为典型的进步性标志和整部宪法的点睛之笔。

尽管对"宪法原则有哪些"这一问题可能会有无数的答案，而且从不同的视角看这些答案各有其理由与价值。但就"人权条款是宪法原则"这一命题，即便具有不同的立场和视角，也应会形成基本的共识。这是因为："人权条款"体现了人们对人自身价值与尊严的肯认，这构成了基本的宪法价值观，甚至可以说，它构成了一种达成共识意识形态方面的"政治正确"。尽管对人权的主体、范围、内容等问题，不同的个体乃至不同的国家都会有迥异的理解，但对人自身价值和尊严的肯认则是不容否认的最大公约数。从正面积极地为人性尊严下定义的学者，其定义大都相当抽象，难以掌握。如"人的固有价值、独立性、本性（Wesenheit）、本质（Natur）"①、"在特殊且本质的意义之下形成个人的东西"②等，有的定义则稍为详密，他认为"人性尊严与时间及空间均无关，而是应在法律上被实现的东西"。李震山教授则通过总结人性尊严的特点来给它下定义，认为它的特点有：作为权利主体的每个人都将人本身作为目的，并在尊重基本权利正当行使的范围内尊重宪法人性尊严核心内涵的自治与自决。③"其存在基础在于：人之所以为人乃基于其心智，这种心智使其能有能力自非人的本质脱离，并基于自我的决定意识自我决定自我，形成自我。"④由于从正面所下的定义所有欠缺，为了便于在法律适用中实现对人性尊严的保障，从反面侵害的角度进行定义则成了一个虽不甚严谨、但颇具实效的方法。典型的例子就是德国联邦宪法法院在判决中导出的著名的"客体公式"，即当个人在国家中完全被变成一个客体时，就抵触了人性尊严，因为一个人既然被矮化为"物体、手段与数值"，自然不必在意其精神与意识，因而极易成为他治、他决的客体，构成对人性尊严之侵害。⑤　也就是说，人的尊严意味着尊重人的

---

①　（Nipperdey, GRe II, S. 1）转引自蔡维音：《德国基本法第一条"人性尊严"规定之探讨》，载《宪政时代》1999 年第 18 卷第 1 期。

②　（Wernicke, GK, Erst-bearb., Anm. II la），蔡维音：《德国基本法第一条"人性尊严"规定之探讨》，载《宪政时代》1999 年第 18 卷第 1 期。

③　李震山：《人性尊严之宪法意义》，载《人性尊严与人权保障》，台湾元照出版公司2001 年版，第 11～19 页。

④　蔡维音：《德国基本法第一条"人性尊严"规定之探讨》，载《宪政时代》1999 年第 18卷第 1 期。

⑤　黄桂兴：《浅论行政法上的人性尊严理念》，载城仲模：《行政法之一般法律原则（一）》，台湾三民书局 1997 年版，第 11 页。

主体性,把人当做目的而不是手段,这是宪法"灵魂中的灵魂"。正是这种共识和价值观,使得人权原则具有了其确定性和正当性,回答了"宪法原则应该是什么"与"宪法原则为什么应该如此"的问题。此外,"人权条款"不仅具有强烈的价值取向,还有强烈的规范指引功能,它不仅在价值观上具有指引次级立法的导向性功能,而且还可以通过将其价值实证化和客观化,变成次级立法的文本并在法律实施的过程中运行此类文本。因此,"人权条款"具有宪法原则所必须的确定性、正当性和有效性。

第二节　作为未列举权利文本的"人权条款"

前已述及,未列举权利条款大致包含以美国为代表的间接规范方式和以德国为代表的直接规范方式两种表达类型。作为间接规范方式的美国未列举权利条款体现在 1791 年 12 月批准的美国《联邦宪法》第 9 修正案上,该条规定:"本宪法对某些权利的列举,不得被解释为否定或轻视由人民保留的其他权利。"作为直接规范方式的德国未列举权利条款体现在《德意志联邦共和国基本法》(1949)第 2 条第 1 项上,该条款规定:"人人都有自由发展个性的权利,但不得侵犯他人的权利或触犯宪法秩序或道德准则。"日本与我国台湾地区的规范与德国式的直接规范方式类似:日本宪法第 13 条规定的是国民"生命、自由及幸福追求的权利"。日本宪法学界通说以"幸福追求权"一词作为日本宪法所保障的"概括性人权"的总称。台湾地区"宪法"在第 22 条也为了弥补其有关人民权利保护的不足,特设立第 22 条规定"凡人民之其他自由及权利,不妨害社会秩序公共利益者,均受'宪法'之保障",以此来"补充前列各条所未备,贯彻宪法保障民权之精神"。而我国宪法的"人权条款"规定,也意味着对于那些宪法没有作出明示性规定但却非常重要的人权,同样必须给予尊重和保障。尽管没有类似美国宪法第九修正案那样明确的表达,但"人权条款"至少可以在解释学上弥补这一规范的缺失,不仅为人权体系的进一步完善,也为人权类型的推定提供了实在宪法上的规范依据。①

---

① 林来梵、季彦敏:《人权保障:作为原则的意义》,载《法商研究》2005 年第 4 期。

一、中国宪法第二章框架下的人权条款

在结构主义的视野中,除了对人权条款自身的字义进行文本文义分析,更要分析它所"嵌入"的宪法规范体系,将该条款置于整体规范下,基于该条款与其他条款及规范整体的关系求得它的"真切"含义。在我国宪法规范中,人权条款是第 33 条第 3 款,而该条又是第二章公民的基本权利与义务的第 1 条,其所处的位置及由此带来的对于它是一项具体的宪法基本权利还是宪法基本原则的争议颇值得关注与体味。就该条款应处位置的争议,大体有三种:一种认为应位于宪法序言中,一种认为应位于宪法总纲中,还有一种认为位于当前的第 33 条最为适当。① 出于对宪法权威与效力的尊重,本书不打算对人权条款应该在哪一位置更为恰当进行讨论,而将讨论重点放在现有的位置会引发何种"客观解释"。

一般认为,"人权"(human rights)的字面含义是指"人"的权利,是人之为人的权利。就其在汉语中的表述而言,实属"舶来品"。在美、德、日等国学者的定义中,它具有浓郁的"先于国家"的特点,更多彰显"天赋人权说(自然法)中指涉某些先国家、超越国家存在,具有不准让与、不得剥夺、与生俱来等特性,非宪法或法律所赋予的权利(先国家权利),以修改宪法的方式亦不能变更、废除之者"。② 佐藤幸治教授认为,人权并不是立即或全部变为宪法保障的基本人权,在人权中具有特定内涵,被认为具有重要意义的部分才能被规定为宪法,或者通过概括性的基本权的规定变为宪法保障的"法的权利"。③ 对此,我国宪法学先贤也曾有这样经典的表述:"在国家成立以前为人权(即以人类资格享有的权利),在国家成立以后,则为公民权(即受国家保障的人权)"。④ 这就产生了这样的疑问:我国人权条款中的"人权"二字是一种类似前述学者所说的先国家权利,还是一种基于宪法规定而产生的规范权利,抑或兼具两种含义?是与该条款所属章所规定的其他具体的宪法权利诸如选举权

① 参见韩大元:《宪法文本中"人权条款"的规范分析》,载《人权》2006 年第 1 期。
② 〔日〕佐藤幸治:《人权的观念与主体》,第 13 页,载《公法研究》第 61 号,有斐阁,1999 年。转引自叶俊言:《论非列举权利之宪法保障》,台湾政治大学法律学研究所 2002 年硕士学位论文。
③ 〔日〕桶口洋一等编:《日本宪法注解》(1),第 179 页。转引自韩大元:《宪法文本中"人权条款"的规范分析》,载《人权》2006 年第 1 期。
④ 王世杰、钱端升:《比较宪法》,商务印书馆 1999 年版,第 73 页。

与被选举权、表达自由等宪法权利同等"位阶"的具体宪法权利,还是统领这些具体宪法权利的原则,抑或兼具两种功能?

宪法第 33 条的前两款分别谈的是享有基本权利义务的主体和主体的平等权。第 34 条及以下则为具体的宪法权利与义务,如选举权与被选举权、表达自由、宗教信仰自由与人身自由等等。第 33 条第 1 款谈享有基本权利的主体,第 2 款谈具体的宪法平等权,从逻辑上讲这是恰当的。人权条款之前的一款是具体的宪法权利平等权、本章第 34 条以下各条也都是具体的宪法权利与义务,这样看来将第 3 款中规定的人权视为一种具体的权利似乎是恰当的。但是由于人权一词实在过于抽象,相对于其他具体宪法权利义务,其意涵过于宽泛和不确定,这样就与前后的权利义务形成了一个"汉堡包"——上下都是相对容易"消化"的面包,只有中间塞进去的是一块难以消化的肉块,甚至是更难消化的骨头。因此,将人权视为一种具体宪法权利的观点即便乍一看从形式上和逻辑上说得通,在进一步的分析和理解之后还是让人觉得接受起来有些滞碍。

我们可以转换视角,从第 33 条在该章中的位置看人权条款的属性。一般而言,某一章节的第 1 条会对该部分起一个引领作用,统率该部分的内容并对该部分有一个概括。将该条视为对本章权利义务的导引原则似乎也可成立,因为该条的第 1 款和第 4 款都是统领整章的。① 但由此可能会引发这样的问题:如果该条是原则性条文,因此第 3 款即人权条款也是宪法原则,那么如何理解平等权?它是否也是一项宪法原则?如果是,为什么将其置于更具普遍性、概括性的人权原则之前?对此,笔者认为,相对于第 34 条及以下实质性的宪法权利义务,平等权更强调其形式属性。在进行权利主张时,它本身要结合实质性条款、填充实质内容才能发挥作用,因此平等权属于宪法原则。之所以将其置于更为抽象人权条款之前,给人们造成逻辑上不自洽的印象,或许跟汉语的表达习惯有关。②

---

① 第 1 款规定了权利义务主体,第 4 款规定了权利义务的一致性。第 1 款规定,"凡具有中华人民共和国国籍的人都是中华人民共和国公民"。第 4 款规定,"任何公民享有宪法和法律规定的权利,同时必须履行宪法和法律规定的义务"。

② 这是因为,第 1 款凡具有中华人民共和国国籍的人都是中华人民共和国公民。第 2 款中华人民共和国公民在法律面前一律平等。第 1 款的结尾和第 2 款的开头都是"中华人民共和国公民",这是汉语的修辞方式之一(顶真),如果将人权条款放在两者之间,可能会缺乏句子的韵律和美感,阅读时有所不畅,尽管从逻辑上没有问题。

二、时代变迁与未列举权利规范

改革开放 30 年的历程,是中国逐步走向权利时代的过程。在这一过程中,公民的宪法应有权利、法定权利和实然权利都发生了巨变。如果说公民实际享有的宪法权利不断发展体现在具体的社会生活中,法定权利的发展体现在诸多宪法修正案和生成的法律规范文本中,那么可以说公民的宪法应有权利体现在对"人"这一权利主体的认识变化中。享有宪法权利的主体不再区分为人民、敌人、国民,他们变为具有同样法律人格的"人",而这种"人"在法律中的形象也随着时代的发展发生着相应的微调乃至转变。相应地,其所享有的宪法权利也有所变化。时代在塑造新的人的形象,时代的发展使得人不仅物质需求提高,权利需求也同样提高。30 年前,人们都是"光明正大"的,隐私是不可告人、令人感到羞耻的事情,遑论隐私权。30 年后的现在,隐私仍然是不想示人的,但人们都可以理直气壮地主张隐私权利。30 年前,生存权在规范层面没有体现,在事实层面人民并未全面、切实地享有,30 年后,建立相应社会保障制度已经成为国家的义务,公民享有社会权在某种意义上已经成为规范事实。

时代的发展使得法律中的人像更为全面和丰满,使人们的需求更为多样化,一些新兴权利主张应运而生。但这些主张未必能为既有的权利规范所包含、容纳,改变这一情形的方式之一是修改宪法,但修宪的门槛使得将这些权利变为宪法规范具有相当的难度。而且我国当前处于一个急速变化的激荡时代中,如果以频繁修宪的方式满足时代需求,宪法的稳定性和权威可能被削弱,这在尚无宪法诉讼、宪法权威本身亟待树立的中国更是两难问题。这时,若有宪法概括性条款,以一种概括、兜底的方式对宪法本应包含而既有规范没有列出的权利进行涵盖,把宪法规范明示权利之外的权利包容进去是一种既能维护宪法稳定性与权威,又能使宪法规范随时代变迁不断焕发活力的途径,而且这是法治发达国家的有益经验。综观世界各国宪法典的文本表达,对于未列举权利条款大致有两种表述方式:一种是间接规范方式,以美国为代表,美国《宪法》第九修正案规定:"本宪法对特定权利的列举,不得被解释为否定或贬损由人民保留的其他权利。"第二种是直接规范方式,以德国为代表。《德意志联邦共和国基本法》(1949)第 2 条第 1 项规定:"人人都有自由发展个性的权利,但不得侵犯他人的权利或触犯宪法秩序或道德准则。"间接规范方式是指在宪法文本中以不否定未列举权利存在的方式来肯认宪法未列举权利的存在,从而形成宪法未列举权利与列举权利共存于宪法文本中的权利格局。直接规范方式是指在宪法文本中通过设立概括性人权条款,将宪法列举和未列举的权利全部涵盖其中。因此,在德国,宪法未列举权利条款被称之为"概括性人权条款"。

三、人权条款"容纳"未列举权利的理由

基于未列举权利条款具有诸如适应时代发展和社会需求等前述优点,以及世界法制发展的趋势和世界各国宪法实践的确证,宪法文本中规范概括权利条款将无可避免,而我国的人权条款则为未列举权利提供了"容身之处"。前已述及,在结构主义视野中,人权条款承载了使人之为人、维护人性尊严的功用,适于作为宪法原则来引领整个宪法权利体系,以间接规范的方式为新型宪法权利的推定和未列举权利保护提供规范依据与基础。[1] 在当前中国的场景下,从人权条款的功能来看,可以从以下几个方面填补未列举权利的内容。

(一)人性尊严的要求

对人性尊严的维护是保护人权的目标,人性尊严的观念来自古典的人本主义思想,在中世纪得到发展,成为康德思想的核心内容之一。在康德那里,人的本性自在的就是目的,是必须受到尊重的对象,人的存在本身就是目的,而不仅仅是手段。这一思想在经历了对纳粹德国的反思后成为《德国波恩基本法》的第 1 条:"人性尊严不可侵犯,尊重及保障此种尊严为国家所有机关之义务。"人性尊严不仅是《德国基本法》的核心,还是几乎所有法治发达国家与地区的宪法基本理念与原则,并可能成为中国宪法的核心理念。[2] 人权条款可以通过作为未列举权利的文本依据来保护诸多既有文本中欠缺的基本权利,以维护直接的人性尊严。如作为所有其他基本权利之基础的生命权,如享受"独处的权利"(the right to be along)而避免他人或政府干预的隐私权,如在不违反损害原则的条件下追求自身幸福、不受干涉的自我决定权。

(二)和谐社会的要求

和谐是传统的"礼"的核心内容,在《周礼》、《论语》等文献中多次出现,并

---

① 参见林来梵、季彦敏:《人权保障作为原则的意义》,载《法商研究》2005 年第 2 期。

② 参见孙笑侠、郭春镇:《法律父爱主义在中国的适用》,载《中国社会科学》2006 年第 1 期。

有细致的解说。① 在当前中国,和谐的价值被进一步地阐释和发扬,并在中共十六届六中全会的开篇被表述为"中国特色社会主义的本质属性",达到了与邓小平"解放生产力,发展生产力"同样高的"新境界"②。中共十七大在其基本路线中将奋斗目标表述为把我国建设成为富强、民主、文明、和谐的社会主义现代化国家。和谐社会涵盖了人与自然的和谐和人与人之间的和谐。人权条款中所蕴含的宪法未列举的环境权和迁徙权则是实现这两种和谐的重要途径,是达致社会公平与正义这一"社会主义制度的首要价值"③的重要方式。环境权是指环境法律关系的主体享有适宜健康和良好生活环境,以及合理利用环境资源的基本权利。就环境法律关系的主体而言,包括公民、法人、其他组织、国家乃至全人类,其所享有的环境权包括了享有优美环境的权利和合理利用环境的权利。④ 而兼具人身自由与经济权利色彩的迁徙权不仅能适应市场经济的发展,而且是实现社会公平、缩小城乡差别、表达个人意志的方式。在现有宪法文本没有这些公民基本权利的时候,人权条款则为它们留下了"栖身"的空间。

（三）法治国家的要求

现行《宪法》第十三修正案规定了"依法治国、建设社会主义法治国家",将其置于宪法总纲中,以最高法的形式规定了国家治理方略是法治,从根本上表明了治国方略的转变。尽管就法治的内涵与外延存在着诸种纷争,但就建设法治国家所需要的"良法"而言,较全面和系统的保护人权的内容是不可或缺的。现行《宪法》文本中仍有一些法治国家必需的人权没有列举,如公民对公权力运行和公共事务的知情权,公民在行政与刑事诉讼中的程序性权利以及最终获得司法救济的权利。人权条款同样为它们的存在留下了安身之处。

---

① 参见《周礼·地官司徒·调人》、《论语·学而》。

② 人民日报社论:《为构建社会主义和谐社会努力奋斗》,载《人民日报》2006 年 10 月 12 日。

③ 温家宝总理在十届全国人大五次会议的中外记者见面并回答记者的提问,http://politics.people.com.cn/GB/1024/5481657.html。

④ 陈泉生:《环境权论》,中国法学会环境资源法学研究会第一次会员代表大会会议论文,1999 年。

第三节 "人权条款"中的"人权"意蕴

"人权"一词自诞生之日起,就伴随着"风能进,雨能进,国王不能进"的意旨与荣光。随着时代的发展,这一观念为越来越多的国家与地区的人民所熟识、认同和不同程度的享有。与此相随,它的意涵不断丰富,在固守其针对政府权力的消极防御功能这一阵地的同时,也逐渐开辟新的领地,于是日渐具有了要求政府权力有所作为以满足公民需求的积极功能。而沐浴在不同文明与文化下的各国学人,对人权的这两方面功能产生了不同的理解,并由此带来对人权的不同偏好与侧重。与西方国家的官方传统与学者立场强调人权的消极面向不同,中国的官方表达和学者立场更强调人权的积极面向,即强调以生存权和发展权为主的积极权利与自由。这两种不同的人权观引发了人权问题领域里的持续纷争、对话与沟通。

一、两种人权偏好

(一)消极自由偏好

通说认为,人权诞生于欧洲,是"人之为人所应有的权利",是"从国家权力的侵害下保护个人"的制度,这种理念在发达国家的发展过程中逐步定型并逐渐实现了实证化,成为西方人权理论体系中的中心理论。① 可以说人权自诞生之日起,就具有鲜明的自由权特征。在 18 世纪,人民推翻专制政府、争取民主宪政之时所致力的目标是获得不受国家任意干涉的"自由权"、"财产权"以及"平等权"。此时通行的观点是:每个人都是理性的人,能够为自己的最大利益行事;只要摆脱来自专制政府的束缚与压制,个人可以凭借自己的智识与努力过上好生活。这个时候,人们认为,国家越"小",对个人干涉越少,个人的自由范围就越大,个人的幸福就能获得更切实有效的保障。根据这种主张,人权的价值核心是人性尊严,而保障这种尊严的方式则是保障人的自治与自决权,只有这样,才能"使人之为人"。在这种主导性思潮影响下,人权的积极面向自然没有立足之地。因此,法国 1789 年公布的《人权宣言》中,完全没有关于"社

---

① 〔日〕大沼保昭:《人权国家与文明》,王志安译,三联书店 2003 年版,第 197 页。

会基本权利"之规定,而全是有关"自由权"的内容。① 在西方发达国家中,包括欧美列强和日本,这种理论无疑居于统治地位,它集中体现在 1950 年的《欧洲人权公约》中,该公约中的人权概念侧重于"第一代人权",即所谓"消极权利",亦即那些个人免受国家权力干预的基本权利,有学者将这种倾向称为"自由权中心主义"②。这种将自由权视为人权核心部分的倾向,通过由美国主导的西方舆论的巨大影响力,在世界各国的学界、记者和一般市民的意识中都占据了支配性地位。③ 对此,有学者指出:西方不重视联合国的人权概念而倾向于停留在那种由 18 世纪"共济会"提出来的第一代人权概念上。④ 我们把这种对自由权的强调与偏重之倾向称为"对人权消极面向的偏好(preference)"。

（二）积极自由偏好

对人权积极面向的主张并没有完全被淹没在自由权的海洋里。法国早期社会主义者傅立叶在 1808 年就首先提出,人民(工人)应该享有"工作权"的观点。同时代的德国哲学家费希特在 1796 年出版的《自然法的学理基础论》中也认为,财产权是人民不可让渡的基本权利,作为其生活之资,国家也有义务,必须在人民遇到不幸时,负起扶助其生活的责任。他认为,国家应当使人民可凭其工作生存,而"教育"则是达成此目的所不可或缺的制度,所以费希特要求应使人民拥有"教育权"。但傅立叶提倡的"工作权"与费希特提出的"生存权"与"教育权",并未在 19 世纪的各国宪法内获得实现。直至第一次世界大战之后,在德国魏玛宪法中,社会基本权利才正式获得其宪法地位。⑤ 与自由权不同,经济与社会权利的立基点在于对个人理性的质疑和对国家的重新定位。经济与社会权利的主张者认为个人的理性是有限的,很多时候并不能完全为自己的最大利益行事,而且如何测定与衡量这个"最大利益"也难以确定。不仅如此,在一个分工越来越细密的社会里,由于经济实力和社会实力的不同及

---

① 陈新民:《宪法基本权利之基本理论》(上册),台湾元照出版公司 1999 年版,第 97～98 页。

② ［日］大沼保昭:《人权国家与文明》,王志安译,三联书店 2003 年版,第 198 页以下;另可参见［日］三浦隆:《实践宪法学》,李力等译,中国人民公安大学出版社 2002 年版,第 84～85 页。

③ ［日］大沼保昭:《人权国家与文明》,王志安译,三联书店 2003 年版,第 204 页。

④ ［法］约瑟夫·雅各布:《扩大人权刍议》,陆象淦译,载《第欧根尼》2006 年第 1 期。

⑤ 陈新民:《宪法基本权利之基本理论》(上册),台湾元照出版公司 1999 年版,第 99～100 页。

由此产生的议价能力（bargaining power）的不同，很难奢望人们能够完全"理性"和"平等"地从事市场活动。这时，如果国家仍旧放任自由，不过是让那些处于弱势地位的人"自由"地被奴役并成为资本的奴仆而已。而且，再理性的人，也有处于疾病、失业、丧失劳动能力或其他自身需要救助的时候，这时，基于"使人之为人"的考量，国家与社会也应对其加以扶助，使其能够过有基本人性尊严的生活。此时，人性尊严不是体现为某个人的那种"遗世而独立"式的"独处"（to be let along），而是需要国家与社会为其提供必需的生存条件与生活扶助。相对于西方人权理论与实践的"自由权中心主义"，发展中国家在强调对消极自由权进行保护的同时，更强调和偏重对经济和社会权利这类"积极权利"的保护。我们将这种倾向称为"对人权积极面向的偏好"。

二、两种人权偏好的冲突

（一）冲突背后的国家定位

作为世界上最大的发展中国家，中国显然更加注重对人权积极面向的偏好，而这无疑与西方人权消极面向的偏好形成了一种直接的冲突。需要说明的是，中国与西方都没有以一种"非此即彼"的方式完全否定对方的主张。中国并不反对人权消极面向的重要性，西方也并不反对人权积极面向的重要性。只是两方的侧重点不同。

但中国偏好人权积极面向的主张常常备受指责，而且这种指责还颇有"诛心论"的特点。如有学者认为，经济性、社会性权利是一种"奢望性权利"，只有自由权的保障在一定程度上已经实现，而且国家达到了一定经济发展水准之后才可能得到保障。因此，经济发展水准很低的发展中家忽略自由权而更强调社会权只是一种无视这一现实的议论，其结果也就只是一种为侵害自由权做辩护的意识形态。[1] 对此，在中国具有代表性的观点则从历史唯物主义、地区文化和社会发展的程度等方面为中国偏好人权积极面向的必要性与必然性做了申辩。[2]

---

[1] 日本学者井上达夫教授持此观点，见大沼保昭：《人权国家与文明》，王志安译，三联书店2003年版，第239页。

[2] 如李步云、杨松才：《论人权的普遍性和特殊性》，载《环球法律评论》2007年第6期；信春鹰：《论亚洲国家的人权观》，载《政治学研究》1996年第1期；黄楠森、韩建国：《社会主义初级阶段的人权与个人主义问题》，载《求索》1989年第1期。

对人权的消极面向与积极面向的不同考量,大致反映了对国家权力运行方式的两种不同的认识态度:一种要求摆脱国家权力的干涉,另一种则寄希望于国家权力的扶助。这并非是作为道德与法律主体的"人"发生了人格的分裂,而是由于不同时代与场景下对"人"的形象的认知不同而引发的对国家权力定位产生的变化①。荷兰学者范德文称之为:一个是对国权的不信任,另一个是对私权的不信任。②

(二)对"人权消极面向偏好普适论"的批判

西方强调人权消极面向的理论中最有代表意义的是美国司法审查的"双重标准"说:在人权谱系中,精神的自由对于立宪民主政治的政治过程来说是不可或缺的权利,因此应比经济自由占有更为优越的地位;因而,在对规制人权的法律所进行的违宪审查中,对有关规制经济自由之立法做审查所适用的"合理性"基准,就不适合在对有关规制精神自由的立法进行审查时也加以适用,这时的审查应依照更严格的基准来进行。③ 该理论不仅在学说上广受支持,而且在判例上也被采用。④ 对此,有学者质疑这种主张经济自由次于精神自由的观点是否源自一种知识分子的偏见,而且,精神自由在很大程度上是依存于经济性自由的。⑤ 国内也有学者在讨论商业言论和政治言论的文章中质疑二者的区分,并认为企图将言论类型化的努力注定无果而终,将言论区别对待缺乏正当性理由,将商业言论排除在言论自由保护之外,或只提供较低程度的保护,是对言论自由权利的一种盘剥。⑥ 因此,在一定程度上来说,问题的关键在于,不仅很难对两种自由和权利进行严格区分,而且将经济方面的权利"降格"保护,其本身就是缺乏说服力和正当性的。

自由权中心主义的观点将西方的人权发展历程进行了模式化,并将其生硬地套在非西方的发展中国家。按照这种观点,发展中国家需要按照西方模式,按部就班地先行保障自由权,当自由权的保护达到了一定水准之后,再按

---

① ［日］星野英一:《私法中的人》,王闯译,中国法制出版社 2004 年版,第 8、71、72 页。

② 陈新民:《宪法基本权利之基本理论》(上册),台湾元照出版公司 1999 年版,第 109 页。

③ ［日］芦部信喜:《宪法》,林来梵等译,北京大学出版社 2006 年版,第 90 页。

④ ［日］芦部信喜:《宪法》,林来梵等译,北京大学出版社 2006 年版,第 91 页。

⑤ ［日］大沼保昭:《人权国家与文明》,王志安译,三联书店 2003 年版,第 239 页。

⑥ 邓辉:《言论自由原则在商业领域的拓展》,载《中国人民大学学报》2004 年第 4 期。

照西方的路线与历程保障经济性和社会性权利。这种观点,颇有刻舟求剑的意味:由于科技的发展和信息的传递,发展中国家不像西方那样逐次面对法律的近代课题(强调对自由权的偏重)与现代课题(强调对社会权的保护),①然后逐次解决这两种不同类型的课题。发展中国家面临的是近代课题与现代课题交织的情形,在这种情况下,如果一味套用西方模式,就如同坚持火车动力一定要沿着"蒸汽机—内燃机—电力机车"的顺序发展一样,殊不知在某些地区以电力机车直接取代蒸汽机车完全有可能,而且既节省时间又节省金钱,利用这种"后发优势"是完全可行的。就发展中国家而言,对于交织的近代与现代课题,不应生硬地将其分类并将其发展优先顺序教条化,不应拘泥于"近代"、"现代"和"后现代"的名分,而应以谨慎、合理的社会重构来实现更多的正义。在社会重构的过程中,应避免对个人理性的盲目乐观和对法律形式的过分张扬,同时始终坚持自身的主体性,基于自身的现实,"该解(构)的解、该建(构)的建"②。对此,大沼保昭也认为,发展中国家所主张的经济性和社会性权利,相对于为缓和资本主义社会竞争的残酷性所提出的"社会国家"式的"社会权"来说,要更为朴素,也更为涉及根本。在许多场合,它意味着用权利来表现对"每天不受饥饿的生活"和"经济上改善这种生活"的希求。而且,即使是对自由权的保障,也需要国家实行积极的政策和预算措施。因此,很难否定以生存权为中心的经济性和社会性权利在发展中国家所具有的重要性。③

三、中国人权的积极权利偏好

(一)中国人权偏好积极权利的具体表现

自人权话题在中国解禁以来,对人权的研究、实证化与实践有了飞速的发展。就对人权的研究而言,"京城无处不飞花,争谈人权已经成为一种新潮"④的状况持续至今。就人权的规范化实践而言,不仅在部门法上有了诸多具体的保护人权的规定,"国家尊重和保障人权"还在 2004 年修宪中被写入了《宪法》。此外,中国官方陆续发表了 30 余部《中国人权状况白皮书》,并在 2009

---

① 林来梵:《从宪法规范到规范宪法——规范宪法学的一种前言》,法律出版社 2001 年版,第 24～27 页。

② 夏勇:《朝夕问道》,上海三联书店 2004 年版,第 28～30 页。

③ [日]大沼保昭:《人权国家与文明》,王志安译,三联书店 2003 年版,第 239～240 页。

④ 郭道晖、陶威:《人权禁区是怎样突破的》,载《法学》1999 年第 5 期。

年 4 月发表了《人权行动计划》。

中国的人权观有浓厚的偏好积极权利的色彩,这首先体现在学理上对生存权、发展权、工作权等需要国家"有所作为"的权利的强调,"对中国来说,确保人民的生存权和发展权,是首要的也是最大的人权保障"。[①] 同时,其在规范上的体现,表现在宪法修正案的"人权条款"上,该条款规定"国家尊重和保障人权"。从文本上看,该句的主语是国家,谓语一为"尊重"、一为"保障",这就使得该句最后的"人权"具有了丰富的意涵。因为"尊重"意味着不干涉,意味着由当事人自治自决,这体现了国家对人权消极不作为的一面。而"保障"一词不仅意味着在自由权被侵犯的时候国家会提供救济的方式与手段,还意味着国家对于某些权利应积极行为,提供制度与现实的帮助与支持。因此,中国《宪法》文本中的"人权"一词既有消极权利的一面,更有积极权利的一面。此外,句子的主语为"国家",也在某种意义上体现了对积极权利的偏重。[②] 在实践上,《人权白皮书》和《国家人权行动计划》等文件将生存权、发展权以及其他经济、文化和社会权利置于优先的地位。

（二）中国人权偏好积极权利的原因与理由

中国在国家层面上偏重对人权的积极面向进行保障,有其自身的原因和理由。首先,自鸦片战争以来,中国屡经侵略、战火与磨难,其重要原因之一即是自身的积贫积弱。尽管这种贫弱背后有制度与文化的深层因素,但贫弱本身具有直观性和显在特点,更容易引发人们的重视,因此,希望国家富强的心理自 19 世纪 40 年代以来一直是全国各界形成的共识。改革开放之后,人们再次放眼观看世界,蓦然发现自己又和世界拉大了距离,在"开除球籍"危机心理的影响下,富强再次成为中国人挥之不去的情结。国家富强的直接条件是

---

　　①　1995 年 10 月 25 日江泽民在美中协会等六团体举行的午餐会上的演讲,新华网,http://news. xinhuanet. com/ziliao/2003-01/20/content_696952. htm,最后访问日期:2009 年 9 月 20 日。另可参见朱晓喆:《农民生存权视野下的农村社会保障——我国农村社会保障制度的法理透视》,载《财贸研究》2006 年第 2 期;夏清瑕:《个人发展权探究》,载《政法论坛》2004 年第 6 期;肖巍、钱箭星:《人权与发展》,载《复旦大学学报》(社会科学版)2004 年第 3 期;汪习根:《发展权法理探析》,载《法学研究》1999 年第 4 期,等。

　　②　这是因为,在自由权中心主义的西方国家,规定人权的文本通常以消极方式来表达,将"权利"作为句子的主语。即"××权非经正当程序,不得限制和剥夺"的方式。笔者曾经与几位在国内有影响力并曾参与拟定宪法文本草案的知名教授交谈时了解到,在制定宪法修正案时,有不少教授主张以这种消极表述的方式来表达宪法修正案文本。

经济的发展,而经济的发展就不是仅仅依靠第一代人权主张的消极权利所能直接和显效完成的任务。此时,现实的需要和民众的心理诉求需要国家有所作为,需要以经济发展为代表的第二代人权所主张的积极权利大幅提升。因此,富强心理成为中国人权强调和偏重其积极面向的心理基础。

其次,中国传统法律文化中有浓烈的实质正义偏好。尽管我国当前借鉴西方已经建构了的现代化法律制度体系,但传统社会的法律文化却并未也不可能完全消散,它仍会以或显或隐的形式影响"嵌入"当下中国的人们,当然也包括法律人在内。相对于西方,中国古代的立法者、执法者和司法者更强调对实质正义的考量和关注,这种偏好对当前中国的法律适用仍有重大影响。而对人权积极面向的强调恰好契合了这种实质性的思维,对经济与社会权利的关切既是对自由经济可能产生的两极分化的纠偏,也符合在中国流传已久的对公正与正义的认知与体验。

再次,在基于国内外因素的考量而强调对人权进行保障的问题上,执政党选择偏重对积极权利的保障,也有这种方式见效快的考虑。这是因为,相对于第一代人权强调国家权力的消极不作为,第二代人权强调国家有所作为的主张更容易产生直接的成效。毕竟,"不做什么"的效果是相对不容易看到的,而"做什么"是相对容易看到的,尤其是一些经济与社会权利的成效甚至可以进行"数目字管理"①。这对一个在新的历史时期迫切需要新的政权正当性来源的政府而言,是难以拒绝的"投资小、见效快"的方式。

最后,这是对外人权斗争的产物。在当今的国际社会中,西方发达国家仍具有强大的话语权优势,人权是主流的价值观,尊重和强调人权是国际社会的潮流和主流,也是难以逆转的趋势。由此,无论我国《宪法》的"人权条款"还是《人权白皮书》和《国家人权行动计划》,都有或隐或显的人权斗争的背景与印记。② 偏重保障积极权利的做法,可以通过"数目字管理"等"看得见"的方式展示我国对于自己所坚持的生存权与发展权取得的成就,从而对西方以人权为手段向我国施压的行为进行驳斥和反击。

---

① "数目字管理"是黄仁宇提出的重要命题。在他看来,只有能够进行"数目字管理",才便于从"技术上要求"。参见黄仁宇:《中国大历史》,三联书店 2007 年版,第 201～204 页。

② 马昌博、谢小红:《人权计划:让世界理解中国做了什么——专访"国家人权行动计划"专家小组成员、中央党校国际战略研究所教授李云龙》,载《南方周末》2009 年 4 月 16 日。

　　可见,中国人权对积极权利的偏好有其自身政治、经济和历史原因与基础,是在特定的国际、国内环境下,根据中国人民自身的需求和珍视的生活方式而作出的选择。从这个意义上说,我们也可以在很大程度上把中国对人权积极面向的偏好,看作是中国人民"实现自身实质自由的方式与路径",是中国人民为"追求认为值得去做的事情和达到值得达到的状态"而进行的"功能性活动"。

第四章

未列举权利的推定理念、原则与技艺

自"权利本位"形成"范式",学界形成一批具有相同或类似学术观点的学术共同体,并在基本范畴与理论方面达成基本共识之后,虽然其倡导者和共同体成员未必认同,但不得不承认他们在事实上形成了中国式的自然法学派。之所以称之为"中国式",首先是因为该学派承继了西方理性自然法对人自身的肯定及对先验权利的默示承认;其次是因为该学派努力将自然法理论与中国历史文化、传统理论与价值观和"被中国化"了的社会主义理论进行对接和汇流。"法不禁止则自由"由此成为中国各界耳熟能详的理念与原则,但在将这一理念与原则与中国场景与具体问题相结合的时候,不可避免地出现了"权利通胀"现象,很多听起来颇有道理但更需要学术审视与分析的权利不断出现在各种媒体和学术期刊中,诸如"接吻权"、"性福权"、"乞讨权"的讨论不绝于耳。

权利主张的正当与权利本身是否具有合法性来源不同,主张个人在某些具体的场合下拥有上述权利是正当的,但这些"权利"是否具有法律和法理的依据则是另外一回事。在探讨这些"权利"来源的时候,很多人借助"法不禁止则自由"进行推定,但权利推定并非简单地由只要法律没有明确禁止,就意味着当事人具有某项以类似"性福权"这样具体表述的权利,也就是说,权利的推定不是以这样简单得几乎没有任何"技术含量"的方式而进行的。权利的推定是一项具有知识含量和学术内蕴的过程,也是一个将权利进行体系化的过程,需要符合一定的理念、原则与技艺。理念意味着权利的推定要接受价值的考量,原则意味着权利的推定要依一定的标准进行,技艺意味着这个过程的进行不光需要法律技术,还需要进行价值判断和利益衡量,而这可以称得上是艺术了。一般的权利推定需要原则与技艺,宪法未列举权利的推定更要符合一定的原则与技艺。

第一节　未列举权利推定的理念

一、人与人性尊严

人是法律产生、发展和服务的目的。罗马法的传世经典《法学阶梯》是这样表述法学的:"法学是关于人事和神事的学问,关于正义与不正义的科学。"[①]这句带有浓郁自然法色彩的表述,衔接了此岸与彼岸,浸润着神意的光芒。即便如此,在这句话中,还是将"人事"置于"神事"之前,凸显了法学对"人事"及"人事"背后的"人"的关注。这本书还强调:"首先考察人,因为如果不了解作为法律的对象的人,就不可能很好地了解法律。"[②]在康德那里,人是有理性的生灵,理性不仅是指人类认识可感知事物及其规律性的能力,而且也包括人类识别道德要求并根据道德要求处世行事的能力,道德要求的本质就是理性本身。人的尊严,就是以人所拥有的这种能力为基础的。[③] 没有理性的东西只具有一种相对的价值,只能作为手段,因此叫做物,有理性的生灵才叫做"人"。而且,作为"理性存在者"的人,"都自在地作为目的而实存着,他不单纯是这个或那个意志所随意使用的工具。在他的一切行为中,不论对于自己还是对其他理性存在者,任何时候都必须被当作目的"。[④] 所以黑格尔才说法的命令是:"成为一个人,并尊敬他人为人"。[⑤]

在笔者阅读面所及的范围内,首先把自然法与人的理性及尊严相关联的

①　[古罗马]查士丁尼:《法学总论——法学阶梯》,张企泰译,商务印书馆1989年版,第5页。

②　[古罗马]查士丁尼:《法学总论——法学阶梯》,张企泰译,商务印书馆1989年版,第12页。

③　[德]卡尔·拉伦茨:《德国民法通论》,王晓晔等译,法律出版社2003年版,第46页。

④　[德]康德:《道德形而上学原理》,苗力田译,上海人民出版社2002年版,第47页。

⑤　[德]黑格尔:《法哲学原理》,范扬、张企泰译,商务印书馆1961年版,第46页。

是托马斯·阿奎那。"理性的造物可以说是以一种很特殊的方式听命于神圣天命。理性的造物所分享的永恒定律,即称为自然法。仿佛自然理性之光不外就是神圣之光留在我们心里的印子——而我们用以分辨善恶的,正是这自然理性之光,它就是自然法。因此,很明显,自然法不外就是理性的造物所分享的永恒定律。"可见,阿奎那认为,人类对造物秩序的认知就等于分得了神的理性。因此,虽然人类也会犯罪,但是因为拥有理性的天赋,他们也能够认识自然的造物秩序,即自然法。虽然在这里阿奎那并没有直接点明人性尊严,在所有的造物之中,唯有人受命在知性上与行动上去参与宇宙之理性层面。他受命作此参与,因为他有理性的天性。理性是人的本质,是助成他的伟大的神圣火花。这股"自然理性之光"使我们能够分辨善恶。① 同时,在他的论述中强调人由于分享了上帝的理性和上帝的形象而具有了理性的天赋和尊严。在启蒙时期,在宗教与世俗政权四分五裂的状态下,其权威丧失殆尽,人们对上帝的信仰被现实所击溃乃至粉碎,人们转而求诸人类的理性,认为人的理性是认识和改变这个世界最重要的武器。在强调人的理性至上和至能的同时,虽然在语言上并不拒绝向上帝聊表敬意,但事实上人们以人自身取代了上帝的位置,在把人的理性推到神坛的时候,也把人性尊严置于一种崇高的地位。

二、人性尊严的实证化

尽管人性尊严这一理念获得了肯认并被置于崇高的地位,但在人类社会历史发展的过程中,它也曾一再被忽略和漠视,乃至贬损和践踏。二战之后,在对纳粹罪行进行深刻反思之后,德国通过宪法来肯定和保护人性尊严。在德国《基本法》中,人性尊严被视为宪法基本权利的核心。《基本法》第1条第1款明确宣示:"人性尊严不可侵犯,尊重和保护人性尊严是全部国家权力的义务。"与德国《基本法》以明文方式从正面规定了人性尊严不同,美国宪法偏重于为政府勾勒出权力轮廓和边界,将限制政府权力作为主要目标。因此,美国宪法并没有以要求政府积极行为的方式来保障公民权利。两个宪法的文本和性质上的截然不同之处,德国《基本法》是以价值为中心的,并设定了权利和义务。美国宪法是价值中性的,以求保护消极自由,尤其是政府不得干预的自由,但没有写出公民应承担的义务和政府必须实现的价值。尽管如此,对于宪

---

① 〔意〕登特列夫:《自然法——法律哲学导论》,李日章译,台湾联经事业出版公司1984年版,第37页。

法修正的规范基础及各权利之间的关系,尤其是道德权利、法律权利与人性尊严的关系,作为美国主流法学家的德沃金与布伦南大法官都认为,宪法所确认的基础性价值是人性尊严。[①] 与美国宪法相似,台湾地区"宪法"也没有关于人性尊严的直接规定,且可否从"宪法"增修条文第 10 条第 6 项规定"国家应维持妇女之人格尊严,保障妇女之人身安全,消除性别歧视,促进两性地位之实质平等"中导出也不无疑问,对此前"司法院"大法官吴庚在承认上述言论的前提下,认为"但是我们现在解释'宪法'不是探求制宪者的意思,而是'宪法'的意思,尤其对基本权的解释更应考量人民的权利意识、社会发展的现况与人权之普世趋向","司法院"大法官近年来在多号解释文中不断确认指出,可由台湾"宪法"规范中导出基本权之核心概念。第 372 号解释为其中的典型代表,该号解释文中指出:"维护人格尊严与确保人身安全,为'我国宪法'保障人民自由权利之基本理念。"实际上是指出"人格尊严"是自由权受宪法保障之思想渊源,[②]将人性尊严视为宪法所应保障的基本原则与基本权利的核心。可见,随着尊重人权和人性尊严这一理念的传播,越来越多的国家和地区以不同的方式——或者在宪法中直接规定,或者对宪法进行合理的解释与解读——将人性尊严置于最高法的保护和保障之下。

正是因为人性尊严对于人的终极性价值,我国学界对于我国宪法规范,尤其是"人权条款"中所蕴含的基本价值观有了基础性的共识,将其视为维护和保障人性尊严理念的规范依据和人权的价值核心。[③] 人性尊严这一理念不仅在学界达成了共识,也成为党和政府所采纳,并成为将来的工作指南,温家宝总理在 2010 年新春团拜会上提出了"让百姓活得更有尊严"这个命题,并对其进行了进一步的解释:"第一,就是每个公民在宪法和法律规定的范围内,都赋予自由和权利。无论是什么人在法律面前,都享有平等。第二,国家的发展最

---

① "In search of the Constitution":"Mr. Justice Brennan" and "Ronald Dworkin: The Changing Story", both produced by Public Affairs Television, Inc, New York,1987. 转引自 Michael J. Meyer, *The Constitution of Rights*, Cornell University Press,1992, p. 1.

② 在本部分,出于对原文的尊重,笔者并没有区分人性尊严与人格尊严。在日本法院的判决中,常常将"个人尊严"与"人格尊严"相提并论,在德国一般认为"人性尊严就是人格尊严"。

③ 孙笑侠、郭春镇:《法律父爱主义在中国的适用》,载《中国社会科学》2006 年第 1 期;蔡定剑:《中国宪法实施的私法化之路》,载《中国社会科学》2004 年第 2 期。

终目的是为了满足人民群众日益增长的物质文化需求,除此之外,没有其他。第三,整个社会的全面发展必须以每个人的发展为前提,因此,我们要给人的自由和全面发展创造有利的条件,让他们的聪明才智竞相迸发。"①

三、人性尊严的表达与保障

尽管对人权和人性尊严的肯认已经成为主流,但对"什么是人性尊严"仍然存在不同的理解和不同的界定方式,它们主要分为两大类,分别从正面和反面对人性尊严进行表述。前者强调人性尊严是使人之为人的本质,其外在表现是基于自己的决定去意识自我、决定自我、形成自我。② 亦即将每个作为权利主体的个人本身作为目的,并在基本权利正当行使的范围内尊重宪法人性尊严核心内涵的自治与自决。③ 人性尊严意味着"人的固有价值、独立性、本性、本质"、"在特殊且本质的意义之下形成个人的东西"等,而且它"与时间及空间均无关, 而是应在法律上被实现的东西"。④ 作为权利主体的每个人都将人本身作为目的,并在基本权利正当行使的范围内尊重作为宪法人性尊严核心内涵的自治与自决。⑤ 后者则认为从正面表述人性尊严是什么过于抽象和难于把握,从反面来表述"什么样的行为是侵害人性尊严的行为"虽然难免挂一漏万,可能会存在不严谨和难以全面表述人性尊严的不足,但胜在相对容易把握,因此这种观点主张即当个人在国家中完全被变成一个客体时,就抵触了人性尊严。因为这时一个人不是被作为一个活生生的人(being)存在的,而是被矮化为"物体、手段与数值",人的精神与意识被忽略和贬损了,人不再是自治与自决的主体,而是极易成为他治、他决的客体,这种情况就构成了对人

---

① 温总理:《要让老百姓活得更有尊严体现在三个方面》,中国网,http://www.chi-na.com.cn/news/2010-02/27/content_19485469.htm。

② 蔡维音:《德国基本法第一条"人性尊严"规定之探讨》,载《宪政时代》1999年第18卷第1期。

③ 李震山:《人性尊严之宪法意义》,载《人性尊严与人权保障》,台湾元照出版公司2001年版,第11~19页。

④ 蔡维音:《德国基本法第一条"人性尊严"规定之探讨》,载《宪政时代》1999年第1期。

⑤ 李震山:《人性尊严之宪法意义》,载《人性尊严与人权保障》,台湾元照出版公司2001年版,第11~19页。

性尊严之侵害。① 这种反面界定的方式理论渊源来自于康德。在康德看来，一个行为的道德价值并不是由随之而来的结果所构成，而是由完成这一行为的意图所构成的。康德是反功利主义者，他强调动机的意义，强调人们之所以要做某一件事情，原因在于这样做是对的。因此，人们应基于义务而非愉快或便利去做某事。"即使这一意志完全没有力量实现它的目的，即使它付出了最大努力仍一事无成，它也仍然像一颗珠宝那样因其自身的缘故而熠熠发光，就像那些本身就拥有完整价值的事物一样。"②"人是一个可尊敬的对象，这就表示我们不能随便对待他……他乃是一种客观目的，是一个自身就是作为目的而存在的人，我们不能把他看成只是达到某种目的的手段而改变他的地位。"③因此，康德主张人们应该按照一种能够普遍化的准则来行动，强调把人自身当作目的，维护和保障人性尊严。但是，把人当作目的被视为人性尊严的核心内容并不意味着人性尊严要求排除所有的外来干预。在人性尊严客体公式中，强调当个人与国家关系中个人完全被变成客体时就构成对人性尊严的侵犯，在康德的论述中，也强调不能把人看成只是达成某种目的的手段。这意味着，在某些情况下，个人也可以在一定意义和程度上被当作手段和客体，但不能达到"完全"和"只是"的程度。这是因为，在《人权宣言》和后续的一系列包括美国宪法、日本宪法等宪法与宪法性文本中，虽然都将"个人主义"作为宪法价值观的起点，④以公民与国家的关系中强调个人的主体性地位，反对特权和国家的不当干预，这也迎合了梅因将法律发展的过程视为"从身份到契约"发展演进的观点。⑤ 但随着经济与社会的发展，人与人之间的联系越来越紧密，社会连带关系越发紧密，在这种情况下，片面地坚持个人完全独立的地位往往会使在以契约方式约定当事人权利义务的情况下造成严重的不公平。

---

① 黄桂兴:《浅论行政法上的人性尊严理念》,载城仲模:《行政法之一般法律原则(一)》,台湾三民书局 1997 年版,第 11 页。

② [美]迈克尔·桑德尔:《公正:该如何做是好?》,朱慧玲译,中信出版社 2011 年版,第 130 页。

③ 参见[德]康德:《道德形而上学基础》,转引自周辅成编:《西方伦理学名著选辑》,商务印书馆 1996 年版,第 371 页。

④ [日]三浦隆著:《实践宪法学》,李力、白云海译,中国人民公安大学出版社 2002 年版,第 10～17 页;[意]登特列夫:《自然法——法律哲学导论》,李日章译,台湾联经事业出版公司 1984 年版,第 46 页。

⑤ [英]梅因:《古代法》,商务印书馆 1959 年版,第 97 页。

比如当一个人与微软、福特这样具有一定垄断地位的公司缔结契约时,由于双方议价能力(bargaining power)的严重不对等,往往会产生个体的意志被强势缔约方借助格式合同压迫和挟制,不得不以一种形式上"自由"、"自治"的方式按照强势方的意志缔约。在这种情况下,保护弱势者的外来的法律干预貌似干预了当事人自治,实际上保护了当事人的"真实"意志,表面上看似违反了当事人的自治,把当事人当作了手段,进而损害了当事人的人性尊严。但这个时候仍然注重把当事人自身当作目的,只是让当事人自己既充当了个人的手段,又充当了目标,实际上保护和捍卫了当事人的尊严。①

人性尊严作为宪法基本权利的核心,在进行宪法未列举权利推定时自然是应予以关注和保障的核心价值,成为指引宪法未列举权利推定的圭臬。正如前文曾论述过的,我国《宪法》文本中的人权意涵非常丰富,相对于西方宪法学界更为关注和强调的消极防御权利,我国《宪法》文本的表达方式和价值内涵决定了它不仅包含消极防御的权利,还包括要求国家有所作为的积极权利。对宪法没有列举的积极权利的保障,同样是我国人权条款的应有之意。在保障那些未列举的宪法性积极权利时,国家权力有可能会通过干预当事人的行为而保障其积极权利,如我国台湾为保障公民的享有社会保障的福利权时,强制要求公民参与"全民健保法",这种干预不应被视为对人权与人性尊严的侵犯,而是在实质意义上对公民人权和人性尊严的保障,"司法院"大法官会议的最后判决也对此予以支持。当然,由于不同权利自身的异质性和某些时候难以通约的特点,它们之间可能存在着冲突,在发生冲突时如何协调和解决,什么时候应该交由当事人自由处分,什么时候法律应该为了人性尊严而不顾当事人的意志来限制当事人的行为,这是制定父爱式法律时必须面对的问题。对此,不存在一个亘古不变的本质性命题。德国公法的"基本权利核心接近"理论提供了解决这个问题的思路,该理论认为私人基本权利冲突,若涉及同质的基本权利,应考虑哪一方的基本权更接近基本权利的核心——人性尊严。更接近基本权利核心的权利应该具有优先的地位。② 笔者试图在此基础上更进一步,认为在不同质的基本权利发生冲突之时,要看哪一方的权利更接近作

---

① Gerald Dworkin, *The Theory and Practice of Autonomy*, Cambridge University Press, 1988, p. 124.

② 李惠宗:《宪法工作权保障之系谱》,载李建良等主编:《宪法解释之理论与实务》(第一辑),"中央研究院"中山人文社会科学研究所专书1998年版,第386页。

为基本权利核心的人性尊严。至于如何认定哪一项权利更接近作为基本权核心的人性尊严,这亦是一个"情境论"式问题,要结合权利的性质、当事人群体的实际情况和当时的政治、经济和社会条件进行衡量。

第二节　未列举权利的推定原则

一、功效主义原则

权利最大化原则。权利最大化原则体现在权利的内容和享有范围应该最大化。即如果能够通过权利推理确认和表达百分之一百的权利,就不要只确认和表达百分之九十九。不能使主体应当享有的权利丧失,使主体可以扩大的权利被人为地缩小。① 这意味着,确认、表达、扩展权利的内容与范围是一种价值取向和指导原则,其直接目标是使人民的享有尽可能多、尽可能全面的权利,其最终目标是对人性尊严的肯定与保障,使人成为人。这一原则在具有保障人权,体现浓烈的价值倾向的同时,也体现了功效主义原则。自边沁在总结前人思想的基础上提出"最大多数人的最大幸福"这一立法原则后,由于这个观点自身简洁清晰的表述和富有吸引力的内容,而变得人人皆知,耳熟能详,该原则被称之为"功利主义"(Utilitarianism)。由于"功利"这一用语描述的词汇在汉语中很容易和"急功近利"等极富褒贬评判色彩的词汇联系起来,②因此有时将 Utility 翻译为"功用"或"功效",③由于"效"字有效果之意,更能体现出功效主义哲学意义上的目的论色彩,因此本书以"功效主义"称之。

作为伦理学中的一种重要的理论分支,探讨功效主义的文献数不胜数,它

---

① 张文显、于宁:《当代中国法哲学研究范式的转换——从阶级斗争范式到权利本位范式》,载《中国法学》2001 年第 1 期。

② 如《庄子·天地》:"功利机巧,必忘夫人之心";王阳明:《答顾东桥书》:"功利之毒沦浃于人之心髓"。

③ 翟小波:《译者说明》,载《邪恶利益与民主——边沁的功用主义政治宪法思想》,法律出版社 2010 年版,第 4 页。

的分类也形式众多,但大体上可分为行为功效主义、规则功效主义。① 由于法律父爱主义所针对的是作为规则的法律,因此本书将主要从规则功效主义的角度对立法的原则进行分析和探讨。相对于追求某个具体行为达到功效最大化的行为功效主义,规则功效主义主张:"一个规则功效主义者认为正确的行为是被道德规范所允许的行为,这种道德规范对主体所属的社会来说是最优的。一种最优的规范是被设计成最大化福利或善(因此,是功利)的。"②对法律而言,由于法律所调整的是不特定多数主体,它所寻求的目标不是针对某个具体的人在处理某事时的某个具体行为,因此对作为规则的法律只能依据规则功效主义进行评判。这样的法律需要满足四个条件:可掌握性、现实性、原则性和可执行性。具体而言,可掌握性是指规范能够被社会中绝大多数人所认知、理解、掌握和遵守;现实性是指规则的制定必须以社会的制度背景为基础,并且在计算功效大小的时候应立足于整个社会,从长远的视角来进行计算和衡量;原则性是指理想的规范原则上应该被严格遵守,但允许特例出现,因为在某些特殊的情况下,遵守理想的规范对整体的长远功效会造成极大的损害,这时极端和僵化地遵守这些规范会与功效最大化的初衷相违背,这主要体现在法律规则中的"但书"文本以及特赦及酌处的规定上;可执行性是指规则须有执行力,不仅通过积极倡导的方式要求遵守规则,同时还有对违反规则的行为进行惩罚的规定和措施,以保障规则被践行和功效主义目的的实现。③

功效原则并非单一的道德准则,而是由若干道德原则构成的,是"一总两分"的道德准则体系。总标准即是在任何情况下都应该遵循的道德终极标准,即增加全社会中每一个人的利益总量;一个分标准是在人们利益不发生冲突情况下的道德标准,即不损害一人地增加利益总量;另一个分标准是在人们利益发生冲突不能两全的情况下的终极标准,即增加整个社会的利益总量。"最大利益净余额"在利益冲突领域中是唯一正义的、正确的原则。因为在利益发生冲突的情况下,不损害任何人的利益是不可能的,只能在较大利益和较小利益之间进行选择。④ 对此,连试图以作为公平的正义来取代功效主义的罗尔

---

① 王立峰:《评罗尔斯的规则功利主义惩罚思想》,载《国家行政学院学报》2004 年第 2 期。

② 晋运锋:《当代西方功利主义研究述评》,载《哲学动态》2010 年第 10 期。

③ 晋运锋:《当代西方功利主义研究述评》,载《哲学动态》2010 年第 10 期。

④ 王海明:《新伦理学》,商务印书馆 2001 年版,第 154~162 页。

斯也不得不承认,排除了功效原则,他尚不知道有什么解决利益冲突的道德原则。[①]

　　功效主义为主张提高积极自由而在一定程度上限制和干预消极自由的欧陆自由主义提供了理论基础。而且,或许是由于曾作为西方道德哲学主流的功效主义影响过于强大,在罗尔斯的作品中,也时常流露出对功效主义或许是无意识的偏爱。"必须在所应用和实施的规则体系与该规则体系指导下的具体行为之间作出区分。对于规则而言,功效主义的考虑是合适的;对于具体规则在具体个案中的适用而言,报应主义的考虑是合适的。"[②]罗尔斯的自由主义强调个人自由权利的优先,他的差异原则进一步强调社会分配必须为所有社会成员提供起点的公平,而功效主义则强调社会整体福利的最大化。

　　尽管罗尔斯在一些言辞中表达了对功效主义的否定,但他的理论中对功效主义的否定也并非一贯的和完全不可调和的,依美国学者皮文睿的观点,罗尔斯与范伯格的观点实际上都属于一种均衡论。[③] 他们认为,伦理推理过程的目的是要在人的主观判断和个人所属群体所持的道德信念或直觉之间维持均衡。均衡论是非根本性的,不像价值主观论那样主张由当事人自己决定什么是最高的价值,它不认为存在一种可以被认为是终极原则的信念,不存在任何由此通过演绎和形式逻辑推论而编制的道德体系之网的、自明的伦理真理。就像范伯格所说的那样:"任何所谓的完整的道德体系、道德本原都是不存在的,所有的终极原则都是无稽之谈……人们可以求助于实际辩论中提出来的从效率、功用和均衡以至人权等理由,但我不会白费力气地试图从这些理由中的某些推导出另外一些,也不打算根据它们的根本程度给它们划分出等级。"[④]因此,效率、功效、直觉和现行的政治结构等方面的考虑都可以用来证明自己的观点。

　　由于不同的权利主张之间存在着冲突,甚至不同的权利之间也可能会存在潜在或直接的冲突,如隐私权与知情权的冲突、自由权与福利权的冲突等。

　　① [美]罗尔斯:《正义论》,何怀宏译,中国社会科学出版社 1988 年版,第 328 页。

　　② 王立峰:《评罗尔斯的规则功利主义惩罚思想》,载《国家行政学院学报》2004 年第 2 期。

　　③ 皮文睿:《儒家法学:超越自然法》,载贺卫方等编:《美国学者论中国法律传统》,中国政法大学出版社 1994 年版,第 120～122 页。

　　④ Joel Feinberg, *Moral Limits of the Criminal Law*: *Harm to Self*, Oxford University Press, 1989, Vol. 3, p. 23.

冲突必然意味着取舍,在宪法未列举权利推定时,也要考虑权利冲突的问题并进行衡量与取舍。需要说明的是,宪法权利不仅是一种德国法意义上的主观权利,还是一种客观的价值秩序。就我国而言,由于尚未实现所谓宪法的司法化,还不能够通过在诉讼中适用宪法来保护或救济宪法权利,因此我国宪法权利保障更多的是通过将其作为一种客观的价值秩序,通过宪法性法律或其他相关法律来进行直接的保护,即便在个案中发生宪法权利的冲突,也可以通过司法裁判在个案中适用具体的法律来进行确认、保障和救济。因此,潜在的宪法权利的冲突并不意味着在宪法权利推定的过程中以一种非此即彼的方式对待宪法权利,比如隐私权和知情权可能会产生潜在的冲突,但它们都是公民的宪法权利,不能认为承认前者就意味着否定了后者,反之亦然。通过宪法权利推定承认了隐私权并不意味着知情权不应存在,它们都是事关人性尊严的宪法权利,其在个案中的冲突可以在个案中通过对既有规范的适用和个案中的利益衡量进行具体问题具体处理,而不是在肯定某种权利的时候否定另外一个。总之,功效主义意味着在进行宪法权利推定时,要力图使尽可能多的权利主体享有尽可能广泛的宪法权利。宪法权利都是使人之为人的重要权利,不存在根本上的对立和冲突。特殊情况下,在个案中发生冲突时,可以依据所涉法律规范进行个别处理。

二、共同善原则

由于立场和观察分析问题的视角不同,越来越多的人接受了价值多元或多样的观念,进而主张政府和公权力应在不同的道德观之间保持中立,因此才有"政府应当试图中立于良善生活的意义"[①]之说。在此基础上,主张人们有权为自己作出选择,且在作出选择时不受任何先在道德的约束,任何关于好生活或良善生活的观念都不得被置于人们的权利之前,[②]对个人行为的干涉、限制乃至强制侵犯了个人自由选择的权利,构成了对个人的强迫,因而是不正当的。因此,主张不顾当事人的个人意志对其选择或决定进行干涉或限制的父爱主义行为,在现代自由主义理论广为接受之后,理所当然地被当作公正的对

[①] [美]迈克尔·桑德尔:《公正:该如何做是好?》,朱慧玲译,中信出版社 2011 年版,第 257 页。

[②] [美]罗尔斯:《正义论》,何怀宏等译,中国社会科学出版社 2003 年版,第 333～334 页。

立面而被反对和抵制。

现实与现代自由主义理论并不完全相符，也有人认为，人们设立政府的目的，并非让它仅仅维系一个基本的交易环境就足够，要想使个人能够达成自己的目标，不仅需要政府在某些时候"有所不为"，很多时候还需要政府"有所为"，需要政府能够提供和保障实现个人真正自由选择所需要的物质生活条件。这些条件包括但不限于医疗的权利、教育的权利、工作的权利等。也就是说，纯粹的自由选择——哪怕是在平等条件下的自由选择——并不是一个公正社会的充分基础。那些努力寻求中立于各种价值观和公正原则的尝试，也具有误导性，因为在界定人们的各种权利义务之前，总有一些重大的道德问题无可逃避。① 这些道德问题，就是关于"共同善"的问题。

共同善有物化和非物化两大类表现形式，物化形式的共同善主要以公共利益表现出来。它具体分为非物品形式的公共利益和物品形式的公共利益。非物品形式的公共利益具有共享性、公共性和道德性。共享性是指当它们被提供给社群的某些成员时，其他人也同时享受到了这种福利；公共性是指它与每个成员的利益都密切相关；道德性是指它还表现出强烈的道德性，涉及一些基本的人际关系原则，如平等、利他、诚实和互助等，这种道德性也一定程度上决定了它的共享性和公共性。物品形式的公共利益主要是指国家或社会所提供的个人可用来直接享用的物质性利益，包括教育、社会保障等。共同善的非物化形式即是美德（virtue），它是关乎人们的精神生活健康和幸福的道德福利。② 依照麦金太尔的说法，它"不仅维持实践，使我们获得实践的内在利益，而且也将使我们能够克服我们所遭遇的伤害、危险、诱惑和涣散，从而在对相关类型的善的追求中支撑我们，并且还将以不断增长的自我认识和对善的认识充实我们"。③

在宪法未列举权利推定的时候应以共同善为原则。首先，近代宪法强调将个人作为整个宪法价值体系的基点，在《人权宣言》中，第一次将公民个体的权利置于一种国家机构必须重视并以此为国家存在基本目标的地位："组成国

① ［美］迈克尔·桑德尔：《公正：该如何做是好？》，朱慧玲译，中信出版社 2011 年版，第 263 页。

② 钱宁：《"共同善"与分配正义论——社群主义的社会福利思想及其对社会政策研究的启示》，载《学海》2006 年第 6 期。

③ ［美］麦金太尔：《德性之后》，龚群等译，中国社会科学出版社 1995 年版，第 277 页。

民大会的全体法国人民代表,鉴于不识、漠视或轻视人权乃是公众之不幸与政府之腐化的唯一原因,决定透过一份庄严的宣言,主张若干自然的、不可让渡的神圣的人权,以期这份宣言,由于永远呈于全体社会成员面前而不断提醒他们各自所具有的权利与义务,以期立法机关与行政机关的行动,由于随时都可以衡诸一切政治体制之最终目标,而变得更值得尊重;以期公民的不满,由于今后乃是基于若干简单无可争论的原理而发,永远有益于宪法的维护与全民幸福的增进。"其价值观的享有主体是"人",其目标是保障"生来自由与权利平等的"的"人"之自然的、不可让渡的权利。对美国宪法产生深远影响的洛克也强调权利先于所有世俗政府,英国人的自由权不是君主或议会特许的权利,而是原初的、固有的和根本的权利。这些权利也是基于对抗国家的个人主义立场而进行伸张的。二战之后,在对纳粹和日本军国主义清算的同时,在制定新宪法的时候,也都从根本上否定了曾产生过巨大危害的国家主义价值观,强调将个人作为权利的享有者。① 但是,在现代社会中,每个人都较之以往更加紧密地作为社会机体的一分子生活在社群中,强调个人权利并不意味着一定会与公共利益冲突。在某种意义上,公共利益也是由个体利益相互叠加而形成的,甚至可以说,有些个体的利益本身就是公共利益的直接表现,比如事关个人生命与安全的事件,它本身就是公共利益。② 因此,在宪法未列举权利推定时,强调教育权的保障、社会福利权的保障,都是对共同善的促进与完善。对某些公共利益的肯认与保障,既是对个人权利的一种完善,又是对人权理论的一种提升。此外,每个人从价值立场上应该被当作一个独立的个体来对待,但在现实中却无法以一种"原子化"的方式存在于社会之中,同时也分享和承担基本底线性的文化、传统等历史记忆与价值观。正如叶芝所说的那样,"你和我都深深地嵌入这个世界之中",人们总是生活在特定的社会文化背景之中,将其完全从这个背景中剥离出来,孤立地理解和分析他的行为,意味着将他抽离于其所存在的各种目标、情感、历史性记忆,视为一个不具有任何成员身份和社会、家庭归属感的原子化的个体,脱离了他所在的社会的和历史的角色和状态。而这样就无法恰当地理解和引导他的行为,无法保障他个人目标和价值的实现,也不利于社会秩序的有序与和谐。因此,在宪法未列举权利推定

---

① [日]三浦隆著:《实践宪法学》,李力、白云海译,中国人民公安大学出版社2002年版,第10～15页。

② 陈新民:《德国公法学基础理论》,山东人民出版社2001年版,第181页。

时,还要考量对基本美德的促进与提升。

三、现实性原则

宪法未列举权利的推定,还应遵循现实性原则。前已述及,宪法未列举权利推定的方法论基础是自然法学,其核心价值是人性尊严。这意味着权利推定要符合自然法的理论框架,强调从应然角度和道德权利的角度来理解和对待。但是,以应然和先验的角度看待权利和宪法未列举权利并不意味着对现实与现状的无视与忽略。任何缺乏现实关照或脱离现实的权利主张都可能会使得权利仅仅成为主张或理想而无法成为人们实际享有的权利。也就是说,探讨应然权利固然有利于权利主体与范围的全面与丰实,但完全不考虑现实,就可能使权利主张成为一种凌虚蹈空的不切实要求,使得本应以理想返照现实进而完善现实、丰富权利保障的权利发展路径迷失在无根基的口头诉求中。这不仅是以自然法为法律基础的权利本位学派所遵循的原则,而且也是冀望以概念天国包容所有问题答案的概念法学所应遵循的。以新分析法学和"最低限度的自然法"①理论而蜚声世界的哈特,也恰当地把现实纳入到分析法学的框架中,以使其更加完善和具有说服力。其实,更确切地说,哈特的"最低限度自然法"并非是一套有关自然法的理论,甚至可以说,它基本上是一种与自

---

① 人的目的是生存,根据人性以及人类生存世界的事实的明显判断,就必须有某些行为规则,它们构成了一个社会的法律和道德的共同因素。这些规则,即哈特所说的"自然法的最低限度的内容"。他认为该理论包括了对人性和人类生存世界这种事实的五个简单判断或公理:(1)人的脆弱性。这个理由决定了法律对于暴力行为的否定。"如果人类一旦失去相互之间的脆弱性,法律和道德的一个典型规定——汝勿杀人就会消失"。(2)大体上的平等。人类之间虽然在体力、智力上会略有差异。但是这种差异性不会大到这种程度,"以至于没有合作还能较长时期的统治别人或使后者服从"。(3)有限的利他主义。人既不是天使,也不是魔鬼。人类是天使与魔鬼之间的生物,这就使规则得以存在的基础。人类并不是绝对的自私自利,而是对于他人的利益有着有限的关注。(4)有限的资源。资源的稀缺性要求对资源的利用进行分配。而分配则要求以对资源的占有为前提,因此所有权制度因此就有了其必要性。(5)有限的理解力和意志力。也就是说,人们的理性能够理解到制定法律的必要性,以便脱离霍布斯所言的战争的自然状态。人们能够了解到放弃部分自然权利(即霍布斯所言的对一切人和事物的权利)的必要性,以便从中能得到好处。他们知道通过克制自己而放弃与别人的斗争,走向和平、合作所能获得的利益的显著性。参见[英]哈特:《法律的概念》,许家馨、李冠宜译,法律出版社2006年版,第181页。

然法无关的理论。他的理论由"一个自然目的与五个自然事实"组成。而这些"自然事实"虽然其称呼中有"自然"一词,但和我们所主张的先验自然法没有直接与必然关系,其含义更多的是与物理性的大自然相关,其所说的"自然事实"也更多地是来自于对具体现实的总结。可见,无论是自然法学派还是概念法学派,如果想要把理论体系进行更进一步地完善,使其更具说服力与指导性,就无法排除对现实的关注与考量。

宪法未列举权利的推定,应考虑现实因素,将时代特征与权利可能实现的程度作为推理时必须考虑的原则。根据马克思主义的观点,作为上层建筑的法律最终受制于物质生活条件,这也是马克思辩证唯物主义和历史唯物主义在法学上的运用与体现。随着时代的发展和物质生活条件的变化,以及由之而来的权利主体需求的变化,在新的时代就会产生新的权利主张与诉求。这些新兴权利,对于随时代的变迁而有更丰富、更全面权利需求的人民来说,同样是维护和保障其人性尊严不可缺少的,因而在权利推理时,必须考虑时代变迁带来的新的权利诉求。比如,30年前,隐私还是一个与"阴暗"、"不正当"密切相关的词汇,而现在则成了人们理直气壮主张的权利。30年前,基于国际国内诸多现实因素的考量,我们强调"人定胜天",30年后,我们要对自然规律、对"天"保持足够的敬畏并对强调对自然和环境权进行保护。当然,在进行权利推理的时候,也要注意现实情况,注意权利实现的可能性与社会的承受力,应做到"宽严适度"①,否则无限制、不现实地扩张,最终可能会导致权利的"通货膨胀"乃至权利的"金融危机",并最终影响到权利自身的实现。

宪法未列举权利的推定,还要考虑物质条件。虽然在传统意义上,权利可以分为消极权利与积极权利,在宪法学理论上也主张既包括具消极防御特点的传统宪法权利,也包括具有积极保障特点的积极权利。但无论是积极权利还是消极权利,其实现都需要成本。积极权利要求国家或公权力要有所作为,要通过制定和实施规则来保障公民诸如社会保障和廉租房等权利。但这些权利无不有赖于政府投入大量的人力、物力和财力才有可能实现,都需要强有力的财政支持。虽然消极权利表面上要求"不侵犯"即可,但规范意义上的不侵犯不等于实际意义上的不侵犯,一旦受到干预和侵犯,就需要权力的介入以救济受损的权利,而公权力需要动用一定的人力、物力和财力,这都需要有国家

---

① 郭道辉:《论权利推理》,载《中国社会科学》1991年第4期。

102

财政的支持才能有效运转。因此,无论积极权利还是消极权利,[①]在进行宪法未列举权利推定时,仅仅有美好的愿望无助于权利的实现,无视现实而推定出种类繁多但无法有效实现的权利不仅不会对权利的实现有所助益,反而会让这些权利被"空壳化"与"虚置化",不仅影响被推定权利的实现,反而会因为权利的无法实现而影响到宪法的权威,进而对其他已列举权利的实现产生负面影响。

第三节　未列举权利推定的技艺

宪法规范是一种特殊的规范。一般而言,通常的法律规范由行为模式和法律后果两部分构成,前者要求行为主体要如何行为,后者则规定在行为主体未能按照行为模式的要求行事时要承担的不利后果。但宪法规范与之有所不同,如我国宪法中规定了公民的基本权利,但这更多的是权利宣示,并没有在宪法中直接规定违反了这些规定或侵犯了这些权利的当事人或组织应承担什么样的责任。我国宪法中也规定了国家机构,但很多地方并没有规定如果没有按照宪法设立这些机构或某些机构如果没有按照宪法行事会承担何种责任。违反宪法规范的法律后果,更多的是规定在相关的宪法性法律或部门法中,如《国籍法》《国旗法》及相关的刑事与民事法律等。不仅如此,由于我国宪法尚未实现所谓"司法化",司法机关不能在法律适用时直接依据宪法进行裁判,因此即便我国宪法规范中有"行为后果",也难以通过司法裁判来推定宪法未列举权利。

正是由于我国司法机关不能直接适用宪法,西方通过司法机关推定宪法未列举权利的方式在我国难以适用。同时,宪法缺乏对"行为后果"直接与明确的规定,也很难通过大前提—小前提—结论这样普通法律推理的方式来对宪法进行解释和推理,以获得推定权利。因此,推定宪法未列举权利时,更多的不是借用普通法律规范所惯用形式推理、实质推理等方法,而是借助广义的修辞进行推定。当然,在借鉴域外宪法未列举权利推定的经验时,我们应注意

---

①　[美]桑斯坦:《权利的成本——为什么自由依赖于税》,毕竞悦译,北京大学出版社 2004 年版,第 19~30 页。

到,在中国只能由立法机构进行,这与西方权利推定的机关为法院有所不同,但其推定的技艺与精神仍值得我们关注和研究。

一、比喻在法律适用中的意义

与立法权、立法机构和立法者相比较,司法权、法院和法官是较为"不幸"的。原因如下:其一,后者必须在限定的时间里给出解决纠纷的答案;其二,虽然后者在法定范围内也有一定的自由裁量权,但毕竟要受文本的限制,而且决不能以没有规范依据为由拒绝裁判。

这时,面对缺乏规范依据或规范自身表述不清而亟待作出裁判的难题,通过对裁量权进行修辞来解决纠纷就成为法官必不可少的技能。比喻不仅能够为法律概念提供一个生动或坚实的影像,还是一种现实的简洁模型,它可以用于强调或排除某个观点。像其他模型一样,比喻通过从其他领域借取某些术语、特定的表达来形象地刻画另外一个领域的现象,因此,比喻需要从一个领域跳跃至另一个领域进行理解。在更为基础的意义上,裁判行为原本就要求在不同领域间跳跃,从现实到规范,从情感到文本,从行为到规则。在此意义上看,所有的法律都具有修辞性,都以抽象的术语来分析解说和判定具体的纠纷。法官们在表述其观点的时候运用比喻来圆融这种具体和抽象之间的转换。[①] 通过将规则具象化,修辞能以一种令人易于接受的方式表达出法律确实就是一种客观存在,使得裁判的过程显得更加"客观"。因此,通过比喻,法律术语或思想就有了多维形式,其内容可以被延展、缩小、扩张或限定。

比喻不仅可以通过控制词义涵盖范围的大小来将抽象的规则适用于具体的现实,而且通过增加言辞的说服力和雄辩性,这种操作增强了裁判的可接受性。众所周知,法律的逻辑性是法律生命力的基石,有历史资料已经证明了数学曾经对西方法律文化所产生的巨大影响,西方法律文化中也体现了大量的数学理念,[②]而数学则是逻辑的典型体现。但是,法律推理和裁判的论证绝非依据简单的形式逻辑就具备了说服力、可接受性和正当性。在某种意义上,法律推理和论证的过程不是一个形式上证明的过程,而是一个论辩和说服的过

---

① Burr Henly, "Penumbra": The Roots of a Legal Metaphor, *Hastings Constitutional Law Quarterly*, Fall,1987.

② 何柏生:《法律与作为西方理性精神核心的数学理性》,载《法制与社会发展》2003年第 4 期。

程。论辩的目的在于让自己的观点具有更强的说服力和可接受性,进而让对方信服。[①]　在这个过程中,语言是重要的载体,而作为修辞之一的比喻,由于自身固有的易于衔接抽象规则与具体事件和事物的特性,是使得语言成为具有活力、生命力和说服力的工具。但是,比喻的短处也存在于其长处之中,从其他领域所借用而来的某些术语和某些特定的表达有时会有误导性。在本体和喻体之间具有相似性,正是这种相似性使得作为本体的法律或法学表述变得生动、形象,并由此增加了说服力。但本体和喻体之间也存在着相异性,在作者期待以相似性增加说服力的时候,其相异性往往会产生误导性,从而不利于作者意图的表达,甚至会起到相反的作用。某些汪洋恣肆的表达方式有时也会起到"旁逸斜出"的效果,冲淡了作者最期待表达的思想和观点。此外,比喻自身也颇引发人们的质疑和纷争,它究竟是人为的杜撰,还是原本就存在的东西,是一种实用主义下对"形而上学的放弃",还是彻头彻尾的"虚伪",就颇令人琢磨。

尽管如此,我们还是可以看到,某些修辞方法不仅是一项技术,而且可以用理论乃至智慧来形容,"半影"这种司法裁量权的修辞方式,就是其中之一。但是,正如"半影"比喻也有其得失一样,司法裁量权的修辞在通过精致的方式解决现实和具体纠纷的同时,也有其固有的弊端,因此,这种技艺的适用应审慎和克制,充分发挥其解放思想的功能,避免其禁锢和奴役思想的弊端。

二、作为喻体的"半影"

或许美国宪法中最重要和最令人迷惑的修辞就是道格拉斯(William Douglas)大法官在格里斯伍德案[②](以下简称格里斯伍德案)中所用的"半影"了。在该案多数意见书中,道格拉斯大法官借助"半影"(Penumbras)这一比喻,将第九修正案与第一、三、四、五修正案结合起来,推导出了受宪法保护的隐私权。这一判决引发了对隐私权和自诞生以来几乎从未被关注的第九修正

[①] 　［比］Ch. 佩雷尔曼:《法律与修辞学》,朱庆育译,载陈金钊、谢晖主编:《法律方法》(第二卷),山东人民出版社 2003 年版,第 146 页。

[②] 　Griswold v. Connecticut, 381 U. S. 484 (1965).

案的研究,①在这一判决中,虽然第九修正案对隐私权的产生起到了很大的作用,但隐私权的真正"催产婆"——"半影"理论却被忽略了。

(一)"半影"溯源

"Penumbras"一词本是与光学和天文学相关的词汇,是天文学家开普勒在 1604 年所创造的。② 但是与法学结合在一起,这个词被赋予了特殊的意涵,同时也使法学中一些复杂纠结的问题具有了一副颇为形象的面孔。这个词汇的词根 umbra 是拉丁文,英文含义是 the darkest part of a shadow,即阴影中最为阴暗的部分,此时光线完全被造成阴影的物体所遮蔽。而 penumbra 一词的前缀是拉丁文中的 paenes,英文含义为 almost、nearly,汉语为"几乎"的意思。将两者结合起来,该词的含义是指由于光源被部分遮挡住,因而阴影只是半明半暗。此外,它还指在某一领域中,某些事物以一种较低程度或不确定程度的存在。③ 在中文文献中,该词有"月晕"与"半影"、"阴影区域"、"灰色地带"等诸种表达方式,基于其表述的准确性与习惯,本书称之为"半影"。

使"半影"一词名声大噪的是发生在 1965 年著名的格里斯伍德案,但在此之前,它其实已经出现在法学理论与实践的相关文献中了。通过对电子文献的查询,可以发现:在联邦法院,从 1871 年到 1965 年格里斯伍德案一共被用了 36 次,在巡回法院用了 38 次,在最高法院用了 23 次。在这 97 次里面有 46 次是从其他资料中引用的。在 51 次原初意义上的使用中,有 26 次是由小霍姆斯(O. W. Holmes. Jr)、汉德(Hand)、卡多佐(Cardozo)和道格拉斯四位法官所适用。④ 最早将这个词汇用于法学的是大法官小霍姆斯,他在 1891 年发表于哈佛大学法律评论的关于代理这一法律问题的文章中使用了这个词

---

① 通过以第九修正案和未列举权利为题目在 lexis 和 heinonline 数据库所收集到的文献可知:对美国宪法第九修正案研究的第一个高潮在 20 世纪 80 年代末 90 年代初;第二个高潮体现在 1996—2000 年度陆续发表在芝加哥肯特学院几期专刊的二十余篇关于第九修正案的文章中;第三个高潮体现在 2006 年度宾州大学宪法学期刊对第九修正案的集中研究中。

② Henry T. Greely, A Footnote to "Penumbra" in Griswold v. Connecticut, *Constitutional Commentary*, Vol. 6, 1989.

③ The Oxford Eglish Dictionary 660(1933),转引自 Henry T. Greely, A Footnote to "Penumbra" in Griswold v. Connecticut, *Constitutional Commentary*, Vol. 6, 1989.

④ Henry T. Greely, A Footnote to "Penumbra" in Griswold v. Connecticut, *Constitutional Commentary*, Vol. 6, 1989.

汇。[①] 他认为,很多案件都在"代理人的行为即被代理人的行为"这一思想的"半影"内,应在这一理念指导下解决。在实务方面中,"半影"一词最早出现在纽约地区法院在 Lambert Pharmacal Co. v. Bolton Chemical Corporation[②] 一案的判决中。在该案中,原告是"Listerine"产品的生产者,被告是"Listo-gen"产品的生产者,原告以被告侵犯其商号为名要求禁止被告使用"Listo-gen"的名称,法院在对两个产品的发音进行了相当精致的语音学分析之后,指出后者的发音在前者的"半影"内,容易给消费者造成混淆,因此法院支持了原告的诉讼请求。

(二)"半影"与文义射程

将"半影"一词用于单词、句子乃至某些理论与思想的时候,意味着这些单词、句子、理论与思想不再是一种具有严格界限的东西,意味着它们固然有自己的边界,但这个边界不是黑白分明、非此即彼、全有或全无(all or nothing)的。因此它们是具有弹性与模糊区域,具有或多或少(more or less)、不同程度的表达。也就是说,任何一个单词、句子、理论和思想,它所能包含的意义有其核心区域,也有其模糊区域,但只要属于它的文义射程之内,都能为其所包容和囊括。但这种射程的远近、模糊区域的大小,并非如自然科学所要求的那样精确无误,而是受表达方式、语境、体系、场景等因素的影响。这意味着,某一表达的阴影区域的范围是可以协商的,可以通过沟通和商谈在不同主体间形成交叠共识的方式获得认定。

三、"半影"比喻的得失

(一)隐私权——"半影"之得

"半影"对于人权保障的成就始于并集中体现在对隐私权的"催产"与促成上。众所周知,尽管接生婆对于婴儿的出生非常重要,但如果没有母亲对胎儿的孕育,接生婆对婴儿出生的帮助则无从谈起。与之相似,任何东西都不会凭空产生,尽管"半影"理论促成了隐私权"出生",有了今日世界范围内对隐私权的普遍认同、肯定和接受,但如果没有之前对隐私权的从理论与实践方面的主张和论述,隐私权就成了无源之水和无本之木。

隐私权在著名的格里斯伍德案之后成为一种公民享有的宪法权利,但关

---

① O. W. Holmes, Jr., "Agency", *Harvard Law Review*, 1891, 8, (4) p. 351.

② 219 F. 325; 1915 U. S. Dist.

于隐私权的讨论,该案既不是终点,更不是起点。波士顿的律师沃伦(Samuel D. Warren)和布兰戴斯(Louis D. Brandeis,后来他成了联邦最高法院的大法官)于 1890 年在《哈佛大学法律评论》第 5 期上发表了题为"隐私权"的文章。在这篇雄文里,沃伦和布兰戴斯呼吁美国法学接受这一新兴的权利,并认为"政治、社会和经济的变化使得对这种新权利的承认十分必要","恒久保持青春的普通法,需要成长以满足社会的需要"。①

早已存在的"半影"技术与同样甚至更早已经存在的学理上的隐私权原本好像并不相关,各自沿着自己的轨道行走。直到有一天,一个著名的宪法判例将它们联系在一起,由此产生了受宪法保护的隐私权。这就是著名的格里斯伍德案。该案的案情已经众所周知:康涅狄格州法律禁止避孕,同时禁止任何使用任何药物或用具避孕,违者将处以至少 50 美元罚款或 60 天到一年的监禁。此外,为避孕提供帮助或建议的人,也将被当作主犯处理。一名医生和耶鲁大学的医学教授,因向已婚夫妻提供避孕的信息、指导和医学建议,为妇女进行体检并向她们发放避孕器具和药物,而各被罚款 100 美元。被告上诉至州上诉法院,州上诉法院维持了原判。败诉者最终上诉到了联邦最高法院,宣称康州法律违反了第十四修正案的正当程序条款。联邦最高法院以 7∶2 认定州的法律侵犯公民的隐私权而无效。②

道格拉斯大法官在其主笔的多数意见中这样写道:"根据以往判例,《权利法案》的具体保障具有一系列半影;它们来自那些赋予自身内容和生命力的保障。不同保障创造了隐私区域(zone of privacy)。我们已经看到第一修正案的半影所包含的结社权利。第三修正案禁止和平时期士兵在未得到房主同意的情况下进驻'任何房屋',这也是隐私权的另一个表现。第四修正案明确规定'人民的人身、住宅、文件和财产不受无理搜查和扣押的权利,不得侵犯'。第五修正案自证其罪条款使得公民能够创制出隐私地带,政府不得强制其受到侵害。第九修正案则规定'本宪法对某些权利的列举,不得被解释为否定或轻视由人民保留的其他权利'。"③"本案涉及的关系处于数项基本宪法保障所创造的隐私区域内。禁止避孕用具的使用是和婚姻关系的隐私观念相抵触

---

① Samuel D. Warren, Louis D. Brandeis, "The Right to Privacy", *Harvard Law Review*, 1890 (5), p. 193.

② Griswold v. Connecticut, 381 U. S. 479 (1965).

③ Griswold v. Connecticut, 381 U. S. 479 (1965).

的。我们所面对的,乃是比《权利法案》更古老的隐私权利,婚姻是近乎神圣的亲密结合。这种结合促进了生活方式的和谐和相互忠诚……和我们先前所决定的任何目的相比,它的目的都同样高贵。"①

在协同意见书中,金伯格(Goldberg)大法官认为无论从既往联邦最高法院的判决来看,还是从第九修正案的文本与历史来看,第十四修正案"正当程序"条款中提及的"自由"的概念包括但不限于《权利法案》中的权利。他认为自己的结论既受到诸多的联邦最高法院的判决支持,也受到第九修正案的文本与历史的支持。② 相对于金伯格大法官较明朗的认为第九修正案包含有隐私权的观点,道格拉斯大法官的表述颇具暧昧,③在第九修正案是对第一、三、四、五修正案所列举的"半影"下的隐私区域的概括和统合,还是第九修正案和它们一起共同构成了隐私权的"半影"这个问题上,则语焉不详。但一般认为,是这些修正案的"合力"构成了隐私权的"半影"。④ 自此,被认为比《权利法案》更为悠久的隐私权在"半影"理论的润泽下,在宪法文本的支持下破茧而出,成为一项重要的、在世界范围内受到肯认和尊重的宪法权利。而自1791年的12月被批准后沉默了174年的第九修正案也在格里斯伍德案后获得"重生",以一种闪亮乃至惊艳的姿态重新登场了。⑤

虽然"半影"这一理论工具曾在多种情形下被应用,但它最大的历史功绩在于它对隐私权的促成,这应该是它在人权保障方面最大之"得"。但这种"得",并非由于"半影"自身有多少对人权保护的直接功效,这种"得"更像是一种"妙手偶得"。"半影"这一理论工具更体现在"妙"字上,这是因为:妙手偶得不是凭空得到某种好的事物,之所以能得到,是因为在此之前已经有过充分的

---

① Griswold v. Connecticut,381 U. S. 484 (1965).参见张千帆:《西方宪政体系·美国宪法》,法律出版社2000年版,第492~501页。

② 381 U. S. 485(1965).

③ 因为道格拉斯大法官对于为隐私权是由宪法第九修正案(即人民保留的权利)推出,还是对联邦最高法院提出的"权利法案半影理论"以推导出隐私权保障之推论未置可否。

④ Cameron S. Matheson,"The Once and Future Ninth Amendment",*B. C. L. Rev*,1996,38,p.189.

⑤ 在1965年之前只有几次案件涉及第九修正案,但法院没有一次对该修正案进行明确解释。在1833年的Lessee of Livingston v. Moore案中,联邦最高法院认定第九修正案不能适用于州。参见*32 U. S. (7 Pet.)*,*at* 552.

积累和酝酿。就隐私权而言，正如前文曾提到的，在 18 世纪的司法判决中已经有数次涉及了，尽管这只是在案件中旁逸斜出地涉及，因此并不意味着隐私权的实证化，但至少说明了有些法官们对它是肯定的。而沃伦和布兰戴斯对隐私权具有说服力的论证及之后学界的探索，更是为隐私权的学理依据奠定了坚实的基础。这些积累和酝酿，遇到了格里斯伍德案这一勃发的契机，处于"万事俱备只欠东风"的状态，而此时"半影"则充当了"东风"的角色，通过它的衔接和融合，使得天时（隐私权的理论与实践储备）、地利（民权与女权的勃兴）及人和（沃伦法院时期法律能动主义的高涨）三者皆备，从而使隐私权自然而然地成为宪法保护的个人权利。

（二）论证与机会成本——"半影"之失

汉语中有"有得必有失"之说，对应的英谚为 win some, lose some。将这一谚语用到"半影"理论对人权保障的影响上，颇为适切。

1. 论证之"失"

尽管格里斯伍德案的最终判决结果使得作为人权和宪法基本权利的隐私权获得认可，并以此为基础获得更多地区学界和实务界的认可，但"半影"理论在这一权利产生过程中的论证并非无懈可击——如果不是破绽太多的话。虽然道格拉斯大法官主笔的多数意见一如既往地声情并茂、富于感染力，但他的论述其实颇为暧昧不清。尽管学界认同隐私权是由第九修正案和第一、三、四、五修正案集体所形成的合力而生成，但对于第九修正案是对第一、三、四、五修正案所列举的"半影"下的隐私区域的概括和统合还是第九修正案和它们一起共同构成"半影"而形成了隐私权则语焉不详。

另外，这个判决只引用了第九修正案的文本，而第九修正案是颇具有兜底色彩的"未列举权利"条款，它规定："本宪法对某些权利的列举，不得被解释为否定或轻视由人民保留的其他权利。"但该判决并没有解释在第九修正案下"其他权利"中，到底是什么权利帮助构成了被承认的隐私地带。而且，法院没有解释或陈述关于第九修正案的任何事情，其文本有待于进一步解释。学者施密特（Christopher J. Schmidt）认为没有任何解释的原因是法院给不出解释。①

---

① Christopher J. Schmidt, "Revitalizing the Quiet Ninth Amendment: Determining Unenumerated Rights and Eliminating Substantive Due Process", *U. Balt. L. Rev.*, 2003, 32, p.179.

"半影"本身意味着有些区域是半明半暗、不甚清晰,因此可以进行不同视角的解读,并为某些论断的圆融化留下余地和空间。但格里斯伍德案的判决意见似乎将这个理论用到了极致以至有滥用到缺乏说服力的程度。该案判决书不是将"半影"用到宪法条文中的某个词语上,而是用到规范条文本身上。按照该案判决书所言,《权利法案》的具体权利保障共同创造了阴影区域,在此基础上,道格拉斯大法官结合第一、三、四、五、九修正案进行论述,意在指出这几条修正案与隐私权的关联。就第一修正案而言,它规定国会不得制定关于下列事项的法律:确立国教或禁止信教自由;剥夺言论自由或出版自由;或剥夺人民和平集会和向政府请愿申冤的权利。作者指出该条修正案的半影中包含有结社权,但没有谈它与隐私权的关联,似乎是想以第一修正案本身没有明文规定结社权但可以从其规定中推导出结社权这一现象为隐私权的产生做铺垫。第三修正案规定未经房主同意,士兵平时不得驻扎在任何住宅;除依法律规定的方式,战时也不得驻扎。第四修正案规定人民的人身、住宅、文件和财产不受无理搜查和扣押的权利,不得侵犯。这两条修正案的"原意"为何,如何确定其阴影区域以及这个阴影区域与隐私权的关系,作者都语焉不详,将其视为自明之理。至于如何通过"半影"理论将第五修正案规定的任何人不得在刑事案件中被迫自证其罪的规定与隐私权衔接起来,难度更甚于前者,但作者都是一笔带过,不过多解释。或许,不进行详细解释的原因在于难以解释。

包括学界和实务界的公众接受这一判决的主要原因恐怕是因为这是联邦最高法院作出的判决,无论从宪政结构还是心理上都应服从和接受(因为是大法官作出的,所以是对的);再有就是它符合并满足了公众和社会的需求,因为从公众心理的角度来看,增加某项个人的权利总是让人乐于接受的,同时它也迎合了当时民权运动与女权运动的时代需求。因此,由于该案判决的结论为公众认可和接受,公众容忍了它论证中的诸多缺陷与不足。但作为一项宪法权利的创设和对宪法文本的解释,除了公众在事实上的接受外,也需要从学理和论证上达到以理服人——尤其是法律职业者群体——并使其接受的程度,但格里斯伍德案的说理恐怕离这个程度尚有相当的距离。

2.高昂的机会成本

机会成本是经济学中的一个术语,它意味着在做某一件事情的时候,会丧失同时做另一件事情的机会。在运用"半影"理论推导出隐私权的同时,这一推理也付出了其高昂的机会成本——将第九修正案独立地作为隐私权及其他宪法未列举权利来源之规范依据的机会。

从第九修正案文本自身来看,它意味着除了《权利法案》中前八条修正案中规定的具体宪法权利外,那些没有列举出来、但宪法也应保护的权利享有与前八条修正案中的权利同等地位。这在确定了第九修正案及整个美国宪法的自然法背景外,也给如何确定、填充这些未列举权利的空间提出了难题。

第九修正案体现了洛克的关于人民保留权利的主张,人民保留权利思想的意涵应从以下两方面来理解:其一是人民保留的权利是对人们在市民社会中享有的个人权利自然本性的承认;其二是人民保留权利意味着对合法政府限制公民自由的权威的限制。第九修正案正是关于这种自由及其与合法政府行为关系的条款。正如加尔文·马西(Calvin R. Massey)教授所说,美国的开国者们在很大程度上满怀着洛克的思想,因为他"力图设计一种制度来让个人既能避免社会混乱无序,又不必交出所有的个人权利"。[1] 但第九修正案背后的纠葛和它自身意涵的确认却绝非只是理解洛克思想对美国制宪者的影响这么简单。包括第九修正案在内的《权利法案》是联邦党人与反联邦党人斗争与妥协的产物,联邦主义的"核心问题就是赞成强化'联邦'或者总体权威",优先考量"联邦"的整体利益。要建设一个真正的国家,一个"更完善的联盟",以"能够抵抗外来力量,可以自己维持下去而内部不致腐化"。[2] 反联邦党人则更强调州是个人自由的自然家园,强调州与地方政府的自治。[3] 他们担心一个过于强大的联邦对地方自治和平等、自由生活的威胁,要求将州与人民的权利专门列出,以宪法的形式进行保障,防止强大的联邦政府的干预。因此他们强调在宪法中增加《权利法案》,在联邦宪法规范中对州和人民所享有的列举和未列举的权利进行保护。正是由于这些历史包袱,使得第九修正案在历史

---

[1]　Mark C. Niles, "Ninth Amendment Adjudication: An Alternative to Substantive Due Process Analysis of Personal Autonomy Rights", *Ucla L. Rev.*, 2000, 48, p. 85.

[2]　[美]汉密尔顿等:《联邦党人文集》,程逢如等译,商务印书馆 1980 年版,第 43～44 页。

[3]　[美]赫伯特·J. 斯托林:《反联邦党人赞成什么》,汪庆华译,北京大学出版社 2006 年版,第 25 页。

上或者被有意无意地长期忽视和尽量不予适用。①

而格里斯伍德案引发了对第九修正案解释的根本性转变,虽然在道格拉斯大法官主笔的多数意见里,第九修正案需要借助其他修正案,需要借助"半影"这一理论工具,但毕竟开始作为个人对抗包括联邦与州政府的权利来源了。但不知是法律人的保守性还是基于其他的考量,大法官们的步伐似乎走得过于踏实而拘谨。既然他们敢于偏离所谓立法者的意图满足现实社会的权利需求,为什么却采用了"半影"理论而不是将第九修正案独立作为未列举宪法权利的规范依据呢?这一判决实际上拘束和限制了对该规范进一步的理解,也排挤了将来未列举的新兴权利的存在空间。这是因为,如果直接将第九修正案独立作为隐私权的规范依据的话,由于第九修正案文本的开放性,自然会为将来可能产生的新兴权利留下空间,只要是前八条修正案没有规定但其对于人性尊严必不可缺、其重要性达到了需要宪法保护的程度,都可基于第九修正案予以肯定和保护。而借助"半影"理论,以暧昧的推理和论证,使第九修正案和其他修正案结合并令其居于辅助地位,对具有相当历史和理论依据、当时社会有迫切需要的隐私权进行保护,实际上使得它和半影理论沦为"实质正当程序"的翻版,②在"矮化"第九修正案的同时为新兴权利加入"宪法权利俱乐部"人为设置了障碍。可以设想,如果再借助"半影"理论,将第九修正案与其他宪法规范结合以确认和保护新兴权利,这种做法的说服力会大为降低,并使第九修正案彻底沦为"万金油"。因此,让未列举权利条款自身成为未列举权利的唯一裁判依据,这是第九修正案文本自身的要求,③也是今后适应权利发展的需要。

---

① 据统计,在 19 世纪有四个案件牵涉将第九修正案作为个人权利主张的规范依据,分别是 *United States v. Robins*,27 Fed. Cas. 825,no. 16,175 D. S. C. (1799),*Huston v. Moore*,18 U. S. 1 (1820),*Holmes v. Jennison*,39 U. S. 14 Pet. 540 540 (1840),*Roosevelt v. Meyer*,68 U. S. 512 (1863).但其中两个案件法官根本没有提及第九修正案,另两个则将第九修正案视为限制联邦权力的规范而不支持当事人的权利诉求。

② [美]诺曼·维拉:《宪法公民权》(第三版英文影印本),法律出版社 1999 年版,第 11~12 页。"实质正当程序"由于曾被用来否决"新政"期间对公民社会权利保障的法律而名誉不佳,或许考虑到这一元素,道格拉斯大法官借助了"半影"这一修辞。

③ Christopher J. Schmidt,"Revitalizing the Quiet Ninth Amendment: Determining Unenumerated Rights and Eliminating Substantive Due Process",*U. Balt. L. Rev.*,2003,32,p.180.

四、适用法律比喻的原则

通过借助比喻这种修辞方式对第九修正案进行解读,大法官们"发现"了隐私权。虽然这种解读有得有失,但毕竟在事实和规范上扩大了公民所享有人权的范围。不过,正如卡多佐大法官说的那样,在法律中运用比喻必须要审慎。语言和修辞具有两面性,好的语言和修辞能够有利于言说者表达的内容和观点与听众自身固有的或所接受的深层次的思想贴近,进而有利于自己的观点被接纳。以霍姆斯大法官为例,他之所以被永远铭记、尊敬,他的观点也一直被引用,除了他的思想和个人形象外,很大程度上是因为他对语言和修辞的掌控达到了炉火纯青的程度。言辞总是有意无意地影响信仰,深思熟虑推敲而来的言辞和比喻具有说服力,反之则不然。① 比喻有其固有的不严谨之处,比喻存在的理由在于让一个抽象或不容易理解的事物形象化,其运作的方式体现在通过形象化地强调两个不同事物之间的某种共性,让人们基于对简单事物的理解和掌握而产生对复杂事物的认知。而世界上本来没有完全相同的两个事物,如果比喻不当,很容易让两个事物之间的共性没有彰显,差异却凸显出来,进而无法达到以简单表达复杂、以具体承载抽象的目的。

在法学和法律中,运用比喻和其他修辞的目的在于让论辩更具说服力,让法律推理和论证更为合理,让论点更具可接受性。如果不是在这个意义上运用比喻,则很容易把比喻这种修辞方式固有的缺陷放大,进而妨碍法律推理和论证目的的达成。因此,在法律推理过程中运用比喻时,至少应考量(但不限于)以下原则:

(一)历史与传统

作为法律论辩的内容与环节,法律中比喻的运用要服从于说服这一目的,而这要求法律推理与论辩过程运用比喻时要注意历史与传统,因为某个事物自身的长期存在在一定程度上就是证明其正当的证据。割裂了历史与传统的法律论辩和比喻,会同时由于在传承方面的不力而削弱论辩的说服力和自身存在的意义。

从普通法系的特点来看,判例法的特点在于"往回看",即通过对既往案件的归纳和对当前案件的"识别",求诸历史与传统来解决当下的问题。其实,

---

① Henry T. Greely, A Footnote to "Penumbra" in Griswold v. Connecticut, *Constitutional Commentary*, Vol. 6, 1989.

"往回看"的方式同样也体现在大陆法系中,只是没有普通法系表现得如此明了和典型而已。因为不管普通法系还是大陆法系,法都是存在于历史之"中"的,昨天与今天之间不存在明确的界限,法的历时性与共时性也可以打通。我们所学习和研究的以往的法律,并非是死掉的过去,而是在某种意义上目前依然活着的过去,我们所研究的既往规则和案例也不仅仅是事件,而是"历程",事件有始有末,但历程则无始无末而只有转化。今天由昨天而来,今天里面就包含着明天,而昨天里面又复有前天。过去的历史今天依然存在,它并没有死去。① 因此,历史在照亮昔日的同时也照亮了今天,而在照亮了今天之际又照亮了未来。诸多法律的名目都只有在历史之光的照耀下才能理解,它们都是从历史中获得促进力且必定会影响它们此后的发展。② 历史之于法学的意义,甚至可以称得上"一页历史就抵得上一卷逻辑"③。此外,历史和传统是历经延传而持久存在或一再出现的东西。从行为规则的角度看,现代生活尽管充满了变化,但大部分仍处在与那些从过去继承而来的规则相一致的、持久的制度中;从心理与意识的角度看,那些用来评判世界的信仰也是世代相传遗产的一部分。④ 更重要的是,经由历史的筛选而形成的传统不仅具有事实性和描述性,更多的具有规范性特征,也就是说,要求人们如何行为,如"吃一堑长一智"、"亡羊补牢"等。这些传统具有要求人们"应该"如何行为的意涵。在司法中运用修辞,如果能够很好地借助历史和传统,不仅能够在形式上因为它长时间存在于人们的记忆中而具有说服力,而且其实质上的规范性也能让受众更易于接受,甚至自然和"本能"地接受。因此,在进行法律论辩与推理的过程中运用修辞,应将其与历史和传统进行有效的对接。

就"半影"而言,道格拉斯大法官以"半影"比喻解释第 1 条修正案、第 3 条修正案、第 4 条修正案所规定的宪法基本权利的边缘部分,进而将隐私权通过形象化处理而催生之时,恰当地借助了对基本权利推导的历史因素。将凝聚

---

① 金敏:《让以往哑的和当前聋的能开口和听见》,载林来梵主编:《法律与人文》,法律出版社 2007 年版,第 388 页。

② [美]本杰明·卡多佐:《司法过程的性质》,苏力译,商务印书馆 2000 年版,第 31～32 页。

③ Oliver Wendell Holmes, Jr.. N. Y. Trust Co V. Eisner. 256 U. S. 345,349. (1921).

④ [美]爱德华·希尔斯:《论传统》,傅铿、吕乐译,上海世纪出版集团 2009 年版,第 2 页。

在美国《联邦宪法》中洛克的自然法和自然权利传统与凝结反联邦党人和联邦党人之争的《权利法案》文本结合起来。在进行法律论辩和权利推理时不仅仅描述法的发展，尤其解释和强调历史上的法和当下的现实之间的联系。让体现在《独立宣言》、《权利法案》等法律历史文献中的价值观在新的时代焕发活力和生机。

(二)现实与社会

法律和法学要关注历史，做好传承，但它针对的终究是"当下"，针对的是包含着"昨天"的"今天"。即便当前的法律规范采用的是"旧"的形式和"旧"的文本，其所面对的仍然是"新"的内容和"新"的现实，因此在运用法律文本、解释法律规范之时，需要考虑当下的法律体系的目的和当下社会现实的需要。法律确实如萨维尼所说的是一种历史的衍生物，但它同时也是一种有意识和有目的生成物，①法律的制定者和适用者需要基于现实和社会的需求有针对性地面对法律。同时，在满足社会需求这一目标时，还要考虑既有的规范、解释、社会环境是否能够满足这一目标，以使得法律的制定和运行具有可行性和可接受性。

在格里斯伍德案中，道格拉斯大法官基于对权利保障这一立法目的的把握，结合当时人民权利意识高涨的需求和社会安定发展的需要，借助"半影"这一暗喻，把第一、三、四、五修正案中文字的"射程"进行延伸，进而把隐私权也包容于其中。在这一过程中，最高法院既考虑到时代的需求，也考虑到满足这些需求的可能性。就时代需求而言，在格里斯伍德案所处的年代，民权运动如火如荼。在50年代，联邦最高法院就对布朗诉教育部案作出判决，认定白人学校和黑人学校在硬件设施方面存在事实上的不平等，而这已违反了《联邦宪法》第十四修正案保障的"同等保护权"。该案对当时的政治运动有着非常重要的影响，它不仅开启了接下来数年的废止种族隔离运动，也为争取黑人权利的美国的民权运动提供助力。并最终使得《民权法案》通过，为广大黑人赢得了包括劳动、受教育享用公共膳宿处(public accommodation)等各方面的平等权。与黑人一样同处于弱势地位的女性把为自己权利抗争的事业和黑人解放运动有机结合起来，女权运动也因而达到了一个高峰，并导致《平权法案》的产生。就法院自身而言，当时正处注重保护个人权利、主张"司法能动"的沃伦法

---

① 〔美〕本杰明·卡多佐:《司法过程的性质》，苏力译，商务印书馆2000年版，第65页。

院时期。以首席大法官沃伦为代表的自由派(开明派)大法官们所主导的联邦最高法院,与既往的司法克制传统保持了距离,将联邦最高法院定位于"正义之源"的"衡平法院",将大法官定位于肩负维护社会公平与正义的"衡平法官",以"最适宜未来社会发展"的态度审判案件。因此,沃伦法院被认为是仅次于马歇尔法院(1801—1835)的第二具有创造力的联邦最高法院。[①]

(三)近景与远景

正如昨天和今天、历史和当前之间不存在明确的界限一样,事物的发展方向和个人或组织的近期目标和远期目标之间也不存在一个截然分明的界限。但是,也正如同在人们的认知和判断上能够分清昨天和今天一样,人们也能在直觉和现实意义上分清近景与远景。就立法和司法而言,在尊重历史和现实,把握社会需求的前提下,把近期目标和远期目标有效结合起来,这也是非常重要的任务。一般而言,如果能得到近期与远期效果综合后的最大效用,可以说这个行为是最为公平和理性的行为。但这两种效果如何计量——即便是定性计量——都是一个困难的问题。此外,还要考虑评价一个效果的情境,以"杀鸡取卵"为例,众所周知,把鸡保留下来,进行"鸡生蛋、蛋生鸡"的循环,从长远来看是最能实现效用最大化,但如果当事人饥寒交迫,如果不杀鸡取卵甚至连鸡一起吃掉,可能会饥寒而死,之后的大规模的鸡和蛋对他来说显然没有了任何意义。因此,必须要基于现实情境考虑在近期与远期效果之间进行平衡。就格里斯伍德案而言,最高法院深刻理解并积极参与了民权运动,通过司法能动并借助对法律文本进行修辞化的处理,"创造"出了隐私权这种基本权利,迎合了社会发展的趋势并满足了社会需求。只是在创设新权利的过程中,执笔多数意见的道格拉斯大法官似乎可以处理得更富技巧:他可以迎合社会需要,通过运用"半影"这种修辞方式创设新权利,通过这种方式满足当下需求,但也可以在避免"半影"和第九修正案沦为前文所说的"万金油"的同时,为将来新权利的存在留下足够的空间。而他所要做的是,在对第一、三、四、五修正案的"半影"部分进行推导时,不涉及对第九修正案及其"半影"的论述。

当然,大法官们能以审慎以致暧昧的表达走出麦迪逊的阴影,以现实主义的态度借助"半影"理论和第九修正案的文本推理出隐私权,已经很值得肯定了。要求大法官们以一种较为积极的方式进行权利推理也不甚符合大法官这

---

① 白雪峰:《美国沃伦法院述评》,载《南京大学学报》(哲学·人文科学·社会科学版)2005年第4期。

一保守的职业特点和司法权相对于立法权和行政权的消极特征。但是,他们毕竟错过了将第九修正案独立作为宪法未列举权利来源的机遇,而很多机遇一旦丧失,很难再现。这是因为,使第九修正案能够独立地成为宪法权利的规范依据,需要有类似格里斯伍德这样的具有突破性的案件作为契机。而这样的案件不是凭空发生的,它有产生的特定历史、社会和法律背景,而且,它深深地"嵌入"这些背景中,舍弃这些天时、地利与人和,即便有这样的权利诉求也很难有格里斯伍德案这样的案件进入到联邦最高法院。而类似的情形至少短期内难以复制。这是因为,格里斯伍德案发生于民权运动、女权主义兴盛时期,该案与此相关,其权利诉求赶上了"好时机"。再者,隐私权的权利主张历史较为悠久,在之前的司法判决中作为普通法上的权利也有所提及。而在当前社会,尽管有很多随着社会发展而主张的新兴权利的诉求,但可以与具有如此历史和影响力的诉求相提并论的主张似乎短期内很难找到。最后,格里斯伍德案发生在注重保护个人权利、主张"司法能动"的沃伦法院时期,而这样的法院和这样的大法官们的组合短期内也很难重现了。

五、结 论

无论在法律辩论,还是在权利推理过程中,甚至在整个法律体系的运作过程中,修辞超出了法律人的一般认知,起到了其他法律技术无法取代的作用。因此,波斯纳认为,如果把强调彻底的逻辑运用当作所有说服方法中的一端,那么在另一端的就是狭义的修辞,在这两个极端之间,存在着取得合理裁判结果的各种方法。这些方法和理念都属于实践理性的范围,亦即亚里士多德所说的广义修辞的范围。[①]

就"半影"而言,作为一种修辞方式,它在宪法解释和权利推理过程中被适用的状况虽然难称"严格与准确",对于作为宪法未列举权利的隐私权的证成存在着说服力不足的情况,同时堵塞了对第九修正案的开放式理解进而挤占了其他新兴宪法权利的空间。但是,它毕竟"迫使读者注意,并且让他震惊重新思考自己对宪法的直觉",[②]并经由它以判例的方式确定了隐私权的规范依

---

① [美]理查德·A. 波斯纳:《法律与文学》,李国庆译,中国政法大学出版社 2002 年版,第 361 页。

② [美]理查德·A. 波斯纳:《法律与文学》,李国庆译,中国政法大学出版社 2002 年版,第 361 页。

据,就这一点而言,它对于人权保障的全面化和丰富化功不可没。

"半影"在司法中的运用以及它对于隐私权的催生,体现了修辞对于司法和人权保障的积极作用。但是,它在美国司法实践中的成效对中国也颇有启示意义:首先,无论中西,通过修辞弥补对文本的逻辑推理之不足,都是司法过程中重要的技艺,它不仅有助于达成裁判的目的,而且能够以一种有说服力的方式达成——或者说,修辞本身就是一种对裁判结果进行正当化的方式;其次,在运用修辞时,要结合既有文本,同时考量历史与传统、现实与社会、近景与远景,以期能够达成一个有效而合理地衔接过去与现在,既能满足现实需求,又有利于社会长期发展的开放性裁判。

第五章

转型期中国宪法未列举权利的推定内容

第一节 转型期的宪法未列举权利诉求

我国目前正处于急剧的社会转型时期,尽管对社会转型有不同的理解,但从整个社会来看,主要包括以下方面的转型:首先,是经济方面的转型。我国经济的发展经历了从严格控制、部分放开到全面放开这一转型过程。其对应的经济与生产方式分别是计划经济、"鸟笼经济"(有计划的商品经济)和市场经济。经济方面的转型不仅意味着由市场对资源配置起到基础性作用,还意味着经济增长方式的改变,强调经济发展的可持续性、集约性、低碳性、技术创新性和"共同富裕"。其次,是社会的转型。随着工业化的进行,我国在工业发展、融入全球经济的同时,也紧随全球化的步伐,步入了风险社会的时代。在风险社会中,人们面临超出人们感知能力的不测风险,包括放射性、空气、水和食物等可能引发的危险和动植物与人类行为引发的各种类型的风险。由于人们的社会地位和经济地位的不同,人们处于不同的风险地位,但只要处在人类文明社会中,总有一些风险是无法排除和必须面对的。① 在当前时期,尤其是恐怖主义、生态危机和经济危机,是人类社会所面临的最大风险。② 再次,在

---

① [德]乌尔里希·贝克:《风险社会》,何博闻译,译林出版社 2004 年版,第 20~23 页。

② [德]乌尔里希·贝克:《"9·11"事件后的全球风险社会》,载《马克思主义与现实》2004 年第 2 期。

法律制度与理念方面,是由前法治国家向法治国家、全能政府向责任政府的转型,是法律理念由义务本位向权利本位的转型。随着 1999 年宪法修正案将"依法治国、建设社会主义法治国家"写入宪法,我国的治国方略开始转型,法律成为治理国家最重要的依据,法治上升为国家层面的共识。而法治意味着政府要依法行事,由全权控制转向责任政府,在法治的框架内担负起对公民的责任。与此同时,法治的制度性前提——善法——意味着整个法律体系的基本前提转向对公民权利的强调,公民权利成为法律的本位。最后,在意识形态与价值观方面,由经济发展为主导向以人为本转型。在改革开放后我国在经济方面迅速发展的过程中,我们的技术与经济享受到了"后发优势",[①]但在旧有制度与理念下技术与经济跨代际的飞速发展使得我们忽略了制度与文化建设,原有框架内的经济发展使得我们误认为它们无需改进,因此使得我们的制度与理念处于一种"后发劣势"[②]的状态。随着工业化和市场化的初步完成,旧有制度与理念的弊端日益凸显,本应作为法律目的依归的人,在某种意义上沦为经济发展的手段。因此,将"三个代表"和"人权条款"以宪法条文的形式予以规定,意味着在意识形态和价值观方面,开始将人作为根本,而"人性尊严"则是以人为本的宪法学表达。

中国自身深厚而复杂的法律文化背景使得我国包括宪法权利在内的权利理论与实践定位颇有难度,而转型期这一特殊的历史时期和社会背景又进一步增加了这种难度和复杂性。尽管对当前中国转型期的权利理论与实践从不同的视角与立场有不同的分析和观点,但结合前述笔者的视角与认识及转型期特点,笔者认为向市场经济转型、风险社会的产生、责任政府的职责与向"以人为本"执政理念的转变都对宪法未列举权利产生了新的要求。市场经济自身的逻辑决定了它会随着经济的发展对某些权利产生需求,否则会影响到经济的有序和可持续发展。就宪法未列举权利的推定而言,向市场经济的转型意味着我们需要针对市场经济运行中产生的宪法权利理论予以丰实,对其中宪法未列举权利的要求要正视、关注,并借助宪法解释与法律制度的完善来对这些权利的范围与内容进行确认和保护。而这些权利中最具代表性的就是商

---

① 　JEFFREY SACHS. 、胡永泰、杨小凯:《经济改革与宪政转轨》,载《经济学》(季刊) 2003 年第 3 期。

② 　JEFFREY SACHS. 、胡永泰、杨小凯:《经济改革与宪政转轨》,载《经济学》(季刊) 2003 年第 3 期。

业言论自由。这是因为,随着经济的发展和传播技术与方式的急剧变化,商业广告不仅成为某些产品推广和经济发展的助产婆,它自己本身就形成了重要的产业,有大量的人员和资本聚集到这个产业上来,而商业广告所直接涉及的就是商业言论自由。非但如此,有些商业言论还不限于广告,它们自身的性质、内容与实现方式在转型期如何界定和对待,都构成宪法学与宪法未列举权利的重要内容,如电子游戏、网络游戏本身是否属于商业言论,如果是,其边界何在,应该如何进行保护等都是我们面临的迫切问题。

向风险社会的转型是转型期的另一重要特征,在风险社会保持个人生活的安定性与可持续性和社会秩序的稳定是一个综合性的问题,需要进行事前和事后多方面的准备。事前需要对风险有一定的预判力并力图降低风险发生的概率,如注重对生物多样性与生态环境进行保护,以防止生态危机的发生或降低其发生概率;如加强民族对话并尽力形成和解,对多元文化以一种宽容的方式对待,同时对武器等危险物品进行有效规制,并制作防恐预案以防范恐怖主义的发生或尽量降低其危害;对金融衍生品进行有效规制,并将投机行为置于可控的限度内以防范金融危机的产生和限缩其不利影响等。但由于人类理性的有限性,人类不可能预测到所有潜在的危机,即便能预测到部分危机也未必有足够的能力完全消除它们,因此事先防范固然重要,事后的应对也是必不可少甚至更加重要的。风险的事后应对所涉的内容很多,但其中不可忽视的一条是通过保险的方式以分散危机的不利影响,将它对个体的损失降低到最低程度或可接受的程度。这意味着以事后方式应对风险社会需要社会保障制度的设立与完善,而这将涉及社会权这一重要的宪法未列举权利。社会权的意涵非常复杂,一般而言是指那些享受社会福利的权利,在本书中,主要是指那些需要通过社会保障和医疗保障来确保公民享有的宪法未列举权利。从某种意义上,它包括那些被大须贺明所称的"生存权"所涵盖的内容,[①]考虑到金融危机与房地产业的非正常发展样态,住宅权也可以被包括进来。

向责任政府的转变意味着政府要承担起各种维系一个社会有效和公正运转的责任,它意味着政府要向公民负责,要维护和保障公民的各种权利——包括消极权利与积极权利。责任政府的重点不仅仅是积极权利的保障,更多的是设定法律规则、维持秩序,在各种权利间保持均衡。可能会有学者认为,积极权利意味着政府要积极作为,提供基本的基础设施、社会安全与保障措施,

---

① [日]大须贺明:《生存权论》,林浩译,法律出版社 2001 年版,第 3~16 页。

保障公民基本的生存权。而消极权利意味着不受干涉和强制的权利,政府只需要不作为即可,其他主体侵犯这些权利之后,受侵害者只需求助行政或司法救济即可,在这里,政府要做的就是无为而治。这种观点固然有其道理所在,但对消极权利的保护之理解仍有片面之处。这是因为责任政府不仅在保障积极权利方面要有所作为,在保护消极权利方面也并非仅仅消极不作为就算是恰当地履行了自己的义务与职责,政府一个很重大的职责在于提供最基本的公共物品,这不仅包括提供基础设施,更包括提供一种有序的社会秩序,还包括在权利受到侵害时提供救济的方式与途径。社会秩序要求政府承担制定有效、合理与具有可执行性的规则,还要求政府在权利受到侵害与规则被破坏时提供救济的机构与方式。在这个意义上,无论积极权利还是消极权利,都需要政府采取不同方式的"作为",甚至可以说,所有的权利都有积极权利的色彩。① 前转型期对责任政府有诸多的要求,就宪法未列举权利而言,由于当前社会已经进入"自媒体时代"——微博与"人肉搜索"的发展使得每个人都成为媒体和媒体人,都能在最短的时间内产生和传播大量信息,而这些信息中不乏侵犯个人隐私权的内容。这种在特定历史时期具有特定传播方式的侵权行为可能会具有严重的后果,因此必须加以规制和引导。

　　改革开放以来,执政党始终强调把发展生产力作为社会主义社会的根本任务,但在这一发展过程中,把任务当作目的的现象时有所见。转型期强调科学发展的地位,强调经济发展和 GDP 增长,归根到底都是为了满足人的物质文化需要,保证人的全面发展。因此,人才是发展的根本目的,同时也是宪法基本价值观所最终依归的主体。以人为本意味着对人性尊严这一宪法基本权利核心的肯定与认可,意味着对那些宪法没有列举的权利,要基于这一基本核心进行推定。就宪法未列举权利而言,以人为本要求在法定条件下,尽量尊重人的自主性与自治,尊重个人对自己某些实务的自我决定,其代表性权利就是自我决定权。当然,由于风险社会、责任政府、以人为本等政策,价值与理念具有高度的概括性与抽象性,如果进行广义的理解,其中每一个都可以将上述所有宪法未列举权利的主张涵盖进来。因此本书所进行的类型化仅仅是结合这些原则、价值与理念自身与宪法未列举权利主张的接近关系而进行的分类,这种类型化是基于论述的便利所作,其核心在于围绕权利保障。

---

　　① ［美］桑斯坦:《权利的成本——为什么自由依赖于税》,毕竞悦译,北京大学出版社 2004 年版。

　　李震山教授认为,宪法未列举权利可以分为三种。其推定的规范依据是我国台湾地区现行"宪法"(即 1946 年宪法)第 22 条规定:"凡人民之其他自由及权利,不妨害社会秩序、公共利益者,均受宪法保障。"在他看来,第一种是由既有列举宪法权利推衍出的权利属于"新名称的旧基本权",它们是"非真正之未列举权";第二种是由列举权利和未列举权利条款共同推导出的第二类,是"半真正之未列举权";第三类是由未列举权利条款单独推导出的未列举权利,这才是"真正之未列举权"。① 其试图将未列举权利条款当做一种独立的权利来源,从学理上进行精耕细作使其体系化与完整化,进而丰富对宪法权利的保障,这种学术态度和目标值得肯定。但若依其所见,至少就宪法判例而言,美国宪法第九修正案尚未成为独立的权利来源,作为宪法未列举权利的隐私权,需要第九修正案和其他权利条款进行协作,进行体系解释,甚至还需要借助"半影"这样的修辞才能推定出隐私权。也就是说,隐私权充其量也不过是"半真正之未列举权",那么美国宪法上"真正"的未列举权又有哪些呢? 至少在当前的宪法判例和学术讨论中,尚未出现其影迹。更进一步地说,李震山教授的观点确有相当的说服力,却无法对当前的宪法实践进行更具说服力的解释,对于未来"真正宪法未列举权利"的推定,也凭空增加了难度——试想,在司法颇具能动性的美国,司法能动性发展几近极致的沃伦法院时期,其推定而出的隐私权尚不能算是真正意义上的宪法未列举权利,那今后的宪法实践中有没有可能推导出一种新的、"真正"的宪法未列举权利呢? 李教授的理论在逻辑上具有相当的说服力,对权利体系的完善在学理上也具有相当强的学术逻辑,只是无法有效地返照并有力地引导现实。

　　因此,本书更偏重于从现实或实有的角度对宪法未列举权利进行类型化与研究,在分析与研究时,侧重于权利享有的程度与方式,以真实世界为立足点,以应然返照实然、借实然审视应然的视角与方法,将宪法未列举权利分为源自既有宪法权利的宪法未列举权利、源自实然的宪法未列举权利、新兴宪法未列举权利。② 第一类是指从宪法文本没有明文列举,但从既有宪法权利丰富与拓展来的宪法未列举权利;第二类是指既有宪法规范没有明确规定,公民实际上享有却没有上升到宪法高度,但其基础性与重要性又使其适于作为宪

---

　　① 李震山:《多元、宽容与人权保障》,台湾元照出版公司 2005 年版,第 18～21 页。

　　② 需要说明的是,这一分类是张文显教授在指导本书时所确定的,本书是对该分类与理论的展开。

法权利的那些宪法未列举权利;第三类是指既有宪法规范没有规定,随着社会发展而产生的新兴宪法权利。当然,由于规范与现实对宪法权利表达与实现的制约,不同的国家和不同时代的宪法未列举权利可以有不同的内容与范围,围绕人性尊严这一权利本位范式下的基本价值观,不同国家与不同时代的"人"对人性尊严有不同的理解和解读。因此,需要在考虑文本、历史与现实的基础上动态、开放地理解与解释宪法未列举权利规范文本,动态、开放地解释与推理出符合本国历史与现实的宪法未列举权利。就当前中国而言,急需且可行的宪法未列举权利主要有以上三类,正如未列举权利条款自身所表明的:由于人的理性的有限性,和因此而生的无法穷尽列举所有对公民必不可少的宪法权利这一特性,因此必须对未列举权利条款结合历史与现实进行开放、动态解读。列举方式自身的特点就注定了它有"挂一漏万"的可能,因此我们在这里所提出的三类宪法未列举权利当然也不能穷尽对所有未列举宪法权利的列举,我们在下述文本中所提出的具体宪法未列举权利也由此仅仅是在中国场景下结合历史与现实而梳理和引发出的一些代表和例证,我们更愿意将其视为一个引发对更多具体宪法未列举权利讨论的引玉之砖。

第二节 源自既有宪法权利的宪法未列举权利

这些权利虽然没有被明确地列举出来,但可以通过对宪法规范文本关于宪法权利的规定中经解释而推理出来,因此这类权利属于最广义的宪法未列举权利的范围。就其内容而言,至少包含商业言论自由。

我国宪法中规定了言论自由,而"从某种意义上讲,一个国家言论自由的程度从一个侧面反映了这个国家的民主化程度"。[①] 由于各国不同的经济历史背景而对言论自由的具体规定不尽相同,赋予言论自由的内容和范围相当大的弹性空间。随着市场经济的进一步发展,广告所牵涉和引发的问题越来越多,越来越丰富。[②] 而"在市场经济的条件下,商业言论(如广告)往往也构

---

① 周叶中主编:《宪法》,高等教育出版社、北京大学出版社 2002 年版,第 263 页。

② 近年关于明星代言、软广告、对广告的限制等问题不断出现,甚至中央电视台春节联欢晚会中的"植入性广告"也在今年成为公众热议的话题。

成言论的一个重要类型"①,这一点在美国、德国、日本和台湾地区几已成通说。② 对商业性言论最早的讨论始于对言论自由极为关切的美国,美国对言论自由的关注甚至被认为"无出其右"③,商业性言论被认为是言论自由原则在商业领域的拓展。对于商业性言论的范围,芦部信喜认为商业言论为"营利的言论","一般来说,被解释为为达到利益目的或事业目的,广告其产品或服务的言论。"④林子仪认为,"基本上,通说均主张宣传或推广某种商品或服务的言论,而其目的在直接刺激该项物品或服务的交易,以获取商业利益者,均是所谓的商业性言论"。⑤

随着市场经济和经济全球化的进一步发展,作为市场经济重要组成部分的广告必须引起我们足够的重视。广告自身所承载和带来的财富呈几何级增长,⑥与此同时,虚假广告也屡见不鲜,给人民群众带来巨大的物质和精神损失。⑦ 是否由于广告可能造成的危害而可以对其通过一些低位阶的规范来进行限制甚至剥夺呢? 我们认为,虽然广告主与广告从业人员已经在事实上享有和行使了广告自由,但无论对这种自由进行限制还是保护都应该从宪法权利的角度来理解和讨论,从商业言论自由这一宪法权利的层面来应对广告问题。这种权利有时候与政治性的言论自由很难完全隔离,在事关一些群体的财产、生存等事项的时候,其重要性在有些时候也很难说完全低于政治性言论。

此外,随着计算机与网络的普及,我国网民的数量激增,电子游戏和网络

---

① 许崇德主编:《宪法》,中国人民大学出版社 1999 年版,第 163 页。

② 见台湾"大法官解释"第 414 号;美国联邦最高法院的判例 Riley v. National Federation of Blind of North Carolina, Inc(1998)即 487U. S. 254;德国联邦宪法法院判例"禁止医师刊登业务广告案"(即 BverfGE71,162~171)中的判决(见台湾"大法官解释"第 414 号不同意见书之一);[日]阿部照哉等著、周宗宪译:《宪法(下)》,台湾元照出版公司 2001 年版,第 142 页等。

③ 台湾"大法官解释"第 414 号。

④ [日]芦部信喜:《宪法学:人权各论》,有斐阁 2000 年增补版,第 314 页。转引自陈泽荣:《国家队商业性言论的管制界限》,台湾成功大学 2004 年硕士论文。

⑤ 林子仪:《商业言论与言论自由》,载《美国月刊》1987 年第 2 卷第 8 期。

⑥ 这从中央电视台的广告"标王"的数字和春节联欢晚会的"嵌入式"广告所带来的巨大收益可以窥得一二。

⑦ 《中国期刊医疗广告九成多涉嫌违法》,http://www. china. com. cn/chinese/2002/Jun/165689. htm。

电子游戏也成为一项重大的产业。国务院新闻办公室于 2010 年 6 月 1 日发布的政府白皮书《中国互联网状况》指出，未成年人已成为中国网民的最大群体，截至 2009 年底，中国 3.84 亿网民中，未成年人约占 1/3。尽管我国已经有相关的规范对其进行规制，但规范的层级较低，仅有文化部于 2010 年通过的《网络游戏管理暂行办法》一种规范，而且其定位在"管理"。虽然对这项产业进行引导乃至管理实属必要，但绝非"严格管束"和"一禁了之"这样简单处理的方式就可以解决问题。从宪法学的角度来看，音像制品和包括网络电子游戏在内的各种电子游戏，也应属于言论自由的一种表现。对于音像制品与游戏，美国经历了不保护—有限保护—扩展性保护三个阶段。加州议员 2005 年提出一项法案，该法案要求游戏商不得向未成年人出售、出租暴力音像游戏，违者最高可处 1000 美元的罚款。该法案由时任州长的施瓦辛格签署，2006 年 1 月 1 日生效。由于音像游戏产业界中有将近 35% 的玩家是未成年人，[①]此法的实施势必减少游戏的销售量从而损害游戏业的经济利益，因此原告向加州地区法院起诉，请求法院暂缓实施该法，其观点在 2011 年 6 月的终身判决中得到联邦最高法院的支持。以斯卡利亚为首的法院多数意见认为音像游戏是受到宪法保护的言论，音像游戏和文学一样是表达性的，"和受到保护的书籍和话剧，以及之后的电影一样，音像游戏也通过许多类似的、文学性的方式（比如人物、对话、情节和音乐），并以不同的媒介（比如玩家与虚拟世界的交互）为特征，传达了思想——甚至是社会信息。那就足以给予第一修正案的保护了"，"不管将宪法运用于不断进步的技术可能会遇到什么样的挑战，言论自由和出版自由的基本原则和第一修正案的命令一样，是不会改变的，就算出现了新的、不同的交流媒介"。虽然我国对于该行业进行规制是一种正当的行为，但规制不应该是权力横行的结果，它需要理论证成，需要就这种商业性言论的性质、规制的方式、是否符合比例原则等问题进行论证，在经过严格的宪法学分析之后得出结论，这样才能够增加规范的说服力和可接受性，让权力的实施与运作"以理服人"而非"以力服人"。

---

① Eric T. Gerson, More Gore: Video Game Violence And The Technology Of The Future, 76 *Brooklyn L. Rev.* 1121, p. 1122. 相比之下，ESA(Entertainment Software Association)的网站上"晒"出来的数据却只提成年人玩家的数据，却只字不提这一产业中未成年玩家占了多少比例。见：http://www.theesa.com/facts/gameplayer.asp. 不过，在 ESA 发布的 2011 Essential Facts About the Computer and Video Game Industry 报告中却指出年龄不到 18 岁的玩家只有 18%，这份文件可在前述网站中下载。

虽然商业性言论属于言论之一种已成通说,但对于商业言论是否应予限制以及做何种程度的限制,理论上存在着争议。有学说认为商业性言论不属于宪法言论自由所保护的对象。有人认为美国宪法第一修正案保障言论自由的目的是为了贯彻人民自治或民主原则,因而言论自由所保护的不是针对表达这一行为,而是为了保障人民自治所不可缺少的思想与沟通活动的自由,是为了实现自我统治。而商业性言论无助于此,与公共利益无关,仅属于私的言论,所以不必寻求言论自由的保护而仅从正当法律程序获得保护即可。① 有人认为现代商业性的言论缺乏个人自由或个人实现的要素,无法成为宪法第一修正案保护的对象。因为宪法保障言论自由固然在于表意人的自由而非言论的内容,但当今社会中企业的主要目的是追求利润最大化,企业的宣传或广告的内容已经完全无关于个人的自由、选择或自我实现,因此作为企业追求利润手段的商业性言论不应成为第一修正案件所保护的对象。②

有学说认为对商业言论的保护应与对一般言论自由的保护并无二致,因为很难将它们区分开来。如台湾"大法官"吴庚在释字414号反对意见中就认为:"盖推销产品或劳务之广告固属追求经济上利润为目的,但并不因此而谓广告非意见之一种,保障经济事务领域意见之表达及形成,与其他事务之领域并无轩轾,尤其将经济上之意见与意识形态严加区别,为事实所难能,故不应存有差别之待遇。设若将商业广告视为性质特殊而加以限制,则对于反驳或呼吁杯葛某一广告之意见,是否亦应限制乎? 果真如此,则循环不已,尚有何意见自由可言!"黄铭杰教授也认为,传统上将同一个人分为"政治人"和"经济人"的倾向,并认为身为"政治人"的时候应为公共利益而行动,在身为"经济人"的时候则为个人利益而追求。政治人的言论可受到言论自由的保障,而经济人的言论则在保障范围之外,但问题在于为什么同一个人的话会因为内容以及指向对象的不同而被区别对待。③ 大陆也有学者质疑二者的区分,并认为企图将言论类型化的努力注定无果而终,将言论区别对待缺乏正当性理由,最后认为将商业言论排除在言论自由保护之外或只提供较低程度的保护是对言论自由权利的一种盘剥。④

① Alexander Meiklejohn, The First Amendment Is an Absolute, 1961 Sup. Ct. 245.
② 黄铭杰:《美国法上的言论自由与商业广告》,载《台大法学论丛》第27卷第2期。
③ 黄铭杰:《美国法上的言论自由与商业广告》,载《台大法学论丛》第27卷第2期。
④ 邓辉:《言论自由原则在商业领域的拓展》,载《中国人民大学学报》2004年第4期。

通说认为商业性言论是宪法所保护的言论自由中的一个亚种,但由于其自身的性质而应只受到较低程度的保护。在 1942 年发生的涉及商业性言论的第一案中,尽管美国宪法第一修正案字面上并没有否认对商业性言论的保护,美国联邦最高法院在没有给商业性言论下一个明确的定义的情况下,确立了对纯粹商业性言论不予宪法性保护的规则。直到 1976 年的 Virginia State Bd. vs. Virginia Citizens Consumer Council 案件之后,才将商业性言论纳入到第一修正案的保护范围之内。在该案中,大法官 Blackman 认为应该将商业性言论置于第一修正案的保护之下,但由于其性质上是经济的而非政治的,所以不值得予以全面的保护,只能得到一定程度的保护。这一规则在其后的 Friedman. v. Rogers① 和 Pittsburgh Press Co. v. Pittsburgh Com'n Human Relations② 中得到了进一步的贯彻。日本学者桥本基宏认为:追求私益的营利言论在价值序列中的位置比较低,不应该与讨论公共议题与政治性言论受同等的保护,对其较强的规制并不会发生萎缩效果。营利的内容与政治的主张相比,营利的言论的真伪比较容易被判定,而对虚伪的营利言论规制是被允许的,且营利的言论兼具经济自由和表现自由这两项要素,而经济自由受到较强的规制,所以营利言论也应如此。③ 这一主张也获得了芦部信喜教授的支持。④ 台湾的"大法官解释"第 414 号理由书也认为:"非关公意形成、真理发现或信仰表达之商业言论,尚不能与其他言论自由之保障等量齐观。"

笔者赞同最后一种观点,因为尽管某些商业性言论与一般言论存在着区分上的困难,但这并不足以成为两者价值上平等并应予以同等保护的理由。其实,在法律学中,有些问题并不能进行非此即彼的简单划分,正如一个案件可能有不同的判决结果而我们有时很难说哪一个结果是错误的一样。对于某些行为,法律不可能给出一种非黑即白、非此即彼(yes or no,all or nothing)的答案,在相当多的领域存在着模糊不清的"灰色区域"、存在或多或少(more or less)亦即程度的问题。美国的判断标准经历了从"主要目的说"到"普通常识说"与"言论内容说"的发展过程,迄今也没有定论。此时,交给法官行使其

---

① 440U. S 1, 99 S. ct,887, 59, L. ed. 2d 100 (1979).

② 413U. S 317, 93 S. ct,2553, 37, L. ed. 2d 669 (1973).

③ 桥本基弘:《营利的言论之自由》,载《宪法之争点》,有斐阁 1999 年版,第 102 页,转引自陈泽荣:《国家对商业性言论管制之界限——以烟品警示说明与禁止广告为中心》,台湾成功大学 2004 届硕士论文。

④ [日]芦部信喜著:《宪法》,李鸿禧译,台湾月旦出版公司 1995 年版,第 177 页。

自由裁量权、以社会共识或主流的意识形态①来判断或许是一种更好的结局，而这也能使对商业性言论的保护随着社会经济生活的发展与进步而"与时俱进"。在许多言论兼具一般言论与商业言论的特征而无法分割时应该以比较宽容的态度，承认其为一般言论，因为，认为商业言论与一般言论在民主社会上具有同样的重要性，已经逐渐为学者提倡和接受。

第三节　源自实然的宪法未列举权利

这些权利虽然没有在宪法层面上被宣示和保护，但由于它们对人民的重要意义已经达到了"必需"的程度，而且在各国立法例中也被作为宪法权利保护。因此，虽然宪法没有将其列出来，但仍可通过对"人权条款"的解读将这些权利纳入到人权的范围之内，提升到宪法权利的层面来进行保护。就其内容而言，至少包括隐私权、知情权和住宅权。

一、隐私权

在最早产生隐私权的美国，该项权利的产生经历了从学理论证到司法实践的历程。从学理上最早对隐私权进行系统论述的是波士顿的律师沃伦（Samuel D. Warren）和布兰戴斯（Louis D. Brandeis，后来他成了联邦最高法院的大法官）1890 年发表于《哈佛大学法律评论》第 5 期的《隐私权》。在该文中，作者们认为将自己的想法、情感和情绪在多大范围内透露给别人知晓的个人决定的权利，即个人私密与资讯的信息为外人所知的权利应受到普通法的保护。他们在这篇雄文里呼吁美国法学接受这一新兴的权利，并认为"政治、社会和经济的变化使得对这种新权利的承认十分必要"，"恒久保持青春的普

---

① "意识形态"本来不是一个贬义的概念，无论从马克思主义的观点还是从西方一些学者的观点来看，它都是履行一定社会功能的一种社会现象。但是，冷战时期的自由主义思想家，如丹尼尔·贝尔、李普赛特、雷蒙·阿隆等，则把"意识形态"作为一个贬义词来使用，把它看作"世俗宗教"的一种形式，甚至把它视为"极权主义"的组成部分。见马德普：《战后西方自由主义发展的三个阶段》，载《郑州大学学报》（哲学社会科学版）2001 年第6 期。

通法,需要成长以满足社会的需要"。① 隐私权的产生来自于在著名的格里斯伍德案,在该案中,原告格里斯沃尔德(Griswold)是康涅狄格州(Connecticut)计划生育协会的执行主任,布克斯顿(Buxton)是一名执业医生和耶鲁医学院教授,还是计划生育协会纽黑文(New Haven)中心的医学主任。两人由于违反了康州法律为已婚人士提供有关避孕方法的信息、指导和医学建议,为妇女进行体检并开出最佳的避孕器具和药物以供她们使用而被捕和定罪。最后,他们以所适用的州法共犯条款违反第十四修正案为由上诉至联邦最高法院。联邦最高法院于以明显优势认定康州法律侵犯了婚姻中的隐私权,并推翻原判决。

　　在近些年,学界对于隐私权已经有了诸多的探讨,不管是梳理国外文献,还是对中国自身问题与案件进行分析与思考,都有了较为丰硕的成果。实务界也有了很多保护隐私权的案例,但这些案例多为民法意义上的隐私权,而且还没有给隐私权本身一个明确的"说法"和"名分",大都是基于民事权利中的其他权利名下来进行保护的。第 101 条规定,"公民法人享有名誉权,公民人格尊严受法律保护,禁止用诽谤、侮辱等方式损害公民法人的名誉"。最高人民法院《关于贯彻执行〈中华人民共和国民法通则〉若干问题的意见》第 140 条第 1 款规定:"以书面、口头形式宣传他人的隐私或者捏造事实公然丑化他人人格以及用侮辱、诽谤等方式损害他人名誉,造成一定影响的,应当认定为侵害公民名誉权的行为。"最高人民法院《关于审理名誉权案件若干问题的解答》第 7 条第 3 款规定:"未经他人同意,擅自公布他人隐私材料或以书面、口头形式宣扬他人隐私,致他人名誉权受到损害的,应认定为侵害他人名誉权。"《中华人民共和国未成年人保护法》和最高人民法院《关于审理名誉权案件若干问题的解答》也规定任何组织和个人不得披露未成年人的隐私。最高人民法院《关于确定民事侵权精神损害赔偿责任若干问题的解释》第 1 条第 2 款规定:"违反社会公共利益、社会公德侵害他人隐私或者其他人格利益,受害人以侵权为由向人民法院起诉请求赔偿精神损害的,人民法院应当依法予以受理。"此外,在《刑法》、《刑事诉讼法》、《妇女权益保护法》、《统计法》、《预防未成年人犯罪法》、《律师法》、《职业医师法》、《互联网电子公告服务管理规定》等法律、法规、规章中也有相关规定。但上述规范中并没有明文规定隐私权且内容零

---

　　① Samuel D. Warren Louis &. D. Brandeis, The Right to Privacy, *Harvard Law Review*, Vol. 5, No. 193.(1890).

散,导致在实践中基于隐私权而生的诉讼无法单独成立,而只能依附于名誉权、肖像权等其他人格权之诉。

我们认为,仅仅依靠民事法律规定或行政规制对隐私权进行保护是不够的,侵犯个人隐私权的,固然可能是公民、法人或其他与权利人具有同等法律地位的主体,但更为严重的侵犯则有可能来自公权力。而在权利本位理念之下,在人们越来越将个人私密信息视为与自己人性尊严密不可分的情况下,在信息爆炸的网络时代,这一人们越来越重视的权利越来越容易受到侵犯,对来自公权力的侵犯尤其难以保护和救济,隐私权对人的不可或缺性和易受侵害性,使得我们有理由和有必要将其纳入到宪法权利的范围内。

二、知情权

知情权也是一种人们实际上享有,但对其保护的位阶需要调整、需要进行宪法性宣示和保护的制度。在我国,知情权一开始被规定于《消费者权益保护法》中,该法规定:"消费者享有知悉其购买、使用的商品或者接受的服务的真实情况的权利。"但我们要说的知情权,不仅包含这种民事意义上的权利,更强调对公共事务的知情权,尤其是牵涉国家权力运行时人们应该知晓的权利。这时,"知情权是指公民、法人及其他组织依法对国家机关要求公开某些信息的权利,和不受妨害地获得国家机关公开的信息的自由。"①当前在全国范围之层面上关于公众知情权的规范应出自《政府信息公开条例》这一行政法规。尽管该条例全文中并无"知情权"三字,但其确实具有保障公众知情权的功能并在其立法目的中有所体现。作为"立法者"的国务院法制办负责人在接受采访时表明该条例是为了"切实保证人民群众的知情权、参与权、监督权"。尤其值得注意的是,在该条例的制定过程中,《政府信息公开条例草案》(专家建议稿)中的第1条甚至明确规定:"为保障公众行使知情权,参与管理国家和社会事务,促进政府信息流动,监督政府机关依法行使职权,根据宪法制定本条例。"但上述这些条例都是行政机关制定的规范,由于其权力范围所限,其约束力仅限于本部门或本地区的部门,对于包括立法机关、司法机关等其他机关的信息公开显然无能为力。此前,《政务公开法》虽然已经列入了十届全国人大常委会的立法规划,但仍属于所谓"需要研究起草、成熟时安排审议"的法律,所以才由国务院先行制定该行政法规。

---

① 刘杰:《知情权与信息公开法》,清华大学出版社2005年版,第48、51页。

可见,我国对知情权的保护已经有所进展,但保护的方式与力度有待于改进。首先,仅仅从《消费者权益保护法》的角度对作为民事权利的知情权进行保护,与本书所主要论述的公法意义上知情权有相当的距离。其次,尽管已经有了对公众了解公权力机构的运行信息的权利进行保护的规范,但这些规范的层级显然较低。对于这种现代宪政国家立基的重要原则之一是人民主权原则,基于该原则,国家的一切权力来自人民,自然应受人民监督。由于现实使得国家权力的行使不可能通过让每个人直接参与管理的方式实现,代议制应运而生。这意味着人民通过直接或间接选举的方式选取一定数量的人代为行使属于人民的国家权力。但由于任何掌控权力的主体都可能滥用这些权力,因此必须对其进行监督,并在其滥用权力的时候剥夺其权力。而人民监督国家权力的前提就是知情,知情后方能监督、批评、建议。前已述及,我国目前的政府信息规范尚未达到法律位阶的地位,信息公开的范围过于狭窄、模糊,且执行起来流于形式。这种在规范与实践层面的不足,使得公民以日常方式获取信息,行使知情权极为困难,甚至市民要求政府公开招待费用都被回应为"难度极大"①。可见,将知情权置于宪法的保护之下,将其视为一种宪法权利对于国家权力的公开、良性运行非常重要。因此应当将其作为一种宪法没有列举出来但可以从现有文本中推导出来的基本权利。

三、住宅权

在第四次修宪时,《宪法》增加了第 14 条第 4 款:"国家建立健全同经济发展水平相适应的社会保障制度。"该条款位于宪法总纲部分,而非公民基本权利与义务部分,这意味着它不是一项具体的宪法权利,但既然是宪法文本的一部分,该条款自然也应具有约束力,具有"制度性保障"的功能。而其后制度所要保障的,则是公民的福利。因此该条款与公民的福利权有密切关系。在西方国家,偏重对消极宪法权利的保护,具有"自由权中心主义"的特点,需要国家"有所作为"的积极权利是否应该属于宪法权利则存在争议。② 但是,基于随着社会的发展,福利权越来越成为政府不得不面对和解决的问题,它之于每个公民的重要性也在个人竞争中日渐加强,社会风险越来越不可测的时代日

---

① 何勇:《沈阳市民要求政府公开招待费 官员称难度极大》,载《人民日报》2008 年 11 月 17 日。

② [日]大沼保昭:《人权国家与文明》,王志安译,三联书店 2003 年版,第 204 页。

益提升。因此"从社会福利措施的演变来观察,其基本理念由早期的防治贫民暴动、维持社会治安经由工业化、社会解构之后以避免社会问题为目标而由国家承担起社会照顾的责任,演变到以法定强制保险来保护国民免于一般性的生活风险(生老病死等),在此庞大的社会安全机制之后的基本理念已有数度巨大的变迁"。① 就中国而言,"济贫"思想与活动具有浓厚的民间社会背景并因此而使福利权具有强烈的可接受性,我国《宪法》第 45 条也规定了"物质帮助权"——虽然这一权利的主体被限为"年老、疾病或者丧失劳动能力"的人。但人权条款将人权主体由"公民"提升到"人",给物质帮助权及与之相应的福利权享有主体的范围提供了广阔的空间。《国家人权行动计划》(2009—2010年)称:国家将"继续采取有效措施,促进城乡居民特别是中低收入居民收入的逐步增长,完善最低生活保障等制度,努力维护城乡居民获得基本生活水准的权利"。"完善和落实基本养老和基本医疗、失业、工伤、生育保险制度和社会救助制度,提高社会保障水平"。"初步建立覆盖全国城乡居民的基本医疗卫生制度框架,使中国进入实施全民基本卫生保健国家行列"。此外,我国法律文化中对积极权利的偏好、国家财税制度的发展与国家收入与经济实力的提升、现代科技与社会的发展导致社会风险与不确定性的提高、当前社会发展的贫富差距等现实②也为将福利权作为基本人权保护提供了有力证据。据此,可以想见,结合中国现实,从前述几条宪法文本中推理出福利权这一宪法没有明确列举的权利是可能和可行的。

随着经济的进一步发展和城市化进程的快速推进,近些年来城市土地与房屋的价格一升再升,"地王"也一再出现,甚至在全国人大常委会副秘书长在2010"两会"时表示要对中央企业竞标"地王"的行为进行约束以使房价上涨的趋势有所减缓之后的 5 天,央企就在北京制造了三个"地王"。③ 不断高起的房价,构成了对"居者有其屋",即住宅权这一宪法基本权利的实质性伤害。

我国《宪法》第 39 条规定:"中华人民共和国公民的住宅不受侵犯。禁止非法搜查或者非法侵入公民的住宅。"该条的规定貌似与住宅权有关,其实不

---

① 蔡维音:《社会国之法理基础》,台湾正典文化有限公司 2001 年版,第 62 页。

② 如温家宝总理在 2010 年两会期间 3 月 14 日与中外记者见面时谈到了对穷人的关注和对社会公平的强调:"公平正义比太阳还要有光辉"。http://news.163.com/10/0314/13/61O55PL5000146BD.html。

③ 《北京一日诞生三"地王" 全部由"央企制造"》,http://news.163.com/10/0316/03/61SA8SIL000146BB.html。

然。这是因为,该条并没有出现住宅权这一范畴,而且从其上下文的内容来看,它更多的是从消极权利的角度来表述的,因而这种权利是一种自由权意义上的权利,是要求国家"无为"、不得侵犯的权利。而我们所说的住宅权,则是从其积极面向来观察和分析的,是要求国家"有所作为"、为人们提供适当住宅权利,是一种积极权利。对这种权利的主张并非强政府[1]之所难:在规范意义上,已经有国外的立法例对此有所规定;在实践意义上,它不光是人民本应具有而在当前尤其需要的权利,也是有权机关经过努力之后有实现可能的权利。从规范的角度来看,法国在 1990 年通过"罗伊·贝森"法案,其宗旨也在于确保所有阶层都能获得住房,并特别规定政府各部门有责任制订住房计划,以保证下层人民的住房权利。瑞典政府的住房政策规定:"享有良好的居住环境和宽敞的住房条件是国民的社会权利。"[2]我国全国人大常委会已经批准的《经济、社会、文化权利国际公约》第 11 条规定:"每个人有为他和家庭获得相当的生活水准,包括足够的食物、衣物和住房的权利,各缔约国有义务采取适当的步骤保证实现这一权利。"从现实的角度来看,我国经过改革开放的不断发展,国家已经积累了大量的财富,中央和地方政府有能力在一定程度上逐步满足人民的需求。此外,逻辑的角度来看,只有"拥有"了住宅,才能谈"不受侵犯"、"禁止非法搜查或者非法入侵"住宅。从国外立法例和我国现实与宪法规范的逻辑来看,《宪法》第 39 条无法满足社会权面向的住宅权,而不可逆转的城市化进程与日益升高的房价收入比,使得我们只能从"人权条款"中寻找住宅权的规范来源,以求在将来的日子里对其进行实证化,逐步建立住房保障制度,使人民的住宅权能够实现。

第四节　新兴未列举权利

有些权利,宪法规范中并没有规定,在现实生活中也几乎没有人得以享有,但随着社会的发展而越来越受到人们的重视与关注,成为一种与时俱进的

---

① "政府"一词在这里用其广义,是国家机关的总称。

② 尹中立:《房价涨跌本由市场调节总理为什么要关心房价》,载《南方周末》2005 年 3 月 20 日。

新兴权利,对于人们发展自身的人格、维护个人的尊严日益不可或缺,有必要从宪法权利的层面进行分析与表达。这些权利,由于其对人的尊严的重要性,由于其与人权的核心价值的一致性,因此有必要也有可能从"人权条款"中推理出来。比如,对个人事务的自我决定权。

自我决定权即 the right of self-determination,一般而言,是指"与他人无关的事情,自己有决定权,仅仅对自己有害的行为,由自己承担责任"的权利;或者是"就一定个人的事情,公权力不得干涉而由自己决定的权利"。① 它内容非常丰富,其中就包含了与处分自我的生命、身体相关的自我决定权。将自我决定权与宪法基本权利联系起来的则是美国的 1965 年的格里斯伍德诉康迪尼格州案(Griswold vs. Connectcut),该案件判决认为夫妻间或男女间使用避孕药的行为是个人自治的自我决定权,1973 年罗伊诉韦德案(Roe vs. Wade)的判决则进一步认为,堕胎属于个人决定的重大事务,个人有决定的权利。之后,最高法院明示了自我决定的权利。受美国的自我决定权的启发与影响,日本学说界在充分讨论之后,也大都主张对自我决定权予以宪法上的保护。② 有学者从人权和人格自律的角度来认识自我决定权,认为人权是使人之为人所不可欠缺的权利,这种人权观强调"人的尊严",这种"人的尊严"来自于个人人格的自律,而自律意味着尊重自己的自由意志而不是服从于他人的意志,强调"自己生命的作者"。因此"自律对人来说是不可放弃的东西",人格自律的存在表现为"权利",这就是自我决定权。这一观点在学界获得了通说的地位。③

自我决定权内容中最为重要和最受争议的当属处分自己生命的自我决定权。生命是人的其他所有权利所附丽的基础,舍弃了生命,意味着其他权利隐退与消失,而在某些特殊情况下,在面临不可避免的死亡和令人饱受精神与肉体的折磨之时,放弃生命往往意味着一种对人的尊严的肯认。因此人们是否可以对自己的生命进行自我决定是一个两难问题。密尔支持安乐死,在他看来,个人的行为只要不伤害他人就有完全的、绝对的自由与权利,他人和社会

---

① 参见[日]松井茂纪:《"论自己决定权"》,莫纪宏译,载《外国法译评》1996 年第 3 期。

② [日]松井茂纪:《"论自己决定权"》,莫纪宏译,载《外国法译评》1996 年第 3 期。

③ [日]芦部信喜:《宪法》,李鸿禧译,台湾月旦出版公司 1995 年版,第 177 页。

就无权干涉。① 而依照康德的观点,自己有义务不戕害自己的身体,这种义务可以用外在的法律加以强制。国家基于对生命权的尊重,不能"见死不救",自杀者也不得以自杀行为不为罪为理由,对抗国家以公权力干预自杀行为的正当性。②

　　主体的尊严是否获得应有的尊重是生命自我决定权的核心。即生命的尊严取决于人是否享有自我操控的主体地位,生命若没有尊严,人则仅仅是躯体,甚至沦为物。若该观点被肯定,则有尊严地活,当然包括排斥无尊严地活而同意"尊严死"③,因此尊严死并不引发法律争议。"安乐死"一词源自希腊文 euthanasia,原意为"安逸死亡"、"快乐死亡"、"无痛苦死亡"。"安乐死"最常见的分类是根据"安乐死"实施中的"作为"和"不作为",将其分为"主动安乐死"和"被动安乐死"。"主动安乐死",也称"积极安乐死",是指医务人员或其他人采取措施以药物或其他人工方法主动结束病人的生命或加速病人的死亡的过程。"被动安乐死",也称"消极安乐死",是指终止维持病人生命的医疗或基本照顾,任其自然死亡。④ 由于安乐死涉及放弃或剥夺至尊的生命权,所以有了诸多父爱主义式的法律对其进行限制。但如果予以绝对的禁止,则有可能使病人在临终前过毫无尊严的生活,在痛苦中度日,直至没有尊严地死去,而这又有违对人性尊严的尊重与保护。提倡生命尊严旨在提升生命品质,生命与尊严两者不易分割,在具体适用案例上,仍应将生命权与人性尊严的保障分别衡量。⑤

　　对此,李震山教授认为由于安乐死是以人为方法断绝至尊之人命,所以应具备几个严格的要件:第一,病人以现代医学知识与技术的角度来看患有不治之症,且其死亡迫于眼前;第二,病人甚为痛苦,且其痛苦之程度,达到无论何

---

　　① 〔英〕密尔:《论自由》,程崇华译,商务印书馆 1959 年版,第 102 页。
　　② 李震山:《从宪法观点论生命权之保障》,载《人性尊严与人权保障》,台湾元照出版公司 1999 年版,第 79 页。
　　③ 李震山:《从生命与自决权之关系论生前遗嘱与安宁照护之法律问题》,载《人性尊严与人权保障》,台湾元照出版公司 1999 年版,第 135 页。
　　④ 〔日〕内田文昭解说:《安乐死(日本判例及解说介绍)》,曾隆兴译,载《司法周刊》第243 期,1985 年 12 月 18 日及 12 月 26 日。转引自李震山:《从宪法观点论生命权之保障》,载《人性尊严与人权保障》,台湾元照出版公司 1999 年版,第 65 页。
　　⑤ 李震山:《从生命与自决权之关系论生前遗嘱与安宁照护之法律问题》,载《人性尊严与人权保障》,台湾元照出版公司 1999 年版,第 135 页。

人都不忍目睹的程度;第三,专为缓和病人死苦为目的;第四,病人意识清醒能表示其意思时,须有本人真挚嘱托或承诺;第五,须经医生实施为原则,若无法经由医师实施,须有足以容许的特别情事存在;第六,安乐死的方法,须在伦理上是妥当的,不应产生道德风险。若不具备上述要件,应排除于安乐死讨论范围之外。① 此外,我们认为,在病人主张享有该项权利时,需要对其在法律程序上进行严格限制,经法定的有权机关以明示方式同意后方可实施。

在诸多法律范畴中,权利是基石范畴,它反映了法的主体性和法的价值属性。权利本位则体现了对法的本质的创新性理解并自然导出对人权的保障和对人性尊严的认可与肯定。权利本位范式则为权利之学提供了理论背景和理论框架,为我们提供了用现代法精神审视和批判现存法学理论和法律制度的武器,尤为重要的是,它提供了一个全景式的法哲学视窗,透过这个视窗,我们看到了我们正在走向的权利时代,我们看到了权利时代的图景与愿景。在这个权利时代的图景中,我们看到了各种各样不同属性的权利,而我们对于宪法权利给予了更多的关注,因为宪法权利的享有程度是衡量现代法治国家最重要的标杆。在这个图景中,我们看到宪法通过明文规定,对诸多基本权利进行了宣示和列举,使其成为人们真正享有这些权利的文本依据。此外,我们尤其关注了权利时代的愿景,愿景意味着权利发展的前景和人们对享有和践行这些权利的期待,而那些宪法没有列举的权利就是我们通过权利本位范式所提供的视窗在宪法学这一视域内看到的愿景。这些权利宪法规范并没有列举,但可以经由对宪法文本的推理而得,享有这些宪法没有列举,但对一个人来说必不可少,而且可以从宪法文本与价值观中推导出来的权利可以使一个公民享有更为完整全面的人权,使一个人成为有可能实现其理想中形象的人,成为一个"有尊严"的人。

---

① 李震山:《从宪法观点论生命权之保障》,载《人性尊严与人权保障》,台湾元照出版公司 1999 年版,第 65 页。

结　语

从"应然"到"实然"

——未列举权利的前景与未来

　　虽然有很多外国人说"其实我们国家老百姓并没有那么强的权利意识和享有那么多的权利"[①]，这种经验性的粗疏表述能否涵盖所有的事实有待于进一步的挖掘和发现，但外国公民权利意识是否清晰、强烈是一回事，有没有规范意义上的权利并有保障这些权利实现的制度以使人们能够享有这些权利则是另外一回事。制定法律规范[②]的目的在于为人们提供行为准则和对人们的行为提供法律上的评价标准，因此法律规范的"生命"不仅在于被制定，更在于被实施，在于在法律实践中被遵守、执行和适用。如果一部法律、一条法律规范自其形诸文字之后，长时间不被实施或几乎不被实施，则可以将其称为法律的"具文化"[③]。虽然权利话语在我国已经成为一种强有力乃至主流的话语，但很多时候，这仅仅是"言辞而已"，因此，在中国谈论权利是一件令人感到尴尬的事情，谈论宪法权利则尤其令人感到尴尬，如果按照这个逻辑引申的话，可能在很多人眼里，谈论甚至研究宪法未列举权利，就不仅是尴尬的问题，而是臆想或者梦想的问题了。的确，在一个出租司机都可以对法学家说"他没有

[①] 　这句话是笔者的外籍学生所言，在笔者所较为熟识的十数位外国人中，坦白地说诚信意识尚可，权利意识相对欠缺，至于"为权利而斗争"的，闻所未闻。

[②] 　本书在此将"法律规范"进行广义理解，不仅包含立法学意义上的法律、行政法规、规章，还包括宪法。

[③] 　冯象：《为什么"法律与人文"》，载林来梵主编：《法律与人文》，法律出版社 2006 年版，第 479 页。

宪法"①的时代,缺乏"牙齿"的宪法使得一些宪法学的研习者们都欠缺认同感和荣誉感,②以至于研究违宪审查制度被视为"屠龙术"——即便这种技艺看起来很好,可是龙在哪里呢? 基于这些现象,对宪法权利的实现,尤其是那些宪法所没有列举权利的实现,人们有所怀疑,也是可以理解的。

但是,"人类失去理想,世界会变成怎样"? 理想使人们不吝于行,乐于通过努力与尝试缩小现实与理想的距离。同样,只要人类对理想的渴望没有停息,人类对于理想的权利状态的渴望就不会停止,对包括未列举的宪法权利的渴望与追求的火焰就不会熄灭。就我国目前的宪法规范而言,虽然由于其在实施方面的欠缺而被指责为"没有宪法",但其对人权原则的宣示及对宪法基本权利列举已经表明了宪法的基本价值观,同时勾勒出了我国宪法权利的基本轮廓。尽管这种权利宣示是一种规范意义上的"应然",尚未通过制度性的保障转化为有效实施的"实然",但相对于无宪法权利,宣示本身就是一种进步。我们要做的是让这个轮廓更加清晰,同时让这个权利架构通过一定的制度设计与架构能够有效地实施。

让这个制度设计与架构能够有效实施与运行的最重要方式是设立一种类似违宪审查的制度。这样的说法似乎是老调重弹,因为迄今为止,有无数篇文章在谈违宪审查、司法审查和宪法司法化,即便不用"汗牛充栋"这样同等老调的词语来形容,也至少可以达到"车载斗量"的程度。在这些观点成为一种学界主流声音的时候,也不乏出现一些尖锐但有相当说服力的调门:有学者指出,引进或移植违宪审查或司法审查制度的学人,更多的是基于"看着这个制度别人家用得很好,就主张拿过来用,置于自家是否具有这个制度赖以存在的基础,有没有对这个制度进行过知识上的探索"这样的观点进行批判和反对。③ 也有学者认为违宪审查或司法审查难以充当保护公民权利的"最后一根稻草",如若不改变将其过于政治化和社会化的路径,在中国就难逃"叫好不

---

① 学者冯象在北京机场乘坐出租车时,闲谈中司机了解到他是法律学人。司机在以法律人之外的视角历数了中国法制发展中的一些乱象与弊端之后,言简意赅地将其归结为"他没有宪法"。这一论断道出了中国宪法和中国宪法学人的"尴尬"。参见冯象:《政法笔记》,江苏人民出版社 2004 年版,第 21 页。
② 有一位宪法学的研究生在给一位知名学者的信中表达了他对自己所学的"无用"专业的困惑和迷惘。
③ 李琦:《司法审查正当性论争之辨析》,载《法律科学》2012 年第 6 期。

叫座"的命运。① 还有学者认为,中国制宪之初设立和强化代议制的背景在于反对国民党以党代会取代国民大会的独裁行为,把人民代表大会建成"真正代表民意"的"最高权力机关",因此我国并不具备对代议机构的防范与限制这种历史传统。更为重要的是,我国现行的 1982 年宪法文本确立了人民代表大会制,司法机关并没有审查代议机关所制定法律合宪与否的宪法权力,因此作为违宪审查制度中最重要之一的司法审查"和我国现行宪法存在着根本矛盾"②。在有些学者看来,民主制度比违宪审查更有助于宪法权利的实现,只是他们并没有把民主的意涵交代清楚,甚至简单地将民主等同于投票,至于"民主解药"的效用、如何起效、其起效的收益与成本如何衡量,在所不问。③其实,即便将民主等同于投票,如何设置票的权重,如何通过计算投票来确定"公意"(general will)④,还是一个复杂乃至困难的技术活儿,牵涉公共选择与数学问题,而这是其论者所忽略和无视的。因此,以含糊的民主方式取代违宪审查制度,能否产生保护和保障包括宪法未列举权利效果,有待于从学理上进行更加深入的研究。也有学者另辟蹊径,提出在现有的制度框架内建构合宪性审查的机构,即设置只对全国人民代表大会负责的宪政委员会,与全国人大常委会、全国政协一起形成中国式"协商民主"三足鼎立的格局。⑤ 以此来为宪法配备上"牙齿",使得那些侵犯人权的行为与规范能够以制度化的方式被否定。相对于前述更具有指向性而较为欠缺操作性的方案,这种观点能在既有的宪法规范框架与体制框架内进行,因而更具可行性。

　　以上论述更多的是从"反向"来论证如何对那些侵犯宪法权利的行为与规范进行宪法意义上的否定性评价,而保障包括宪法未列举权利的方式不仅可以从反向操作,也可以进行正面操作,我国《宪法》第 67 条第 1 款规定了全国人民代表大会常务委员会享有解释宪法,监督宪法实施的职权,我们完全可以通过全国人大常委会对宪法条款进行解释,将那些具有可行性的宪法未列举权利推定出来,将这些宪法未列举权利作为客观价值秩序,并通过立法的方式予以保障,间接地使它们能够在实践中被实施与享有。也就是说,全国人大常

① 姜峰:《违宪审查:一根救命的稻草?》,载《政法论坛》2010 年第 1 期。

② 洪世宏:《无所谓合不合宪法——论民主集中制与危险审查制的矛盾及解决》,载《中外法学》2000 年第 5 期。

③ 郭春镇:《论反司法审查观的"民主解药"》,载《法律科学》2012 年第 2 期。

④ 〔法〕卢梭:《社会契约论》,何兆武译,商务印书馆 1980 年版,第 35 页。

⑤ 季卫东:《合宪性审查与司法权的强化》,载《中国社会科学》2002 年第 2 期。

委会所进行的解释与推定更多的是一种文本定向（text—oriented）的解释，主动地适用宪法规范，而非个案（问题）定向的解释（problem—oriented），不把工作的重心放在个案或争议中对遵守宪法规范的监督。① 当然，如何使人大常委会更好地履行这个职能，如何在人力、物力、财力上对其进行保障，需要更为精致的设计与操作。但无论如何，至少我们在既有的宪法框架内具备实施和解释宪法的规范依据，具有保护和保障那些包括未列举和列举宪法权利的文本支撑。这样，我国宪法列举权利与未列举权利都具有了可以实现的规范依据和机构保障，具备了从规范"应然"向"实然"转化的文本和机构基础。或许我们当前最需要的，是一个启动该机构履行其职责的契机和动力。

唐德刚先生曾把近代以来中华文明的转型比作穿越"历史三峡"，他认为，"惊涛骇浪的大转型，笔者试名之曰'历史三峡'，不论时间长短，历史三峡终必有通过之一日。这是个历史的必然。到那时'晴川历历汉阳树，芳草萋萋鹦鹉洲'，我们在喝彩声中，就可扬帆直下，随大江东去，进入海阔天空的太平洋了。"我国当前处于转型期，转型期除了在经济、社会、法律乃至历史层面上尤其特定意涵外，在宪法方面意味着从"有宪法而无宪政"向"有宪法且有宪政"的转型，转型的过程与结果不仅仅与包括未列举权利在内的所有宪法权利密切相关，更是与每一个公民宪法权利的实现与人性尊严的被肯认与保障密不可分，我们知道这是一个艰难历程，我们知道这是一个终会达成的目标。

---

① "文本定向"的法律解释，就是脱离个案适用而直接针对法律文本发布的一般性解释，"问题定向"的法律解释，即针对具体案件情境中的法律规范含义所做的解释。当然，对于宪法解释来说，问题定向的解释还应包括在审查具体法规的时候审查主体所做的解释。参见. Aarnio, R. Alexy, A. Peczenik, The Foundation of legal reasoning, Rechtstheorei12(1981). 转引自王旭：《我国宪法实施中的商谈机制：去蔽与建构》，载《中外法学》2011年第3期。

附录

无过去的怀念与无基础的想象[*]
——就《我国宪法人权条款之实施》一文与夏泽祥博士商榷

【内容摘要】　就宪法未列举权利保障而言,从美国宪法第 9 条修正案的文本表达与其解释传统及历史沿革的分离来看,该条修正案似乎并未提供一个理想的参照。国内对美国宪法第 9 条修正案的既有相关研究存在诸多误解。若要为我国宪法未列举权利的保障提供可靠的借鉴基础,我们必须在正确理解美国宪法第 9 条修正案的同时,还要借助其他国家或地区的有益经验加以补强。那么,通过对我国宪法"人权条款"的合理化解释以及实施路径的选择,我国宪法未列举权利的保障也并非不为可能。

【关键词】　美国宪法第 9 条修正案;"限制权力";宪法未列举权利;"人权条款";合理化解释;实施路径

一、问题的提出

《法学》2010 年第 12 期曾发表夏泽祥博士的《我国宪法人权条款之实施——从美国宪法"保留权利条款"生效方式说起》一文(简称夏文)。夏文是一篇基于美国法上的经验而作的比较法论文。作为夏文研究基础的借鉴对象,美国第 9 条修正案(即夏文的"保留权利条款")不仅构成了该文的研究起

---

[*]　"无过去的怀念",主要基于夏文(《我国宪法人权条款之实施——从美国宪法"保留权利条款"生效方式说起》)中"对'保留权利条款'的怀念情结"这句表达而引发的。事实上,在美国的宪法实践中,其第 9 条修正案(即夏文的"保留权利条款")从未独立作为未列举权利保障条款而存在过。没有过去,何来怀念?"无基础的想象",则是指基于夏文对第 9 条修正案认知有误的基础上对中国相关问题的研究有"想象"之嫌。

143

点,而且还是全文论证的基础。因此说,恰切细数第 9 条修正案的基本意涵和历史沿革成为这篇论文立基的关键。然而,夏文对美国宪法第 9 条修正案的制宪背景、解释传统及其历史沿革存在诸多误解,并引发了笔者的颇多疑问。夏文的种种误解使得其对第 9 条修正案历史的研究不无遗憾地成为"无过去的怀念",由此所发的诸多论断注定成为没有知音的"自言自语",而其对中国相关问题的研究则沦入"想象"的尴尬境地。笔者不揣浅陋写上小文一篇与之商榷,请教大方。

二、对美国宪法第 9 条修正案的误解与正解

美国宪法第 9 条修正案规定:"本宪法对特定权利的列举,不得被解释为否定或贬损由人民保留的其他权利。"①从其文本表达来看,一般人大概都容易将其认为是宪法未列举权利的文本来源和依据。然而,通对美国第 9 条修正案的制宪背景、解释传统及历史沿革的研究,我们可以发现该修正案的上述文本解释与我们一般人的想象有不小的距离,也远比我们当初设想的要复杂。即便是在 1965 年被誉为将第 9 条修正案"激活"的格瑞斯伍德(Griswold v. Connecticut)②一案中,第 9 条修正案的作用也要比惯常意义上所理解的要小,更遑论第 9 条修正案成为学界抑或实务界认定宪法未列举权利的"主流"依据。以下所涉的三个讨论问题,是对夏文关于第 9 条修正案基本观点的质疑,亦恰好构成了对第 9 条修正案的文本与实践、历史与现实的认知线索,故逐一述之。

(一)从文本到实践:斯托里法官果真犯了"一个重大错误"③吗?

夏文在行文开始谈及作为第 9 条修正案"效力"之一的"制约联邦政府权

---

① 美国联邦宪法第 9 条修正案的英文原文为,The enumeration in the Constitution, of certain rights, shall not be construed to deny or disparage others retained by the people. 学界惯常将本款译为"本宪法对某些权利的列举,不得被解释为否定或贬损由人民保留的其他权利",笔者将之翻译为"本宪法对特定权利的列举,不得被解释为否定或贬损由人民保留的其他权利"。此处译文,与学界的不同之处在于对于 certain 一词的理解和翻译,certain 有"某些、特定"之意。鉴于第 9 条修正案的立法背景及其解释传统,笔者倾向认为,将 certain 译为"特定"(权利)而不是"某些"更为妥当。

② 381 U. S. 479 (1965).

③ 夏文原话为:Joseph Story 的解释内涵有一个重大的逻辑错误,即将"保留权利条款"(即第九修正案)与"保留权力条款"(即第十修正案)的功能混为一谈。

力"时指出:Joseph Story 的解释内涵有一个重大的逻辑错误,即将"保留权利条款"(即第九修正案)与"保留权力条款"(即第十修正案)的功能混为一谈。其实,这是对斯托里法官的重大误解,也是对第9条修正案的重大误解。这一误解源自于对美国宪法第9条修正案的制宪背景及解释传统的知之有限。

1. 文本来源:作为妥协结果的第9条修正案

作为中央与地方分权类型之一,联邦制是美国的首创。在美国历史上,联邦制是作为克服邦联制的弊端和缺陷而产生的。美国 1787 年宪法所设计的正是要建立一个外部强大、内部有效的联邦制国家。在要不要将《权利法案》列入宪法之中这一问题上,贯穿着联邦党人与反联邦党人之间不同政见的激辩交锋。作为《权利法案》重要组成的第9条修正案,也成为这场交锋的见证和产物。

在要不要《权利法案》这一问题上,联邦党人和反联邦党人依循着不同的论争路径。其中,反联邦党人主张要《权利法案》。他们认为州是个人自由的自然家园,因而担心强大的中央政府会威胁到个人权利的保障,而且多数的决定并不总是正确的。人权法案的作用不仅体现在从政府的角度来保护人民,而且应当从多数人的意愿中去保护个体和少数人的利益。这是很多反联邦党人希望有《权利法案》的原因之一。[①] 与此针锋相对,联邦党人认为"宪法不是个人之间的,而是主权独立的各州之间的契约",[②]是限制和规范政府权力的基本规则。汉密尔顿认为对权利的列举是不必要甚至是危险的。[③] "不必要"是因为"联邦政府是授权政府且它没被授权侵犯基本人权",因而《权利法案》实在没有必要";而且各州宪法中已经包含了《权利法案》包含的内容,因此没有必要把它们再写入联邦宪法中。"危险"则是因为任何列举都必然是不完整的,并且权利的列举可能"暗示着所有省略掉的事项都被授予了联邦政府"。威尔逊也持相似见解,认为"在一个由列举的权力构成的政府里,《权利法案》不仅不必要,根据我的判断,而且是草率的。因为有很多权力和权利是无法列

① 〔美〕赫伯特・J. 斯托林:《反联邦党人赞成什么》,汪庆华译,北京大学出版社 2006 年版,第 25、71、127 页。

② 〔美〕赫伯特・J. 斯托林:《反联邦党人赞成什么》,汪庆华译,北京大学出版社 2006 年版,第 121 页。

③ Geoffrey G. Slaughter, The Ninth Amendment's Role in the Evolution of Fundamental Rights Jurisprudence, Ind. L. J., Winter 1988, p. 97.

举的"。① 因此,在联邦党人看来,在宪法中列入《权利法案》是"不必要且危险",是"不可能且不可行的"。

"宪法之父"麦迪逊被认为是制宪会议的伟大调和者,他促成了持有不同政见的联邦党人与反联邦党人达成了政治共识。作为联邦党人,麦迪逊最初反对增加《权利法案》,与汉密尔顿一样,他认为一个只拥有有限权力的联邦政府没有被授权来剥夺个人自由。但是,当他发现主张有《权利法案》的多数意见最终占了上风,如若不制定《权利法案》,宪法就可能无法被批准。② 他就坚决地向反联邦主义者作出了让步,明确地表明要保护一些不受联邦政府掌控的基本权利。1789 年 4 月美国第一届国会开幕。当年 6 月麦迪逊根据各州宪法,特别是弗吉尼亚宪法中的权利保护条款,提出了一系列修正案。众议院通过了 17 项修正案,但参议院将它们裁减合并为 12 项予以通过,各州最后批准了其中的 10 项。在 1791 年,经 3/4 各州批准生效的最初 10 项修正案,即是著名的《权利法案》。《权利法案》的出台归功于反联邦党人的不懈努力和麦迪逊的伟大调和。正如有学者所主张的,仅《权利法案》就足以使反联邦党人跻身于美国宪法奠基者的行列。③ 1789 年 5 月 4 日,麦迪逊提交国会的第 9 条修正案最初的文本是这样的:宪法中这里或那里的例外,对某些特定权利的赞同,不应被解释为对由人民保留的其他权利的消除,或被解释为对由宪法授予的权力的扩张;而应被解释为对这些权力的实际限制,或仅仅为了(行使权力的时候)更为审慎。第 9 条修正案的最后版本去掉了权力扩张的语句,保留了权利保留的语句。为了确保州法保护下的权利不被解释为仅仅因为其没有在《联邦宪法》中明确列举而通过联邦法替代保护,麦迪逊提供了他的第四个决议的最终条款,而这成了第 9 条修正案。④ 如果说联邦党人留下了 1787 年美国宪法,那么,反联邦党人留下的则是 1791 年的《权利法案》。《权利法案》以列举权利的方式作为修正案列入宪法,是反联邦党人主张的胜利。为避免

---

① James F. Kelley, The Uncertain Renaissance of the Ninth Amendment, *The University of Chicago Law Review*, Summer 1966, p. 814.

② Russell L. Caplan, The History and Meaning of the Ninth Amendment, *Virginia Law Review*, 1983, pp. 252~253.

③ [美]赫伯特·J. 斯托林:《反联邦党人赞成什么》,汪庆华译,北京大学出版社 2006 年版,译者前言,第 7 页。

④ Russell L. Caplan, The History and Meaning of the Ninth Amendment, *Virginia Law Review*, 1983, p. 239.

联邦党人"不必要且危险"的担忧,第9条修正案由此诞生。很大程度上说,第9条修正案是联邦党人与反联邦党人主张交锋最终达成妥协的结果,是联邦主义与反联邦主义不同政见的宪法解决。

2.解释传统:作为限制联邦权力的第9条修正案

自1791年《权利法案》颁行到1965年Griswold v. Connecticut一案之间的174年里,第9条修正案在美国联邦最高法院里一直处于休眠状态。在19世纪及之前,对第9条修正案的谈论甚少。"新政"之前,第9条修正案只在联邦最高法院几个极为有限的判例中出现过,[1]将其单独或与第10条修正案合并起来讨论对联邦权力的解释,[2]而与个人权利的保护并无任何直接关联。联邦最高法院从没有将第9条修正案视为保障未列举权利的规定加以适用过。[3]

与第9条修正案的文义理解不同,美国联邦最高法院对第9条修正案的

---

[1]　有学者认为是7次,Philip A. Klinkner, The Ninth Amendment: The American History of the Bill Rights, Silver Burdett Press, 1991, p.27.转引自林俊言:《论非列举权利之宪法保障》,台湾政治大学法律学研究所2002年硕士学位论文,第139页。美国学者帕特森(Bennett Patterson)在其专著《被遗忘的第九条修正案》中认为是5次。在1965年格瑞斯伍德案中,金伯格法官也认为引用过第9条修正案的判例有5个,包括United Public Workers v. Mitchell, 330 U. S. 75(1947); Tennessee Electric Power Co. v. TVA, 306 U. S. 118 (1939); Ashwander v. TVA, 297 U. S. 288(1936); Calder v. Bull, 3 Dall. 386; Loan Ass'n v. City of Topeka, 20 Wall. 655.据统计,在19世纪有四个案件牵涉将第9条修正案作为个人权利主张的规范依据,分别是United States v. Robins, 27 Fed. Cas. 825, no. 16,175 D. S. C. (1799), Huston v. Moore, 18 U. S. 1 (1820), Holmes v. Jennison, 39 U. S. 14 Pet. 540 540 (1840), Roosevelt v. Meyer, 68 U. S. 512 (1863).但其中两个案件法官根本没有提及第9条修正案,另两个则将第9条修正案视为限制联邦权力的规范而不支持当事人的权利诉求。其中,在United Public Workers v. Mitchell案中,法庭意见陈述道:我们采信上诉人认为被人民所保留的基于第9条和第10条修正案的政治权利的本性的主张。

[2]　从历史上看,在二元联邦制下,第9条修正案往往是单独或和第10条修正案结合起到限制联邦权力、维护地方自治保留权力的作用。第14条修正案的出台及其实践,使得《权利法案》的诸种权利逐步渗透至各州,州权得到限制。因此,第9条修正案限制联邦权力的作用渐趋隐退,而意在限制联邦权力的二元联邦制也渐瓦解。然而,重建与新政时期仍有法院判决显示,第9条修正案或单独或与第10条修正案一起为地方自治政府保存保留权利。第9条修正案限制联邦权力的实际作用与其保障人民保留权利的原初意涵之间始终存在着一定的张力。有关第14条修正案实践影响的见解,可参见崔之元:《关于美国宪法第十四条修正案的三个理论问题》,载《美国研究》1997年第3期。

[3]　Kurt T. Lash, The Lost Jurisprudence of the Ninth Amendment, *Tex. L. Rev.*, February 2005, p.597.

上述司法解释与"宪法之父"麦迪逊及其论说的追随者斯托里法官的主张有关。麦迪逊在向第一届国会提交修正案草案时说：反对《权利法案》，列入授权之外的列举权利。就会贬损没有被列入《权利法案》当中的那些权利。这些权利就有可能沦入联邦政府手中，因而变得不安全。这是我所听到的反对《权利法案》作为宪法组成的最合理的主张。但是，我认为，这是可以被防范的。正如各位所看到的，我试图以将第四次决议的最后一项即后来的第9条修正案写入《权利法案》的方式来实现这种防范。① 因为，在麦迪逊看来，中央政府的权力"很少而且有明确的规定"，而州政府的权力"很多但没有明确规定"。② 麦迪逊认为，第9条修正案是限制联邦权力，对联邦权力进行限缩性解释的规范。③ 并认为，第9条修正案意在防止对联邦权力进行扩张性的解释；而第10条修正案，则意在排除所有宪法规范中没有列入的权力。④ 可见，麦迪逊在阐述对第9条修正案的理解时，站在联邦主义者的立场上，强调以限缩性的态度解读联邦宪法，以防止联邦权力扩张，侵害到人民与州的权利。在对待《权利法案》及其第9条修正案的态度问题上，斯托里法官与麦迪逊一样持联邦主义的立场。斯托里法官认为，第9条修正案最初的目的是防止《权利法案》被解释为国会的权力扩展到除了明确限制的所有事项上来。在他看来，引入第9条修正案的规定明显是为了防止对如下公认公理的不当或巧妙误用：即对特定情况的确认隐含着对其他所有情况的否定；反过来，对特定情况的否认隐含着对其他所有情况的确认。该公理在正当的解释上是完全可靠和安全的；但是它经常奇怪地被迫使而脱离了自然含义，而用来支持最危险的政治邪说。⑤

---

① I Annals of Congress 439(Gales and Seaton ed. 1834). 转引自 Kurt T. Lash, The Lost Jurisprudence of the Ninth Amendment, *Tex. L. Rev.*, February 2005。

② [美]汉密尔顿等：《联邦党人文集》，程逢如等译，商务印书馆1980年版，第43～44页。

③ 这里之所以说"州的权力与权利"，是因为州对州内公民的约束与管理。从公民的视角来看，是一种权力，一种管理和支配之权力。但从州与联邦的关系这一视角来看，如前所述，则是一种权利，一种排除外来干涉的权利。因此，权利与权力在这里是一体的。有关权利与权力的转化，参见刘星：《法理学导论》，法律出版社2005年版，第130～135页。

④ James Madison, Speech in Congress Proposing Constitutional Amendments (June 8, 1789), in James Madison, Writings 489 (Jack N. Rakove ed,1999). 转引自[美]汉密尔顿等：《联邦党人文集》，程逢如等译，商务印书馆1980年版，第489页。

⑤ [美]约瑟夫·斯托里：《美国宪法评注》，毛国权译，上海三联书店2006年版，第574页。

斯托里将其对第 9 条修正案的理解运用到休斯顿一案①中。在斯托里看来，限制联邦权力而不是保护特定的权利是第 9 条修正案的核心要点。在该案中，第 9 条修正案被用于保留非列举的州与联邦并行的军事权力。可见，斯托里在休斯顿案中的观点表明了其有关第 9 条修正案是作为限制对联邦权力的解释范围以保留州自治权的解释立场。而这与麦迪逊的观点恰为一致，即第 9 条修正案的内容是"防止对联邦权力解释的范围扩张"以免损害人民保留的权利。斯托里法官拒绝"将第九条修正案视为自由至上权利的源泉"的理由在于：他认为"对自然权利的主张是州法的事情，与宪法第九条修正案对联邦权力加以限制，是两码事"。当然，需要指出的是，斯托里法官对于第 9 条修正案的联邦主义的解读，可以在麦迪逊那里找到可能的原因。②

随后，斯托里法官对第 9 条修正案的联邦主义的解读贯穿了整个 19 世纪。在美国内战之前，各级法院对第九修正案法理的理解是充分且一致的：各级法院都沿袭了麦迪逊的观点，将第 9 条修正案视为维护保留地方自治的权力规则。由此，第 9 条和第 10 条修正案一前一后，被理解为表达州自治的相互关联的原则。与之相应，斯托里和麦迪逊对第 9 条修正案的阐释成为通说。在"新政"之前，麦迪逊的第 9 条修正案和第 10 条修正案"一体说"为主流观点。③ 在宪法成为"活法"的美国，第 9 条修正案并未发挥其在宪法文本中文本意涵的功用。即便是在 1965 年格瑞斯伍德一案中，仍能窥见出对于第 9 条修正案的上述解释传统在当代的演绎。

（二）由历史到现实：即便是在激活"第九条修正案"的 1965 年 Griswold v. Connecticut 案中，九位大法官的见解究竟如何？自 1965 年至今，美国宪法第 9 条修正案是否如夏文所说已成为学界"主流"共识且被法官们"有效实施"？

如前所述，从文本形成来看，美国宪法第 9 条修正案本身即是与联邦党人与反联邦党人之间不同政见相互碰撞的见证和产物；而就实践来说，第 9 条修正案具有限制联邦权力的司法解释传统。内战乃至"新政"之前，第 9 条修正

---

① 18 U. S. (5 Wheat.)1(1820).

② 斯托里是由麦迪逊提名到联邦最高法院做大法官的。因此，当斯托里注明他的"普遍原则已经被一位伟大的制宪者（麦迪逊）的观点充分证明是正当的了"的时候，我们当然会想起斯托里背后的那位大人物。Kurt T. Lash, The Lost Jurisprudence of the Ninth Amendment, *Tex. L. Rev.*, February 2005.

③ Kurt T. Lash, The Lost Jurisprudence of the Ninth Amendment, *Tex. L. Rev.*, February 2005, p.599.

案一直发挥着与其文义解释"未列举权利"完全无关的作用。那么,在被誉为将之"激活"的 1965 年的格瑞斯伍德案,第 9 条修正案究竟起到了什么作用?自格瑞斯伍德案后,在不论美国学界抑或司法界看来,第 9 条修正案将有怎样的未来?是否如夏文所说,格瑞斯伍德案将第 9 条修正案"视为未列举权利的来源和确认依据"?"美国学术界主流观点认为,'保留权利条款'比'正当法律程序条款'更适宜充当未列举权利的确认依据"? 第九曾几何时被"有效实施开创了保障公民未列举权利的先河,得到了其他国家的效仿"?①

1. 聚焦 1965 年 Griswold v. Connecticut 案,第 9 条修正案在该案中的作用如何?

在美国宪法第 9 条修正案司法适用的历史上,1965 年的格瑞斯伍德案是"激活"其文本释义作用的经典判例,也可称得上是诸位法官对第 9 条修正案的意涵和作用发表最为充分见解的经典案件。在该案中,道格拉斯大法官发表法庭意见,主张禁止使用避孕药的康州法律因侵犯婚姻中的隐私权而违宪。道格拉斯法官创造性地运用"半影"②理论,突破了将第 9 条修正案与第 10 条修正案结合以诠释限制联邦权力的解释传统,使第 9 条修正案成为推导婚姻中的隐私权这一宪法权利的依据。金伯格、哈兰、怀特法官则分别作了独立的协同意见。沃伦和布伦南法官加入金伯格法官的协同意见。布莱克法官和斯图沃特法官持反对意见。有关各个法官所发表意见的类型、核心理由以及所主张适用的宪法条款,详见下表:

---

① 此处的黑色字体是为笔者强调所加,同时也构成了与夏文商榷的指对内容。

② Penumbra 一词原指黑影周围的伴影,尤指日、月食的伴影。该词在本案为道格拉斯所使用,喻指权利所扩散出的阴影或边缘、外围部分,与权利的核心部分相对应。在该案中,道格拉斯认为,《权利法案》的列举条款给予了权利半影以生命和养料。本案的婚姻中的隐私权存在于由数项基本的宪法权利所创造的隐私权地带之中。其中,第 1 条修正案的半影包含结社权利。第三修正案禁止和平时期士兵在未得到房主同意的情况下进驻"任何房屋",这也是隐私权的另一个表现。第 4 条修正案明确规定"人民的人身、住宅、文件和财产不受无理搜查和扣押的权利,不得侵犯"。第 5 条修正案自证其罪条款使得公民能够创制出隐私地带,政府不得强制其受到侵害。第 9 条修正案则规定"本宪法对特定权利的列举,不得被解释为否定或贬损由人民保留的其他权利"。

大法官	意见类型	核心理由	适用宪法修正案条款①
道格拉斯	法庭意见	婚姻中的隐私权存在于由数项基本的宪法权利所创造的隐私权地带之中；禁止使用避孕药的康州法律因侵犯该权利而违宪	第1、3、4、5、9、14条
金伯格（沃伦、布伦南加入）	协同意见	自由概念能够保护那些基本的个人权利，并不限于《权利法案》所限定的具体术语	第9条和第14条（第14条修正案中的"自由"概念；第9条修正案补强）
哈兰	协同意见	违背正当程序条款（the Due Process Clause）	第14条修正案中的正当程序条款具有独立的意义
怀特	协同意见	违反法律正当程序（due process of law）且剥夺了夫妇在第14条修正案中的"自由"	第14条修正案中的正当程序条款和第14条中的自由概念
布莱克	反对意见	不能仰赖正当程序条款或第9条抑或任何迷人且不确定自然法概念作为推翻康州法律的理由，康州法律并未被联邦宪法文本所表达的任一条款所禁止	否定第9条和第14条正当程序条款作为依据
斯图尔特	反对意见	没能在宪法中的任何一部分或者是法院以前所做的任何一个判决中找到隐私权这样一种权利	否定第1、3、4、5、9、14条作为依据

注：1965年格瑞斯伍德案［Griswold v. Connecticut, 381 U. S. 484 (1965).］中各法官的意见及其主要理由

综观1965年格瑞斯伍德案，美国联邦最高法院的诸位大法官对于第9条修正案在该案中所发挥作用的意见相差较大。其中，道格拉斯所主笔的法庭

---

① 在该案中，不同的法官分别在多处提及第14条修正案、正当程序条款以及第14条修正案的"自由"概念，为予以明晰特做如下说明：美国宪法第14条修正案共有5款：其中的第1款主要包括国籍、正当程序条款、平等保护等内容。正当程序条款规定：无论何州未经正当法律程序不得剥夺任何人的生命、自由或财产。可见，"自由"概念本身是包含在正当程序条款之中的。那么，为何金伯格和怀特法官在该案中分别单独提及第14条修正案中的"自由"概念？事实上，这与因以"滥施"、"正当程序条款"而"臭名昭著"的"洛克纳"等案有关。这也是主笔法庭意见的道格拉斯法官弃而不同第十四而转以一、三、四、五、九、十四为基础运用半影理论借而起用第九写就法庭意见的内因。在金伯格、哈兰和怀特分别写成的协同意见中，这种内因的影响也可见一斑：三人均反对适用"正当程序条款"惯常使用的"并入"理论，言及自由概念，或只提及违背而不是"并入"正当程序条款。

意见认为,第9条和第1条、第3条、第5条、第14条修正案"合力"共同形成权利半影。然而,道格拉斯却并未对第9条修正案的意涵以及其在形成半影权利中的地位作出任何描述,只在其中提及了第9条修正案的条文原文。哈兰法官和怀特法官分别持独立协同意见,他们二位虽赞成法庭意见的最终结果,但其理由的依据则主要是第14条修正案,故而并未对第9条修正案的作用发表直接见解。而在反对意见中,两位法官也均不看好第9条修正案,否认其作为推论出隐私权的依据。① 其中,斯图尔特法官更是直言:若要说第9条在该案中有所助益的话,则是有悖于历史的。

在该案中,对于第9条修正案的意涵和作用发表最多意见的是金伯格法官。整体而言,金伯格以第14条修正案和第9条修正案作为该案适用的法律依据,主张法庭所推导出的隐私权是由第14条所保护,第9条修正案则为第14条的此种保护提供了"加强"理由。在金伯格看来,以第5条和第14条修正案保护人民某些不被联邦政府或州所剥夺的基本自由是本法庭一以贯之的主张。② 因而,第14条修正案中的"自由概念"能够保护那些基本的个人权利。它应包含婚姻中的隐私权,尽管该权利并未在宪法内被明确提及。而在言及第9条修正案在该案中的意义时,他则指出:第9条修正案仅仅加强了对如下观点的支持:即为防御来自联邦政府或州的而由第5条和第14条修正案

---

① 布莱克发表反对意见:我并不认为在任何情形下妥当诠释正当程序条款或第9条修正案或它们二者可以成为判决康州法律违法的基础。我之所以把正当程序条款和第9条拿来一起讨论是因为它们两者本质上是一样的——仅仅是法院和联邦司法权对于非理性的立法行为使用不同的语词认为其违法而已。我认为,本案中的康州法律并未被联邦宪法文本所表达的任一条款所禁止,因此我支持康州法律。斯图尔特法官认为:法庭意见引用了第9条修正案,并且金伯格法官的协同意见着重依赖于它。但是,若要说第9条在该案中有所助益的话,则是有悖于历史的。第9条修正案,像它的同伴第10条修正案一样,由麦迪逊制定并被各州所适用。它们仅仅被用以确证如下观点:《权利法案》的适用并不改变联邦政府是一个限权政府且人民和各州保留那些剩余的权利和权力这样的立宪构想。直到今天本法庭没有任何一位法官提议说第9条修正案意味着任何其他任何东西,而那种认为联邦法院有权适用第九修正案去否决由康州人民所选举的代表通过的法律的观点一定会让麦迪逊有不小的惊愕。

② 例如,Bolling v. Sharpe, 347 497;Aptheker v. Secretary of State, 378 U. S. 500;Kent v. Dulles, 357 U. S. 116;Cantwell v. State of Connecticut, 310 U. S. 296;NAACP v. State of Alabama, 357 U. S. 449;Gideon v. Wainwright, 372 U. S. 335;New York Times Co. v. Sullivan, 376 U. S. 254。

所保护的"自由"概念不必限定于前八条修正案所明确提及的权利范围。……法庭提到了第 9 条修正案。我增添协同意见的这些文字是为强调这条修正案与法庭意见的相关性。……但并不意味着我主张以运用第 9 条修正案来取代第 14 条修正案;也并不意味着第 9 条修正案构成了一个用以防御来自州和联邦政府侵害的独立权利的来源。可见,即便是在该案中对第 9 条修正案最为倚重的金伯格眼中,第 9 条修正案也并未作为宪法未列举权利的独立文本依据和推导来源,仅仅是为"加强"支持法庭意见而辅助存在。

值得注意的是,不论是在金伯格法官的协同意见中,还是前述法官意见的列表中,我们均不难发现,在该案的权利推导过程中第 14 条修正案的功用举足轻重。尽管道格拉斯法官为避免适用实质正当程序条款可能带来"洛克纳时代"的困境①以及成为"超级立法者"的可能转而根据权利半影来裁判该案,道格拉斯仍将第 14 条与第 1 条、第 3 条、第 4 条、第 5 条修正案一道作为权利半影的主要支撑。金伯格在其协同意见中审慎地表达他仍主张将第 14 条作为该案隐私权的保护理由的见解:虽然我不接受被用在第 14 条修正案中的"正当程序"包括了前八条修正案的观点,但我的确认同,自由概念能够保护那些基本的个人权利。此外,分别独立发表协同意见的哈兰和怀特更是将第 14 条作为唯一依据。可见,金伯格法官所言的"以第五条和第十四条修正案保护人民某些不被联邦政府或州所剥夺的基本自由是本法庭一以贯之的主张"则是格瑞斯伍德案中大法官们对于第 14 条上述态度的深层缘由。正是由于这些历史包袱,使得第 9 条修正案在历史上或者被有意无意地长期忽视,尽量不予适用,或者在案件一方基于第 9 条修正案主张个人权利时,被审理法官们借助麦迪逊对第 9 条修正案的阐述而予以否定。

---

①　以洛克纳案为代表,Lochner v. State of New York, 198 U. S. 45. 包括第 14 条修正案在内的内战修正案,其最初目的是"帮助林肯实现对新近获得自由的奴隶所说的'新自由的崭新诞生'"。1868 年之后,随着最高联邦法院大法官对其扩大解释,使得权利法案的诸种权利逐步渗透至各州,成为对《权利法案》权利扩张解释的宪法依据。美国内战后形成的三项宪法修正案,即第 13 条修正案、第 14 条修正案和第 15 条修正案。参见[美]保罗·布莱斯特等:《宪法决策的过程》(第四版·上册),张千帆等译,中国政法大学出版社 2002 年版,第 302 页。道格拉斯在该案的法庭意见中代表法庭表达了他"消极司法"或"司法谦抑"的意见:我们无意作为一个超级立法者来决定以触碰经济问题、商业事务或者社会状况的法律智慧。尽管如此,我们认为,对于夫妻间的亲密关系以及他们的医生对于此种亲密关系中一个方面的帮助这些问题,宪法可以直接适用。

2.自1965年至今,美国宪法第9条修正案是确认未列举权利依据的观点仍未成为学界"主流";与此一致,第9条修正案也未被联邦最高法院"有效实施"。

夏文认为"'保留权利条款'比'正当法律程序条款'更适宜充当未列举权利的确认依据"是美国学界的"主流"观点,而在实践中,"保留权利条款"已在美国被联邦最高法院"有效实施"。疑问随之而来,"保留权利条款"是否比"正当法律程序条款"更适宜充当未列举权利的确认依据?在美国学术界,有所谓的"主流"观点吗?而就美国的司法实践来讲,是否如夏文所言,"保留权利条款"已在美国被联邦最高法院"有效实施"?

"保留权利条款"是否比"正当法律程序条款"更适宜充当未列举权利的确认依据呢?如前所述,在美国司法传统上,其宪法第9条修正案或单独或与第10条修正案结合作为限制联邦权力的条款而存在。这构成了美国学界和实务界认知第9条修正案的解释传统。而在1965年之前,第9条修正案从未以保障宪法未列举权利的意涵进入过联邦最高法院的判决书中。与此相对,随着第14条修正案的颁行,《权利法案》逐步通过实质正当程序条款渗透且"并入"第14条修正案中。在美国宪法实践中,通过对实质正当程序条款中"自由"概念的扩张性解读,正当程序条款成为传统上联邦最高法院保障宪法未列举权利最主要的文本渊源和宪法依据,[①]该条款实际发挥着"承认或拒绝'未列举'基本权利的主要文本基础"的作用。[②] 这既体现于 Griswold 案之前的

---

① Geoffrey G. Slaughter, The Ninth Amendment's Role in the Evolution of Fundamental Rights Jurisprudence, Ind. L. J., Winter 1988, p. 97.

② 据美国学者的考察,自1905年洛克纳案件后,实质正当程序被发展成为"承认或拒绝'未列举'基本权利的主要文本基础"。See Christopher J. Schmidt, Revitalizing the Quiet Ninth Amendment: Determining Unenumerated Rights and Eliminating Substantive Due Process, U. Balt. L Rev., Spring 2003, p. 169. 此处的实质正当程序即是正当程序条款。这主要是基于该条款所发挥的作用而言的。美国宪法第5条修正案和第14条修正案所包含的"不经正当法律程序,不得剥夺任何人的生命、自由和财产"的内容被称为"正当程序条款"。其中,第5条修正案是1791年通过的第10条修正案中的一部分,是为防止联邦政府的侵害而设;第14条修正案则是在南北战争后1868年为防止州政府侵害而增设。参见陈运财:《宪法正当程序之保障与刑事诉讼》,载刘孔中、李建良主编:《宪法解释之理论与实务》,"中央研究院"社科所1998年版,第286页。与其原初的程序意义不同,美国联邦最高法院通过一系列重大判例和对第14条修正案的灵活解释将这项程序性规则变成为一项实质性规则,由此,正当法律程序延展出实质内涵。

"麦耶诉内布拉斯加"(Meyer v. Nebraska)①及"皮尔斯诉姐妹会"(pierce v. Society of Sisters)②等案件中,也表现在 Griswold 案金伯格大法官的协同意见之中,还体现于 Griswold 案之后的罗伊诉韦德(Roe v. Wade)③、鲍尔斯诉哈德维克(Bowers v. Hardwick)④等案中。这些案例表明,对于宪法未列举权利的宪法保障,联邦最高法院均采取了以正当程序的思路解决宪法未列举权利的保障问题。

直到1965年格瑞斯伍德案中,道格拉斯和金柏格法官将宪法第9条修正案视为推导宪法未列举权利的辅助来源。其中,金伯格法官的协同意见自此成为美国学界认知其宪法第9条修正案在保障宪法权利时所起作用的转折点。⑤ 其后,学者们的争论可谓如火如荼,从1971年至2011年,以标题为第9条修正案(the Ninth Amendment)检索美国期刊论文共有77篇,其中,最近十年有33篇。⑥ 美国宪法学界对于第9条修正案意涵理解的论争,大致说来

---

① 262 U. S. 390(1923).

② 268 U. S. 510 (1925).

③ 410 U. S. 113(1973).

④ 478 U. S. 186(1986).

⑤ 事实上,在金柏格1965年发表协同意见之前的1955年,学者 Patterson 曾出版《The Forgotten Ninth Amendment》一书。借用1965年格瑞斯伍德案发表反对意见的法官的观点,金柏格采纳了 Patterson 在该书中的主张重新看待第9条修正案的观点。如此看来,金柏格法官在1965年格瑞斯伍德案中所发表的协同意见实则是吸收美国当时学界学者观点所致,或者至少部分是这样的。但是,若要从美国学界真正展开广泛持续讨论的话,金柏格法官的协同意见确是引发了1965年后美国学界深入讨论第9条修正案作为其他可能意涵的开始。

⑥ 数据库来源为 Westlaw,最后搜索时间为2011年7月15日。

主要有两派：即未列举权利派和限制政府权力派。① 未列举权利派认为，第9条修正案解决公民保留权利的问题，第10条修正案解决的是联邦政府剩余权力的问题。该派主张，如若将第9条修正案理解为限制政府权力的话，则与第10条修正案意思一致从而导致第9条修正案成为多余。在未列举权利派看来，第9条修正案必须保护宪法未列举权利。限制政府权力派主张，《权利法案》前八项列举的权利可能意味着联邦政府拥有宪法列举权力之外的权力。第9条修正案则是对其中情形的补救，它将联邦政府的权力限于列举的权力范围内。而第10条修正案表明联邦政府只能行使列举的权力。因此，第9条修正案补救了《权利法案》因列举权利所造成的威胁而并非"多余"。其实，未列举权利派和限制政府权力派的观点并非决然对立，而是异中有同。不同在于，前者侧重对于第9条修正案和第10条修正案条款的文本解读，强调第9条修正案对于未列举权利保障的意义；后者则注重对第9条修正案进行联邦主义的原意解读，强调对于第9条修正案限制性解释联邦权力的意义。② 相同的是，两派在对个人自由的关注方面是完全一致，不同的只是关注的方式。

---

① Cameron S. Matheson, The Once and Future Ninth Amendment, B. C. L. Rev., December 1996, p.179.事实上，美国宪法学界对于第9修正案的看法和见解颇为多样。基于分析的便利，有了学者的上述界分。有关第9条修正案的多样见解，比如，有学者主张，那些能被认定为基本的或固有的未列举的权利"在不必要将其包括进第十四条修正案正当程序条款下"的时候，都应该受到第9条修正案的保护。See Patterson, The Forgotten Ninth Amendment 45(1955).转引自 James F. Kelley, The Uncertain Renaissance of the Ninth Amendment, The University of Chicago Law Review, Summer 1966, p.814.类似观点又如，认为第9条修正案保护那些"一个自由社会留给人们"的权利即保留权利。See Redlich, Are There "Certain Rights … Retained by the People"? N. Y. U. L. Rev., 1962, p.812.甚至有学者认为，第9条修正案替代实质正当程序条款作为宪法未列举权利的文本依据。See Mark C. Niles, Ninth Amendment Adjudication: An Alternative to Substantive Due Process Analysis of Personal Autonomy Rights, UCLA L. Rev., October 2000, p.85.还有学者持不同见解，认为第9条修正案是联邦《权利法案》末尾的一个标杆，提醒法院没有列举的其他具体权利的存在。就背景意义来看，第9条修正案是联邦宪法的其他部分——尤其是第5条和第14条修正案的正当程序条款——的背景，在这个背景下，未列举权利被确定并通过第9条修正案得到保护。James F. Kelley, The Uncertain Renaissance of the Ninth Amendment, The University of Chicago Law Review, Summer 1966, p.814。

② Kurt T. Lash, The Lost Jurisprudence of the Ninth Amendment, Tex. L. Rev., February 2005, p.604.

由此可见,由于立场和视角的不同,导致了两派对于第 9 条修正案理解的差异。然而,不论是未列举权利派还是限制政府权力派,他们都一致共同关注个人自由及其实现。尽管如此,有意味的是,这种论争持续至今。① 如果说两派争论已有高下且有定论谁为"主流"的话,结论还尚且太早。

事实上,对美国宪法"正当程序条款"的批评与质疑,并不必定同时意味着其宪法第 9 条修正案自然是最优的。② 诚然,仅从第 9 条修正案的文本来看,第 9 条修正案的确具有文本依据的优势,且作为开放性条款具有极强的涵盖性。然而,与之伴随的是它自身存在着缺乏适用的依据和标准从而难于确认与适用的天然缺陷。对于第 9 条修正案因确认标准不明晰、适用依据欠缺而被宪法边缘化,以及在宪法实践中发挥作用十分有限,有不少学者持类似见解。有学者认为,该修正案既没有识别任何被保留的权利,也没有规定识别这些权利的方法论。如果说它提供给了法院什么东西,那也只是提供了一张空头支票。法官及其学术上的批评者和支持者都不想司法审查公然地在没有任何外在标准的情况下运作。即使"正当程序"和"平等保护",或者另一个宪法上的孤儿——"特权和豁免",也比该修正案更具有指导意义。③ 还有学者主张,第 9 条修正案"对于关键性的问题却保持沉默。依赖第 9 条修正案作为实

---

① 关于美国宪法第 9 条修正案意涵的理解,最近的论争集中体现在以 Randy E. Barnett 教授为代表的"个人自然权利解释"和以 Kurt T. Lash 教授为代表的"联邦主义解释"之间。See Randy E. Barnett, Kurt Lash's Majoritarian Difficulty: a Response to a Textual-Historical Theory of the Ninth Amendment, Stanford Law Review, February, 2008, p. 937. Randy E. Barnett, The Golden Mean Between Kurt & Dan: a Moderate Reading of the Ninth Amendment, Drake Law Review, Summer 2008, p. 897. See Kurt T. Lash, Three Myths of the Ninth Amendment, Drake Law Review, Summer 2008, p. 875. Kurt T. Lash, The Inescapable Federalism of the Ninth Amendment, Iowa Law Review, March, 2008, p. 801. Kurt A. Lash, A Textual-Historical Theory of the Ninth Amendment, Stanford Law Review, February, 2008, p. 895. 有学者在去年 3 月份的《哥伦比亚法律评论》上评述了这两派的论争,并审慎提出了自己不同于任何一派的"中庸"观点。See Ryan C. Williams, The Ninth Amendment as a Rule of Construction, 111 *Colum. L. Rev.* 498, April, 2011, p. 498.

② 夏文认为,美国宪法第 9 条修正案是保障宪法未列举权利的最佳方式。

③ Richard A. Posner, Legal Reasoning From the Top Down and From the Bottom up: The Question of Unenumerated Constitutional Rights, *U. Chi. L. Rev.*, 1992, p. 433.

体性权利的来源,存在着标准的缺乏"。① 也有学者将第9条修正案比喻成"潘多拉盒子",如若开启,则会带来诸多的司法争议。② 可见,由"正当程序条款"推出的"不得人心"③的3项未列举权利(最高法院有关堕胎权、安乐死、同性恋者的权利)的存在,未必能够得出将其推导出的"正当法律程序条款"视为不如"保留权利条款"的理由。更为可能的情形是,即便换做第9条修正案作为保障未列举权利的文本依据依旧逃脱不了一如"正当程序条款"被批评的境地,甚至是出于同样的理由。④ 比如,夏文认为"'实体正当程序'原则的适用是没有宪法文本支持的司法创造,由于没有可预见的法律标准,产生了不可预见的结果;在有关未列举权利的问题上,如果适用第9条修正案的文本就可以避免上述问题"。可问题在于:如前所述,第9条修正案一如正当程序条款,依然缺乏可预见的适用标准。进一步讲,同"正当程序条款"的"自由"概念相比,第9条修正案几乎是无任何实质标准可循的,除了它的"本宪法对特定权利的列举,不得被解释为否定或贬损由人民保留的其他权利"规定。甚至有学者所言,格瑞斯沃尔德案是实质性正当程序的复兴,⑤道格拉斯的半影推理是实质性正当程序的伪装。⑥ 可以说,在美国的宪法实践中,实质正当程序条款作为宪法未列举权利的主要文本依据所受到的重视与批评同在。联邦最高法院已经发现,历史上的文献对正当程序的否定跟肯定一样多。⑦ 由此,若将"正当程序条款"换作"保留权利条款"来适用,谁又能保证依据"保留权利条款"推导出的所有未列举权利都可以经受住理论和实践的考验?"正当程序条款"存在

---

① 〔美〕诺曼·维拉:《宪法公民权》(第三版英文影印本),法律出版社1999年版,第13页。

② 林俊言:《论非列举权利之宪法保障》,台湾政治大学法律学研究所2002年硕士学位论文,第173页。

③ 〔美〕罗伯特·麦克罗斯基:《美国最高法院》,任东来等译,中国政法大学出版社2005年版,第203~206页。

④ 郭春镇:《从"限制权力"到"未列举权利"——时代变迁中的美国联邦宪法第九修正案》,载《环球法律评论》2010年第2期。

⑤ 〔美〕艾德斯等:《宪法:个人权利》(第三版英文影印本),中信出版社2003年版,第70页。

⑥ 〔美〕诺曼·维拉:《宪法公民权》(第三版英文影印本),法律出版社1999年版,第11~12页。

⑦ James F. Kelley, The Uncertain Renaissance of the Ninth Amendment, *The University of Chicago Law Review*, Summer 1966, p. 814.

不足且遭受到质疑，就意味着可被其宪法第9条修正案所取代？并同时意味着第9条修正案是宪法保障未列举权利的最佳方式？这样的结论，在逻辑上不通，与现实也不符。

在美国宪法实践中，如前所述，作为保障宪法未列举权利的第9条修正案曾在1965年格瑞斯伍德案中适用过一次，而且在该案中这种司法适用是与其他条款一并适用的，只出现于部分大法官的局部见解之中。换言之，在美国宪法史上，宪法第9条修正案从未作为宪法未列举权利条款单独被司法适用过。即便是1965年之后，作为宪法未列举权利条款从未在任何判例中被联邦最高法院的大法官单独适用过。在1965年一案及其之前的案件当中，已经可见一斑。通过对自1936年以来联邦最高法院所作出终局判决来看，有37个判例提到第9条修正案，其中以1965年案判决书中所提最多，高达45次。① 其实，不论是从1965年的这份判决书的表述来看，还是1965年之后美国学界学仁的论著来看，金柏格法官对第9条修正案的诠释已经堪称经典。即便是在这一"激活"第9条修正案的经典判决中，第9条修正案所起的作用也仅仅是辅助的。更何况从1965年之后的最高法院在认定宪法未列举权利的有限判决中，第9条修正案从未作为推导宪法权利的实质依据。比如，在认定妇女的堕胎权②时，最高法院的判决意见虽然也提及了"保留权利条款"，但主要依据是"正当程序条款"；在认定病人选择死亡（安乐死）的权利③和同性恋者的权利④时，最高法院的大法官们都没有提及"保留权利条款"，而是完全以"正当程序条款"为依据。所以，有学者认为，与1965年Griswold案大法官的纷乱意见相比，1973年的Roe案法院意见认定隐私权的依据趋于一致，除怀特大法官⑤外，大法官们都同意以第14条修正案的"自由"涵纳作为隐私权的堕胎权，从而结束了Griswold案中大法官解决未列举权利认定依据的未决的纷乱意见。⑥ Roe案确立了第14条修正案对"自由"解释的方式来保障宪法未列

---

① 数据库来源为Westlaw，最后搜索时间为2011年7月15日。

② Roe v. Wade，410 U.S. 959(1973).

③ Washington v. Glucksberg，512 U.S. 702(1997).

④ Lawrence v. Texas，539 U.S. 558(2003).

⑤ 在1986年的Bowers v. Hardwick一案中，怀特大法官变更了他在1965年格瑞斯伍德案中的见解。在该案中，他以第14条修正案作为确认新权利的宪法依据。

⑥ 林俊言：《论非列举权利之宪法保障》，台湾政治大学法律学研究所2002年硕士学位论文，第173页。

举权利。① 可见，与"正当程序条款"相比，宪法第 9 条修正案可谓"势单力薄"。更何况夏文亦承认，"从严格的意义上讲，Griswold v. Connecticut 案是以'保留权利条款'为依据确认未列举权利的第一个、也是唯一的一个案件"。既然如此，在夏文中又何来第 9 条修正案被美国联邦最高法院"有效实施"呢？

概言之，1965 年格瑞斯伍德案中道格拉斯法官和金柏格法官对宪法第 9 条修正案的看重，自有其美国的历史语境和制宪背景。而在美国宪法学界，作为"权利滥用"可能的"正当程序条款"，学者们对它的批判也从未间断。然而，不论如何指责，"正当程序条款"在保障宪法权利方面一直发挥着不可忽视的作用。该条款过去是、现在是、未来仍旧可能是第 9 条修正案作为未列举权利推导之宪法文本依据的"最大劲敌"。因而，夏文对于美国学界关于宪法第 9 条修正案所发挥保障宪法未列举权利作用的"主流"观点的判断，不知是其对美国宪法第 9 条修正案历史和现实的误读，还是对美国学界正如火如荼进行中的理论争论的漠视？ 而夏文对第 9 条修正案在美国联邦最高法院"有效实施"的论断是否与自己之前所述的 1965 年格瑞斯伍德案是美国联邦最高法院适用第 9 条修正案认定未列举权利的"第一个、也是唯一的一个案件"的说法自相矛盾呢？ 至于夏文所说的第 9 条修正案是确定宪法未列举权利的"最佳方式"的观点，恐怕更是无"基"之谈。

三、对中国宪法"人权条款"的想象与复原

夏文在对中国宪法"人权条款"的合理化解释时提到：在必要时将"人权条款"解释为权力限制规则；而将"人权条款"在中国实施的可能路径表达为：将未列举权利的请求并入"人权条款"。如若脱离将美国宪法第 9 条修正案作为夏文借鉴基础的语境，夏文的上述表达似乎并未有明显大碍。然而，若回到第 9 条修正案的美国制宪与实践背景且置于美国宪法第 9 条修正案与中国宪法"人权条款"比较的语境之中，夏文的上述表达有不论比较对象的"基础"却凭"想象"论说的嫌疑。

（一）合理化解释：能否如美国宪法第 9 条修正案具有"限制权力"功能一样，从中国宪法的"人权条款"中解读出"限制权力"？ 进言之，该如何对中国宪法"人权条款"做合理化的解释？

---

① 林俊言：《论非列举权利之宪法保障》，台湾政治大学法律学研究所 2002 年硕士学位论文，第 167～168 页。

　　从美国宪法史来看，如前所述，作为《权利法案》组成的美国宪法第9条修正案，不仅是联邦党人与反联邦党人不同政见交锋的见证和产物，而且也体现了联邦党人在处理联邦与州"分权"①问题上所展示的巨大政治智慧。因而，不论是当时的政治实践，还是之后的宪法实践，第9条修正案作为"限制权力"的功能是有目共睹的。这也是直到1965年格瑞斯伍德案中布莱克法官和斯图尔特法官发表发对意见的所持的重要理由之一。事实上，在美国宪法史中，第9条修正案在不同的历史阶段作为"限制权力"的功能具有不同的意涵。在美国制宪最初，第9条修正案是联邦党人基于解决反联邦党人所主张的《权利法案》列举的权利是"危险"②的顾虑而由麦迪逊精心设计的。与此同时，作为反联邦党人，他们因担心联邦权力过大而损及自身利益，所以想借助《权利法案》的出台来达到限制联邦权力的目的。由此，在制宪最初以及其后的相当一段时间里，第9条修正案"限制权力"的功能实质即是"限制联邦权力"功能。随着作为内战修正案之一的第14条修正案的出台，且随着第14条将《权利法案》"并入"施行于各州，第九"限制联邦权力"功能的内涵发生了变化，即由"限制联邦权力"到"既限制联邦权力又限制州权力"。这也是第9条修正案在美国宪法史（至少是1965以前）所起作用的刻画，还是前述所说的由"制宪之父"麦迪逊和大法官斯托里所开创的第9条修正案作为"限制联邦权力"功能的解释传统的历史背景。

　　回到我们论题，一般而言，从学理的视角将"人权条款"解释为权力限制规则这样论断原本是可以的。③ 但若以第9条修正案的前述美国语境和制宪背景来说，夏文以比较借鉴的对象美国宪法第9条修正案与我国宪法的"人权条款"做比照来解释，则是不妥的。在美国法上，对其宪法第9条修正案作为限

---

　　① 此处的"分权"，不仅涵盖一般意义上所指的联邦与州之间权力分配的关系状态，而且还包含着联邦与州在公民权利分配上的关系状态。后者主要体现为：在制宪当时，反联邦党人主张出台《权利法案》的深层考虑即是担心成立联邦政府将有可能损害州人民权利的享有。这也是此处对分权二字加引号的原因。

　　② 如前所述，就要不要《权利法案》，联邦党人与反联邦党人展开了激烈的争论。联邦党人认为《权利法案》"不必要且危险"。"不必要"是因为1791年宪法正文对联邦权力限定的同时就意味着对公民权利的充分保障；而"危险"则在于如果在宪法中列举具体权利，就可能同时意味着对未列举的其他权利的轻视，因而是"危险"的。

　　③ 事实上，已有学者从国家义务的角度阐述了"人权条款"作为国家权力限制原则的意义。参见蒋银华：《国家义务论》，武汉大学2008年博士学位论文。

制联邦权力的功能或准则最主要是基于联邦主义背景而考量的。脱离了联邦制的语境来谈论第九修正案的限制权力功能，无疑是学术研究中的"缘木求鱼"。由此可说，在以美国宪法第9条修正案作为唯一借鉴对象的比较法论文之夏文中，第9条修正案作为"限制联邦权力"功能的美国语境与意义无论如何也是不可忽视的。与此同时，一个可以想见的质疑是：可否超越一项制度的生存土壤与国情背景来谈制度借鉴。从理论上来讲，也未必不可能。毕竟，法制的实践如同个人的生活实践一样"一切皆有可能"。然而，从更为现实的视角看，若可以抛却制度生存的不同背景或所谓的"地方性"来论比较法上的制度借鉴，那么，是不是所谓"好"的制度也完全能够实现世界"大同"。如果制度移植能够这么简单，那么，在很多问题上，国内学界学仁的确可以节省太多的时间去做更有意义的事情。如国内宪法学仁就"宪法司法化"的争论即是其例。而就本书的论题而言，韩大元教授的见解不无重要的提示意义："在有未列举权利条款的国家中，其条款不仅表现了政治道德和政治原理，还同时具有独立的权利条款价值，客观上起到限制公共权力的功能。……而'人权条款'虽然在价值理念上与之相同，但'人权条款'更侧重表明宪法原则的意义。"[①]事实上，除上述联邦主义的制宪背景外，美国宪法第9条修正案与我国宪法"人权条款"在文本位置、修辞表达、立宪目的、学理称谓等方面，均有很大不同。[②] 因此，"我国《宪法》以明示的方法列举了公民行使的27项基本权利。那么，是否公民的基本权利仅仅限于《宪法》所列举的这27项？学术界仍存有争论"。[③]

尽管如此，有关我国"人权条款"于宪法未列举权利保障之意义的合理化解释也并非不为可能。事实上，国内学界对于"人权条款"的合理化解释已有

---

① 韩大元：《宪法文本中"人权条款"的规范分析》，载《法学家》2004年第4期。

② 美国宪法虽是第一部成文宪法，但终究是普通法系的产物，且历经了由殖民地诸州到邦联、联邦以及内战等诸多宪法案事的影响。中国与美国宪法第9条修正案的制定背景有很大不同。再者，"宪法"对于未列举权利规范的方式也与美国不同。美国是间接规范方式，以"不得……"的方式进行表述；而我国则是直接规范方式。最后，在学理上的称谓也有不同。对于美国第9条修正案，一般称为未列举权利或非列举权利条款，我国宪法相应条款实则应称为概括性人权保障条款。因此，能否将其相提并论是存在争议的。参见张薇薇：《宪法未列举权利比较研究》，法律出版社2011年版，第15页。另见萧淑芬：《基本权基础理论之继受与展望》，台湾元照出版公司2005年版，第74～75页。

③ 韩大元：《基本权利概念在中国的起源与演变》，载《中国法学》2009年第6期。

相当论述。① 如林来梵教授认为"人权条款""对于那些宪法没有作出明示性规定但却非常重要的人权,也同样必须给予尊重和保障。……至少可以在解释学上弥补了(未列举权利)规范的缺失,不仅为人权体系的进一步完善,也为人权类型的推定提供了实在宪法上的规范依据"。② 韩大元教授也持类似见解,认为"人权概念的入宪拓宽了我国宪法中的基本权利内容。……从人权的价值性以及基本权利体系的开放性上看……将没有写入宪法典但对人的尊严与价值又密不可分的那部分权利——如生命权、罢工权、迁徙自由、诉权等——从人权条款中解释出来"。③ 还有学者认为"从我国宪法'人权条款'在宪法规范体系中所处的位置、在中国法文化背景与当前时代背景下来看,它具有作为宪法具体权利的总括与成为宪法基本原则和价值的功能,且内在包含了对于宪法消极权利和积极权利的保护。……'人权条款'为我国宪法未列举权利提供了'安身之所'"。④

　　如果我们将目光移至近代中国,回顾中国近代制宪史,重温民国时期议员骆继汉在1917年2月《天坛宪草》的二读会上对宪法概括权利条款在中国官方宪法草案⑤文本中最初生根所作的合理化解释,我们仍能感受到尽管它穿越了近百年的时光而仍具有的强大思想魅力。骆议员在二读会上主张"在第

---

① 有不少学者认为:"人权条款"即是我国宪法的概括权利条款。参见焦洪昌:《"国家尊重和保障人权"的宪法分析》,载《中国法学》2004年第3期;徐显明:《人权观念在中国的百年历程》,载《社会科学论坛》2005年第3期。

② 林来梵、季彦敏:《人权保障:作为原则的意义》,载《法商研究》2005年第4期。

③ 韩大元:《基本权利概念在中国的起源与演变》,载《中国法学》2009年第6期。

④ 张薇薇:《"人权条款":宪法未列举权利的"安身之所"》,载《法学评论》2011年第1期。

⑤ 据我国学者的考察,有关人民权利保障的宪法规定,最早可追溯于1911年1月由政府法制院院长宋教仁拟制的《中华民国临时政府组织法草案》。私人宪草首次出现"概括的权利保障"概念,是在康有为1912年2月拟制的《中华民国宪法草案》中。官方宪草明确规定有概括权利条款,始自1917年2月《天坛宪草》的二读会。概括权利条款首次出现在我国正式宪案中,是1923年10月10日曹锟宪法颁布的《中华民国宪法》。参见缪全吉编著,朱汇森主编:《中国制宪史资料汇编》,国史馆印行1989年版,第42~45、141~149页。吴宗慈编纂:《中华民国宪法史》,台联国风出版社1973年版,第171页。转引自李雅萍:《概括的权利保障》,辅仁大学法律学研究所1995年硕士学位论文,第6、8、19页。可见,在近代中国,从首部民权宪法草案到首次概括权利条款,从私人宪草到官方宪草,再到正式宪法文本承认确认概括权利条款,中国宪法的概括权利条款经历了一个较为繁复的历程。参见张薇薇:《宪法未列举权利比较研究》,法律出版社2011年版,第133页。

5条至第12条列举人民权利的规定后,增加了一条:中华民国人民之自由权,除本章规定外,凡无背于宪政原则者,皆承认之"。其理由有三①:"就性质上言之,自由权为人民公权之一种,官吏不得以法律冒然侵犯或限制之。无论属于宪法上列举种类与否,人民当然有要求国家不行为之权利,此性质为消极的。消极的自由权毫无界限之可寻,不易规定。此从性质上论之,非有概括条文殊不足以言保障也。就沿革上言之,各国规定自由权于宪法之中,有异同之点,原因多出于历史上惩惩之结果,或参酌本国社会情形举其最着表而出之。从沿革上之宪政根本原则而论,人民之自由权确有不能包举于宪法中之势,此本条增加之所以不可以少也。就各国先例而言,查英宪为各国宪法之滥筋,其第30条、第60条之规定,无不保障人民向有之自由习惯,后起之民主国采此例者甚多,要之此有先例可援,不得不为模效者也。基于上述三种理由,认为有修正的必要"。而就此可能引发的批评,骆议员指出:"难者或谓未经宪法规定之习惯,人民既可得其自由,则增加之条亦徒负保障之虚名。本席以为不然,夫未经宪法上之规定,乃法律上之自由权,而非宪法上之自由权,况人民对于官署发生关系时要求不行为时,非属司法作用之裁判,即属于行政作用之处分。故于人民自由权种类,非借立法上解释效力特设概括条文,不足以杜国家机关否认之口实,而宪法上则未经列举者,仍能受同一之保障,此本席提出修正增加一条之本意也"。

由此可见,中国学仁的见解趋于一致,尽管其各自的解释路径有所不同。问题在于,我们能否如美国宪法第9条修正案具有"限制权力"功能一样,从中国宪法的"人权条款"中解读出其"限制权力"的功能?行文至此,正解恐怕不难得出。

(二)实施路径:"并入"理论?

1."人权条款"的实施路径:并入理论?

在美国法上,"并入"理论有其特定意涵。美国宪法第14条修正案将正当程序原则扩大到对州政府的限制和约束之后,关于《权利法案》所确定的美国公民享有的权利和自由范围是否一并成为对州政府的限制问题,联邦最高法

---

① 吴宗慈编纂:《中华民国宪法史》,台联国风出版社1973年版,第57页。转引自李雅萍:《概括的权利保障》,辅仁大学法律学研究所1995年硕士学位论文,第19页。

院至今没有一个统一的意见。① 在洛克纳时代,自 1925 年的 Gitlow v. New York② 案联邦最高法院认为第 1 条修正案中的言论自由经由第 14 条修正案适用于各州开始,随后在 1932 年的 Powell v. Alabama③ 一案开启了有关刑事被告程序权利程序保障第 5 条修正案、第 6 条修正案、第 7 条修正案和第 8 条修正案的并入。由此,联邦最高法院将《权利法案》逐步并入(incorporate)第 14 条修正案之中。联邦宪法权利法案经由第 14 条修正案渗透至各州,并拘束、适用于各州。例外的是,第 2 条修正案、第 3 条修正案、第 5 条修正案的大陪审团要求和第 7 条修正案中保护民事陪审团的规定。此外,《权利法案》以外的权利,虽未列举于《联邦宪法》,如若遭受州政府的侵犯,也能透过第 14 条修正案对"自由"的解释,而受《联邦宪法》的保障。④ 即便是在前述的 1965 年格瑞斯伍德案中,不论是主笔法庭意见的道格拉斯法官,还是持协同意见的金柏格、哈兰和怀特法官无力例外的提及"正当程序条款"的原因。需要注意的是,1965 年此案中法官们对"并入"理论的看法却是基本持反对意见的。这主要体现在道格拉斯法官转而使用"半影理论"推导出"婚姻中的隐私权",哈兰法官则刻意使用违背(Infringe)一词而反对"并入""正当程序条款"。前已述及,主要的理由则是法官们为了担心受到因"洛克纳时代"被冠以"积极司法"的批评所作出的选择。可见,脱离了美国宪法实践的具体语境而谈及所谓

---

① 目前较有代表性的观点有四种:第一种观点是"逐案并入"论,代表人物有大法官法兰克福特。他认为,正当程序条款本身具有不受《权利法案》界定的"独立效力",正当程序的管辖范围是根据逐个案件的具体情况而定的。第二种观点是"整体并入"论,代表人物是布莱克大法官。在 Adamson v. California[332 U.S. 46 (1947).]案中,他认为,《权利法案》的内容作为一个整体并入到第 14 条修正案正当程序条款之中,既不增添一分,也不减少一分,全部运用到州政府。第三种观点是"选择并入"论,所谓"有选择的并入"是指把《权利法案》的某些内容对州加以制约,但选择方式则主要是按照法兰克福特大法官的灵活正当程序理论。第四种观点是"同等制约论",即指从《权利法案》中"吸收来的"保障按照它制约联邦政府的同样程序和同样方法来制约州政府。比较而言,从 1968 年的"邓肯诉路易斯安那州案"之后,法兰克福特德灵活的正当程序理论最为得势。参见[美]杰罗姆·巴伦等:《美国宪法概论》,刘瑞祥等译,中国社会科学出版社 1995 年版,第 100 页。

② 268 U.S. 652 (1925).

③ 287 U.S. 45 (1932).

④ 林俊言:《论非列举权利之宪法保障》,台湾政治大学法律学研究所 2002 年硕士学位论文,第 151~152 页。另见[美]保罗·布莱斯特等:《宪法决策的过程》(第四版·上册),张千帆等译,中国政法大学出版社 2002 年版,第 388~389 页。

的我国宪法"人权利条款"的"并入"①理论,这样的"雷人"论说的确需要很大的勇气和想象力。

2.世界各国宪法实施路径的共性

就文本而言,从"人权条款"的制宪目的、文本表达、所处位置来看,与大陆法系国家宪法的概括权利条款更为接近。首先,从制宪目的看:在中国,宪法学界对"人权"的研究曾是禁区,而"人权"的提法也曾一度为"公民的权利"所取代。②2004年3月14日,十届全国人大二次会议通过了《中华人民共和国宪法修正案》,把"国家尊重和保障人权"写入宪法,作为宪法第二章《公民的基本权利和义务》中第33条的第3款。该条款突出了宪法保障人权或公民基本权利这一核心价值取向。它意味着人权的精神和人权的原则进入了宪法,成为当代中国由宪法走向宪政最显著的特征。③"人权条款"入宪是中国各界尊重人权共识的宪法表达。而在日本,"幸福追求权"④是其宪法第13条所规定的国民"生命、自由以及幸福追求的权利"的概称。⑤日本宪法学界通说以"幸

---

① 夏文原文是这样表达的:当公民提出某种普遍性的未列举权利的请求时,宪法监督机构应当依据"人权条款"予以确认和保护。可能的路径是:(1)如果一项未列举权利请求符合全国人大已经批准的国家人权公约的明文规定,则可直接认定该权利请求具有普遍性,并将这一请求并入"人权条款"中予以确认。(2)如果一项未列举权利请求符合宪法"总纲"、宪法修正案或者社会政策的规定精神,则可以通过听证、民意调查等方式认定其普遍性的程度后,再将这一请求并入"人权条款"中予以确认。在这个过程中,既要承认"人权条款"的权利推定功能,又要考虑到这种功能的限度,以维护权利推定的相对客观性。

② 有关新中国成立后,中国宪法和宪法学用"公民的权利"而不用"人权"的原因,可参见许崇德:《中国宪法学》,天津人民出版社1986年版,第190~191页。

③ 徐显明:《人权观念在中国的百年历程》,载《社会科学论坛》2005年第3期。

④ 张薇薇:《论作为日本宪法概括权利的"幸福追求权"》,载《河北法学》2010年第10期。

⑤ 日本宪法通说将"国民谋求生命、自由以及幸福追求的权利"称为"幸福追求权"。参见[日]芦部信喜:《宪法》(第三版),林来梵等译,北京大学出版社2006年版,第104页;日本学者阿部教授同样认为,生命、自由、追求幸福权被解为是一体的,故简称为"幸福追求权"。见[日]阿部照哉等:《宪法》(下册),周宗宪译,中国政法大学出版社2006年版,第94页。

福追求权"一词作为日本宪法所保障的"概括性人权"的总称。① 而 1947 年的
《德国基本法》第 2 条第 1 项规定："人人都有自由发展个性的权利,但不得侵
犯他人的权利或触犯宪法秩序或道德准则。"德日战后宪法尊崇个人权利的基
调既是其对二战纳粹集权、践踏人权深刻反省的结果,还是对其宪法确立人权
尊重立宪目的的宣示。其次,从修辞表达看,各国宪法未列举权利条款主要可
以分为间接规范方式和直接规范方式两种表达②。前者以美国 1791 年权利
法案第 9 条修正案为代表。后者以 1947 年的《日本国宪法》第 13 条和 1949
年《德国基本法》第 2 条为代表。美国是间接规范方式,以"不得……"的方式
进行表述;而日本和台湾地区则是直接规范方式,以肯定的方式表明"有……
权利"。再次,若从未列举权利条款在宪法文本中所处的位置来看,或居于宪
法的一般规定或总则部分,或居于规范宪法权利的起始,还或是居于列举宪法
权利之后。采取间接规范方式的美国宪法第 9 条修正案,其未列举权利条款
居于宪法列举权利之后;而采取直接规范方式的《日本国宪法》第 13 条和
1949 年《德国基本法》第 2 条则居于规范宪法权利的起始处。由此,从我国宪
法"人权条款"的修辞表达来看,它属于直接规范的方式;在宪法文本中所处的
位置来看,与大陆法系的德国、日本宪法的概括权利条款的位置类似。概言
之,从文本的制宪目的、修辞表达及其所处的位置来看,我国宪法"人权条款"
与大陆法系国家宪法的概括性权利条款相类似。

　　从实践来看,以美国为代表的英美法系国家和以日本为代表的大陆法系
国家大致遵循相似的运行轨迹。以美国为例,如前所述,不论是论争中的宪法
未列举权利保障的文本依据是正当程序条款抑或第 9 条修正案,不可争议的

---

　　①　日本宪法学界对于宪法保障"未明文列举之基本人权"的法条依据,大致可分为
四种学说。分别是依据:(1)宪法第 11 条前段"国民享有所有基本人权,不受妨害";(2)第
13 条前段"一切国民都作为个人受到尊重";(3)第 13 条后段"对于国民谋求生命、自由以
及幸福的权利,只要不违反公共福祉,在立法及其他国政上都必须予以最大尊重";(4)第
13 条全部。其中,第三种学说是通说。因此,第 13 条后段之"幸福追求权"一般称为"概括
性基本权"。[日]松井茂记:《日本国宪法》,有斐阁 2000 年版,第 342 页。转引自萧淑芬:
《基本权基础理论之继受与展望》,台湾元照出版公司 2005 年版,第 86~87 页。
　　②　如前所述,间接规范方式是指在宪法文本中以不否定未列举权利存在的方式来
肯认宪法未列举权利的存在,从而形成宪法未列举权利与列举权利共存于宪法文本中的
权利格局。直接规范方式是指在宪法文本中通过设立概括性人权条款,将宪法列举和未
列举的权利全部涵盖其中。

是,作为宪法未列举权利保障的主体,美国联邦最高法院通过个案以司法解释的方式加以适用的解决路径。同样的,大陆法系国家的实施路径具有相似性。比如,在日本尽管学界提出的涵盖于"幸福追求权"之下的新权利主要有多样①,而在具体的宪法实践中,据芦部信喜教授的研究可知,至目前为止,日本宪法最高法院所正面予以承认的权利,只有在性质上属于作为隐私权的肖像权而已。② 芦部教授此处所指的由最高法院正面予以承认的宪法判例,即是1969年的"京都府学联案"。按照芦部的见解,该案判决中对于作为隐私权的肖像权的宪法确认是目前为止日本最高法院正面予以承认的唯一宪法未列举权利。从日本的宪法判例实践来看,"幸福追求权"的宪法解释主体,不仅限于

---

① 如芦部信喜教授认为主要有:隐私权、环境权、安静权、眺望权、入滩权、厌烟权、健康权、信息权、接近使用媒体权、和平生存权等。参见〔日〕芦部信喜:《宪法》(第三版),林来梵等译,北京大学出版社2006年版,第105页。阿部照哉教授则从"幸福追求权"内容类型化的角度,将其涵摄内容具体化为如下权利:身体的自由、精神活动的自由、经济活动的自由、关联人格价值的权利、人格的自律权、受正当程序待遇的权利、参政权、社会权。参见〔日〕阿部照哉等:《宪法》(下册),周宗宪译,中国政法大学出版社2006年版,第99页。

② 芦部教授所指的宪法判例,即1969年的"京都府学联案"。该案是有关在游行示威中,警官为搜查犯罪而拍摄照片的合法性受到争诉的案件。最高法院判示:"作为个人私生活的自由之一,任何人在为得到其允许的情况下,都有不让人随意拍摄其容貌、姿态的自由⋯⋯无论这是否可称为肖像权,至少,警官并无正当理由却拍摄个人容貌,就违反《宪法》第13条的意旨,而不被允许。"该案通过最高法院的宪法判决确认了作为隐私权的肖像权。而由学者们所主张的多数权利并未被最高法院所正面承认。以环境权为例,在大阪机场公害诉讼中,虽然原告主张"环境权的意义",但昭和50年(1975年)12月27日大阪高等法院判决(判时第797号第36页),并未判断"环境权"论的当否。此外昭和56年(1981年)12月16日的大法官判决(判时第1025号第39页),未深入"环境权"、"人格权"。〔日〕芦部信喜:《宪法》(第三版),林来梵等译,北京大学出版社2006年版,第104~105页;〔日〕阿部照哉等:《宪法》(下册),周宗宪译,中国政法大学出版社2006年版,第103页。需要说明的是,"京都府学联案"判决对于肖像权、隐私权的宪法肯认,并不意味着对于这些权利绝对不可指涉。有判例(最高法院1986年2月14日判决,刑集40卷1号48页)判示,由自动拍摄违反速度规定的车辆速度自动监视器拍摄司机的容貌,因为是现场有犯罪行为的情形,有紧急保全证据的必要,该方法也在一般容许的限度下,所以没有侵犯肖像权、隐私权。〔日〕芦部信喜:《宪法》(第三版),林来梵等译,北京大学出版社2006年版,第105页。

日本最高法院,还包括其高等法院和地方法院。① 比如,1990 年由高松高等法院作出判决,"任何人皆应不被限制禁止取得轻型机车驾照,此乃是《宪法》第 13 条所保障的国民私生活之自由之一"。② 该判例显示日本高等法院也可以成为"幸福追求权"的宪法解释主体。此外,地方法院同样可以成为该概括权利的宪法解释主体。例如,1964 年东京地方法院作出第一审判决的"宴会之后"案。该案第一审法院即东京地方法院提出了构成隐私权的侵害的三要件主张③,并判决本案的行为侵害了原告的隐私权。④ 又如,1963 年同样由东京地方法院作出判决的"关于个人计程车许可申请"案,该判例确认了受正当程序待遇的权利。可见,日本对于作为概括权利的"幸福追求权"的宪法解释机关主要是作为其司法机关的最高法院、高等法院和地方法院。概言之,在日本,法院借助个案通过宪法解释从而实现对于"幸福追求权"所涵摄的具体新权利的确认与保障。

由此,世界各国宪法保障宪法未列举权利的实践至少具有如下共性:未列举权利承认的主体均是其司法机关,比如,美国主要是联邦最高法院,日本有最高法院、高等法院和地方法院;其各自承认的方式都是借助于个案通过宪法解释以确定所主张的某项行为是否具备宪法权利的资格。概言之,既有研究表明:世界各国或地区"宪法未列举权利的承认主体均是其各自的司法机关,其启动方式均是以个案提起诉讼的形式,而最终的解决方式则均是通过宪法解释的方式来实现"。⑤

---

①　此处的地方法院即是地区裁判所。日本的裁判所相当于我国的法院。其裁判所包括最高裁判所、高等裁判所、地区裁判所、家事裁判所和简易裁判所。江建中:《日本的裁判所系统》,载《人民法院报》2004 年 9 月 10 日;肖萍:《日本的法院和法院制度》,载《中国审判新闻月刊》2007 年第 8 期。

②　[日]阿部照哉等:《宪法》(下册),周宗宪译,中国政法大学出版社 2006 年版,第 104 页。

③　[日]芦部信喜:《宪法》(第三版),林来梵等译,北京大学出版社 2006 年版,第 107 页。

④　本案争诉的是以参选东京都知事选举并且惜败的原告为原型的小说《宴会之后》是否侵害了原告的隐私权的案件。[日]阿部照哉等:《宪法》(下册),周宗宪译,中国政法大学出版社 2006 年版,第 93~94 页;[日]芦部信喜:《宪法》(第三版),林来梵等译,北京大学出版社 2006 年版,第 107 页。

⑤　张薇薇:《宪法未列举权利比较研究》,法律出版社 2011 年版,第 152 页。

3. 我国宪法"人权条款"的实施路径

就宪法法理而言,我国宪法权利的承认方式主要有修改宪法和解释宪法两种。前者由全国人民代表大会通过修改宪法的方式得以实现,后者则由全国人民代表大会常务委员会以解释宪法的方式加以完成。与修改宪法相比,"宪法解释是正常的、优先的解决方式","宪法解释的极限才是宪法修改的开始"①。可以说,宪法解释作为一种稳妥渐进的宪法成长方式,在保障人权、维护宪法稳定性和权威性上拥有更为广阔的发展空间。从现行宪法的规定来看,我国《宪法》第 67 条第 1 款确立了由全国人民代表大会常务委员会行使解释宪法,监督宪法的实施的职权。

与美国、日本、台湾地区的宪法解释是由司法机关通过个案方式启动的司法解释不同,我国宪法解释是一种由全国人大常委会以抽象方式启动的立法性解释。其区分主要如下:首先,从宪法解释权的主体来看,尽管学理上有不同见解②,但从我国现行宪法文本的规定来审视,全国人大常委会是宪法解释的主体。其次,从其启动方式来看,与美、日等比较考察对象的个案启动不同,我国由全国人大常委会所作出的宪法解释"不是具体的个案性解释",而"是一种和宪法的具体适用相分离的抽象性解释"③。再次,从宪法解释的性质来看,美国、日本和台湾地区的宪法解释性质上是一种由司法机关作出的司法解释,而我国宪法解释的性质则是由立法机关作出的立法解释。最后,从宪法解释的时效性来看,我国宪法解释一直处于"缺位"、"休眠"、"闲(搁)置"、"不作为"的状态。"无论是在法制建设薄弱的年代,还是在大力加强法制建设的今天,负有

---

① 徐秀义、韩大元:《现代宪法学基本原理》,中国人民大学出版社 2001 年版,第 287~299 页。相同观点,参见信春鹰、张文显:《论宪法解释》,载宪法比较研究课题组编:《宪法比较研究文集》,中国民主法制出版社 1993 年版,第 63 页;韩大元:《"十六大"后须强化宪法解释制度的功能》,载《法学》2003 年第 1 期;苗连营:《宪法解释的功能、原则及其中国图景》,载《法律科学》2004 年第 6 期。

② 一种观点认为,由全国人大常委会解释宪法,这种权力的设计是符合人民代表大会制度基本原则的,具有统一性与权威性的特点。因此,要强化全国人大常委会的宪法解释功能。韩大元:《"十六大"后须强化宪法解释制度的功能》,载《法学》2003 年第 1 期;许崇德:《中国共产党指引宪法与时俱进》,载《中国法学》2002 年第 6 期。另一种观点认为,人民法院具有解释宪法的权力,即是一种"宪法司法化"的主张。王磊:《宪法实施的新探索:齐玉苓案的几个宪法问题》,载《中国社会科学》2003 年第 2 期。

③ 苗连营:《中国宪法解释体制反思》,载《中国法学》2002 年第 6 期。

解释宪法和法律职责的国家权力机关却从未有过解释宪法这回事"①,至今"没有真正启动过宪法解释程序"②,"尚未使用宪法解释手段来补救宪法条文的'老化'或缺失"③。

我国现行宪法"国家尊重和保障人权"条款以其弹性、开放的特性为宪法未列举权利的保障提供了文本依据和实现前提。同时,该"人权条款"的增设"进一步加剧了现行宪法中抽象性的人权规范与个别性的人权保障之间所已经存在着的巨大张力"④。为缓和抽象的概括权利条款与现实的权利诉求之间的紧张,有学者主张,应将"宪法人权条文"或者"宪法人权保护原则、价值体系甚至是价值目标",或直接或间接地予以"司法适用"⑤,还有学者主张必须"建立具有实效性的违宪审查制度"⑥。然而,就我国宪法未列举权利而言,我们将如何借助于"人权条款"对其进行宪法保障? 显然,理论上需要面对的首要问题是,我国宪法未列举权利的保障由谁来启动以及如何启动。换言之,我国目前以全国人大常委会为释宪主体的宪法解释模式可否依据"人权条款"实

---

① 袁吉亮:《论立法解释制度之非》,载《中国法学》1994 年第 4 期。
② 韩大元:《"十六大"后须强化宪法解释制度的功能》,载《法学》2003 年第 1 期。
③ 郭道晖:《宪法的演变与修改》,载《宪法比较研究文集》(2),中国民主法制出版社1993 年版,第 82 页。
④ 林来梵、季彦敏:《人权保障:作为原则的意义》,载《法商研究》2005 年第 4 期。
⑤ 陈云生:《论人权入宪》,载《学海》2005 年第 3 期。
⑥ 林来梵、季彦敏:《人权保障:作为原则的意义》,载《法商研究》2005 年第 4 期。

现对于宪法未列举权利的保障？回答这一问题让人颇费思量。① 尽管如此，基于比较法的视角以及基于国内学理上对于相关问题的论述，下文仍将尽可能对此一问题展开尝试性的探讨。

基于比较法的视角来看，我们注意到，多数国家的宪法解释往往是由司法机关（或准司法机关）根据司法程序来进行的。与美国、日本等的宪法解释是由司法机关通过个案方式启动的司法解释不同，我国宪法解释是由全国人大常委会以抽象方式启动的立法性解释。在我国的宪法实践中，真正意义的宪法解释尚未展开，宪法解释的实效性有待加强。从我国现行宪法文本来看，"解释宪法"并不是一个独立的宪法条款，《宪法》第 67 条第 1 项即该款的完整内容是全国人大常委会有权"解释宪法，监督宪法的实施"。把"解释宪法"和"监督宪法的实施"放在同一个条款中，意味着对"解释宪法"的一种限制。因而，就现行宪法文本来看，我国宪法解释问题的解决是同宪法监督制度联结在一起的。正如有学者所指出的，"影响我国宪法解释制度发挥功能作用的原因，最重要的问题是：宪法未能得到真正适用。这是制约宪法解释的瓶颈问题。"② "人权保障条款对人权保障功能的实现有赖于建立完善的宪政体制，而其关键在于建立有效的宪法监督制度。"③ 因此，一定程度上说，我国宪法解释

---

① 这种困难至少体现在如下四方面：首先，来自我国宪法文本对之规定的无依据。尽管"人权条款"入宪为我国宪法未列举权利的确认提供了文本基础，但是对于如何启动以及由谁来启动这一问题，我国现行宪法以及宪法性法律并未提供文本回答。其次，来自我国宪法解释机制的制约。从学理上讲，宪法权利的承认方式主要有修改宪法和解释宪法两种。与修改宪法相比，"宪法解释是正常的、优先的解决方式"。就我国现行宪法而言，其宪法解释是由全国人大常委会以抽象方式启动的立法性解释。从宪法实践来看，我国的宪法解释并未曾真正启动过，从而一直处于"缺位"、"休眠"、"闲（搁）置"、"不作为"的状态。易言之，我国宪法解释机制欠缺实效性。再次，从各国宪法规定及宪政实践来看，宪法解释制度往往牵涉诸如"违宪审查"、"宪法审查"、"司法审查"、"合宪性审查"问题。这无疑加大了我们对于通过宪法解释实现宪法未列举权利保障这一问题探讨的难度。最后，从学者们的学理探讨来看，尽管国内有学者以"默示权利"或"剩余权利"的称谓肯认了宪法未列举权利的存在，还有学者肯认了"人权条款"对宪法未列举权利保障的文本意义，但是国内学者对于我国宪法未列举权利保障的启动主体以及启动的方式的讨论目前尚是空白。上述诸如宪法文本的无依据、宪法解释体制的制约、宪法解释与违宪审查的联结以及国内学理探讨的空白等因素的存在为我们讨论我国宪法未列举权利的承认方式这一问题带来了困难。

② 苗连营：《宪法解释的功能、原则及其中国图景》，载《法律科学》2004 年第 6 期。

③ 焦洪昌：《"国家尊重和保障人权"的宪法分析》，载《中国法学》2004 年第 3 期。

制度的完善取决于我国宪法监督制度的完善。

国内学者对于完善我国的宪法监督制度见解纷呈，并不乏真知灼见。①梳理国内学者各主要观点，至少可以得出如下两点共识性结论。首先，在策略上，完善我国的宪法监督制度需要分步骤、渐进式进行。"既要坚持宪法监督制度的基本理念，又要立足中国国情"；既要"循序渐进、分阶段进行"，又要"注重实效，加强可操作性"，留意社会现实以及制度的可操作性。其次，在目标

---

① 比如，童之伟教授认为，在全国人大或全国人大常委会之下设立宪法法院或宪法委员会专事宪法监督。同时，将解释法律之权完整地交由司法机关行使，由全国人大常委会行使法律解释监督权。参见童之伟：《宪法司法化引出的是是非非》，载《法学》2001 年第 11 期。付子堂教授主张，有必要考虑制定一部《违宪审查法》，或者至少在《监督法》中专门设置有关章节。任何国家机关或者公民个人都有权向人民法院提起违宪诉讼，法院进行审理后，如果认为的确言之有据，则应逐级上报，最后通过最高人民法院以议案的形式交由全国人民代表大会或全国人民代表大会常务委员会审议表决。参见付子堂：《美国、法国和中国宪法监督模式之比较》，载《法学》2000 年第 5 期。季卫东教授主张分两步走，首先，在全国人大之下设立一个宪政委员会，只对宪法和全国人大负责。其次，逐步扩大宪政委员会的权限和司法性，待条件成熟后再按照立宪程序设立欧洲大陆式的宪法法院。参见季卫东：《合宪性审查与司法权的强化》，载《中国社会科学》2002 年第 2 期；季卫东：《再论合宪性审查》，载《开放时代》2003 年第 5 期；季卫东：《合宪性审查制度的"两步走"思路》，载《人大研究》2003 年第 7 期。焦洪昌教授认为，在机构设置上，可以在全国人大之下设立宪法委员会作为专门委员会；待积累经验和时机成熟时，将其升格为与全国人大常委会平行的、独立的专司宪法监督职能的机构。焦洪昌：《"国家尊重和保障人权"的宪法分析》，载《中国法学》2004 年第 3 期。林来梵教授认为，确立尊重和保障人权的理念，更为重要的是应该在宪法的基本框架内探索实现人权保护的制度创新，尤其是建立符合立宪主义及我国现实国情的违宪审查制度。林来梵、季彦敏：《人权保障：作为原则的意义》，载《法商研究》2005 年第 4 期。蔡定剑教授则主张，将宪法解释分为宪法的立宪解释和宪法具体适用解释，分别由全国人大常委会和最高法院行使。其中，最高人民法院主要解决涉及公民基本权利被侵害争议，包括新生权利问题。全国人大常委会主要解决政府机构之间权限的争议。参见蔡定剑：《宪法实施的概念与宪法实施之道》，载《中国法学》2004 年第 1 期；蔡定剑：《中国宪法实施的私法化之路》，载《中国社会科学》2004 年第 2 期；蔡定剑：《中国宪法司法化路径探索》，载《法学研究》2005 年第 5 期。

上,宪法解释的司法性逐渐成为国内学者的共识。① 因此,笔者更为赞赏一种既立足现实国情,同时又具有未来指向的解决路径。由此主张,就近期目标而言,基于我国现行宪法的规定以及现有政治体制的框架,在全国人民代表大会之下设立宪法委员会作为监督宪法实施的专门机构,只对宪法和全国人大负责。在此基础上,逐步扩大宪法委员会的权限和司法性,待条件成熟后再设立具有司法性的宪法法院,作为我国宪法监督制度设计的远期目标。我们也有理由相信,"宪法该由谁来解释,这样的体制性问题,在宪法得以真正适用之后,宪法解释才会成为必要和可能,也才会伴随着宪法的适用而自然而然地得以启动。"②

概言之,夏文基于对美国宪法第9条修正案的误解之上,有了下文的"牵强附会":"人权条款"有"限制权力"功能的构想;并主张以权利"并入"的路径解决中国的宪法未列举权利保障问题。换言之,不论是从保障人权的立宪目的抑或是从国家义务论的角度出发诠释出"人权条款"对于限制国家权力的意义,但至少不是由联邦主义背景下美国宪法第9条修正案带来的启示。如若硬要基于第9条修正案的启示,那也太过牵强。既然第9条修正案不是理想的借鉴对象,仅具有参考意义,可以通过其他补强,如德国、日本和台湾地区的经验。因而说,鉴于中国的宪政语境,参照先进经验,选择适合自己的适用方式,或许才是正确的路径。

四、结语

经由比较法上对宪法未列举权利保障之经验与启示反哺中国,由我国现行宪法"人权条款"切入并转而对我国宪法未列举权利保障进行相关研究,原本是很好的研究课题与研究路径。遗憾的是,夏文的研究似乎未能提供可信

---

① 国内学者包万超认为,由于宪法解释权、监督宪法实施的权力均在全国人大常委会,而不在法院。因而,法院在"神圣"的宪法面前成为"缺牙的看门狗"。参见许崇德等:《齐玉苓案对完善宪法实施机制的启迪》,载《人民法院报》2001年9月17日。夏勇教授认为,"立法机关并不享有解释和监督宪法的特权,因为立法机关恰恰是宪法规范的主要对象,不能由立法机关来做自己案件的法官。"参见夏勇:《中国宪法改革的几个基本理论问题》,载《中国社会科学》2003年第2期。王磊教授主张,"宪法解释权属于司法权"。参见王磊:《选择宪法》,北京大学出版社2003年版,第32页。张千帆教授认为,"解释与审判主要是一项司法任务"。参见张千帆:《宪法学导论》,法律出版社2004年版,第181页。
② 苗连营:《中国宪法解释体制反思》,载《中国法学》2002年第6期。

的论证。除了商榷之外,本书写作的意义还在于就比较法的研究给自己及他人有益的提醒。作为法治理论与实践后发国度的理论研习者,比较借鉴的研究方法几乎注定成为每位学仁不可回避的研究路径。一定程度上说,对于法治"后进"国而言,比较法的研究几乎不存在要不要借鉴的问题,关键只是在于何种视角、何种程度上、如何借鉴以及借鉴多少的问题。退一步讲,即便经过研究发现最初的借鉴对象没有预期的借鉴价值和空间,但是至少对于借鉴对象来龙去脉的周全了解总是必要的。进一步说,如果对于借鉴对象历史沿革的研究不为清晰、相关背景的理解不为透彻,那么这样的比较研究注定不会有牢靠的借鉴基础;而基础不牢,比较的基点也必定错位。如此之下,那么对于中国相关问题的讨论就只能沦为"想象"的境地。对于比较法的研究而言,得出结论固然重要,然而,对于借鉴对象全貌的认知过程或许更为重要。① 胡适之先生所言的:大胆假设,小心求证。说的恐怕也是如此吧。

---

① 部门法的最近研究不过是从一个更为具体真实的例证视角说明上述观点绝非"空穴来风"。详细论证,参见孙新强:《我国法律移植中的败笔——优先权》,载《中国法学》2011 年第 1 期。作为商榷论文的本文,也只不过是对于上述现象增添了一个注脚而已。

参考文献

中文译著

1.[法]拉·梅特里:《人是机器》,顾寿观译,商务印书馆1959年版。

2.[德]黑格尔:《法哲学原理》,范扬、张企泰译,商务印书馆1961年版。

3.[英]亚当·斯密:《国富论》,唐日松等译,华夏出版社2005年版。

4.[美]汉密尔顿等:《联邦党人文集》,程逢如等译,商务印书馆1980年版。

5.[法]卢梭:《社会契约论》,何兆武译,商务印书馆1980年版。

6.[英]密尔:《论自由》,程崇华译,商务印书馆1959年版。

7.[意]登特列夫:《自然法——法律哲学导论》,李日章译,台湾联经事业出版公司1984年版。

8.[古希腊]柏拉图:《理想国》,郭斌和、张竹明译,商务印书馆1986年版。

9.[德]威廉·文德尔班:《哲学史教程》(上卷),罗达仁译,商务印书馆1987年版。

10.[美]布坎南:《自由、市场与国家》,吴良健等译,北京经济学院出版社1988年版。

11.[美]罗尔斯:《正义论》,何怀宏译,中国社会科学出版社1988年版。

12.[美]马文·哈里斯:《母牛·猪·战争·妖巫——人类文化之谜》,王艺等译,上海文艺出版社1990年版。

13.[美]昂格尔:《现代社会中的法律》,吴玉章、周汉华译,中国政法大学出版社1994年版。

14.[美]梯利:《西方哲学史》(增补修订本),葛力译,商务印书馆1995年版。

15.[美]麦金太尔:《德性之后》,龚群等译,中国社会科学出版社1995年版。

16.[英]伯特兰·罗素:《西方哲学史》(上卷),何兆武、李约瑟译,商务印书馆1963年版。

17.[古希腊]亚里士多德:《政治学》,吴寿彭译,商务印书馆1965年版。

18.［英］霍布斯：《利维坦》，黎思复、黎廷弼译，商务印书馆 1985 年版。

19.［美］考文：《美国宪法的"高级法"背景》，强世功译，三联书店 1996 年版。

20.［英］梅因：《古代法》，沈景一译，商务印书馆 1959 年版。

21.［意］阿奎那：《阿奎那政治著作选》，马清槐译，商务印书馆 1963 年版。

22.［古罗马］西塞罗：《国家篇·法律篇》，沈叔平等译，商务印书馆 1999 年版。

23.［德］拉德布鲁赫：《法学导论》，米健、朱林译，中国大百科全书出版社 1997 年版。

24.［英］哈耶克：《自由秩序原理》（上），邓正来译，三联书店 1997 年版。

25.［古罗马］查士丁尼：《法学总论——法学阶梯》，张企泰译，商务印书馆 1989 年版。

26.［美］诺曼·维拉：《宪法公民权》（第三版英文影印本），法律出版社 1999 年版。

27.［古希腊］亚里士多德：《尼各马可伦理学》，廖申白译注，商务印书馆 2003 年版。

28.［日］大木雅夫：《比较法》，范愉译，法律出版社 1999 年版。

29.［美］本杰明·卡多佐：《司法过程的性质》，苏力译，商务印书馆 2000 年版。

30.［美］博登海默：《法理学——法哲学及其方法》，邓正来等译，华夏出版社 2001 年版。

31.［日］大须贺明著：《生存权论》，林浩译，法律出版社 2001 年版。

32.［美］庞德：《法律史解释》，邓正来译，中国法制出版社 2002 年版。

33.［日］三浦隆：《实践宪法学》，李力、白云海译，中国人民公安大学出版社 2002 年版。

34.［美］理查德·A. 波斯纳：《法律与文学》，李国庆译，中国政法大学出版社 2002 年版。

35.［美］保罗·布莱斯特等：《宪法决策的过程：案例与材料》，张千帆等译，中国政法大学出版社 2002 年版。

36.［日］大沼保昭：《人权国家与文明》，王志安译，三联书店 2003 年版。

37.［美］列奥·斯特劳斯：《自然权利与历史》，彭刚译，三联书店 2003 年版。

38.［德］卡尔·拉伦茨：《德国民法通论》，王晓晔等译，法律出版社 2003 年版。

39.［德］哈贝马斯：《在事实与规范之间》，童世骏译，三联书店 2003 年版。

40.［比］Ch. 佩雷尔曼：《法律与修辞学》，朱庆育译，载陈金钊、谢晖主编：《法律方法》（第二卷），山东人民出版社 2003 年版。

41.［日］星野英一：《私法中的人》，王闯译，中国法制出版社 2004 年版。

42.［美］桑斯坦：《权利的成本——为什么自由依赖于税》，毕竞悦译，北京大学出版社 2004 年版。

43.［德］乌尔里希·贝克：《风险社会》，何博闻译，译林出版社 2004 年版。

44.［德］康德：《道德形而上学原理》，苗力田译，上海人民出版社 2002 年版。

45.［美］赫伯特·J. 斯托林：《反联邦党人赞成什么》，汪庆华译，北京大学出版社 2006 年版。

46.［美］玛丽·安·格伦顿:《权利话语——穷途末路的政治言辞》,周威译,北京大学出版社 2006 年版。

47.［日］芦部信喜:《宪法》,林来梵等译,北京大学出版社 2006 年版。

48.［美］爱德华·希尔斯:《论传统》,傅铿、吕乐译,上海世纪出版集团 2009 年版。

49.［美］迈克尔·桑德尔:《公正:该如何做是好?》,朱慧玲译,中信出版社 2011 年版。

50.［日］松井茂纪:《"论自己决定权"》,莫纪宏译,载《外国法译评》1996 年第 3 期。

51.［法］约瑟夫·雅各布:《扩大人权刍议》,陆象淦译,载《第欧根尼》2006 年 第 1 期。

中文著作

1.法治斌:《人权保障与释宪法制》,台湾月旦出版公司 1985 年版。

2.俞荣根:《儒家法思想通论》,广西人民出版社 1992 年版。

3.石印秀:《中国社会转型时期的权力与权利:观念分析》,载夏勇编:《走向权利的时代》,中国政法大学出版社 1995 年版。

4.陈新民:《宪法基本权利之基本理论》(上册),台湾元照出版公司 1999 年版。

5.苏力:《制度是如何形成的》,中山大学出版社 1999 年版。

6.王世杰、钱端升:《比较宪法》,商务印书馆 1999 年版。

7.马汉宝:《法律思想与社会变迁》,清华大学出版社 2008 年版。

8.张文显:《法哲学范畴研究》,中国政法大学出版社 2001 年版。

9.王海明:《新伦理学》,商务印书馆 2001 年版。

10.陈新民:《德国公法学基础理论》,山东人民出版社 2001 年版。

11.蔡维音:《社会国之法理基础》,台湾正典文化有限公司 2001 年版。

12.黄颂:《自然法观念考》,天津师范大学 2001 届博士论文。

13.林立:《法学方法论与德沃金》,中国政法大学出版社 2002 年版。

14.秦季芳:《概括条款之研究》,台湾大学 1993 年硕士学位论文。

15.李雅萍:《概括的权利保障》,辅仁大学 1995 年硕士学位论文。

16.林俊言:《论非列举权利之宪法保障》,政治大学 2001 年硕士学位论文。

17.徐秀义、韩大元主编:《现代宪法学基本原理》,中国人民公安大学出版社 2001 年版。

18.林来梵:《从宪法规范到规范宪法——规范宪法学的一种前言》,法律出版社 2001 年版。

19.李泽厚:《历史本体论》,三联书店 2002 年版。

20.苏力:《也许正在发生》,法律出版社 2004 年版。

21.夏勇:《朝夕问道》,上海三联书店 2004 年版。

22.夏勇:《中国民权哲学》,三联书店 2004 年版。

23.李震山:《多元、宽容与人权保障》,台湾元照出版公司 2005 年版。

24.刘杰:《知情权与信息公开法》,清华大学出版社 2005 年版。

25.刘星:《法理学导论》,法律出版社 2005 年版。

26.张文显:《二十世纪西方法哲学思潮研究》,法律出版社 2006 年版。

27.冯象:《为什么"法律与人文"》,载林来梵主编:《法律与人文》,法律出版社 2006 年版。

28.金敏:《让以往哑的和当前聋的能开口和听见》,载林来梵主编:《法律与人文》,法律出版社 2007 年版。

29.张文显:《法理学》,法律出版社 2007 年第 3 版。

30.黄仁宇:《中国大历史》,三联书店 2007 年版。

31.霍红霞:《论权利推定》,吉林大学 2008 届博士学位论文。

32.张宗厚:《"权利本位"对于宪法学研究的意义》,载《当代法学》1988 年第 3 期。

33.方流芳:《近代民法的个人权利本位思想及其文化背景》,载《法学家》1988 年第 6 期。

34.黄楠森、韩建国:《社会主义初级阶段的人权与个人主义问题》,载《求索》1989 年第 1 期。

35.郑成良:《权利本位说》,载《政治与法律》1989 年第 4 期。

36.张文显:《从义务本位到权利本位是法的发展规律》,载《社会科学战线》1990 年第 3 期。

37.孙笑侠:《"权利本位说"的基点、方法与理念——兼评"法本位"论战三方观点与方法》,载《中国法学》1991 年第 4 期。

38.李步云:《论人权的三种存在形态》,载《法学研究》1991 年第 4 期。

39.郭道晖:《论权利推定》,载《中国社会科学》1991 年第 4 期。

40.皮文睿:《儒家法学:超越自然法》,载贺卫方等编:《美国学者论中国法律传统》,中国政法大学出版社 1994 年版。

41.刘星:《对"法不禁止则自由"的重新审视》,载《法律科学》1995 年第 5 期。

42.洪世宏:《无所谓合不合宪法——论民主集中制与危险审查制的矛盾及解决》,载《中外法学》2000 年第 5 期。

43.刘美惠:《论自然法的哲学基础》,载《哲学与文化》1996 年第 3 期。

44.黄桂兴:《浅论行政法上的人性尊严理念》,载城仲模:《行政法之一般法律原则(一)》,台湾三民书局 1997 年版。

45.信春鹰:《论亚洲国家的人权观》,载《政治学研究》1996 年第 1 期。

46.崔之元:《关于美国宪法第十四条修正案的三个理论问题》,载《美国研究》1997 年第 3 期。

47.崔永东、龙文茂:《"中国古代无自然法"说平议》,载《比较法研究》1997 年第 4 期。

48.方流芳:《罗伊判例中的法律解释问题》,载《比较法研究》1998 年第 1 期。

49. 蔡陈聪:《试析西方哲学史中的价值主观论和客观论——兼论价值范畴的一般本质》,载《社会科学辑刊》1998 年第 1 期。

50. 蔡维音:《德国基本法第一条"人性尊严"规定之探讨》,载《宪政时代》1999 年第 18 卷第 1 期。

51. 汪习根:《发展权法理探析》,载《法学研究》1999 年第 4 期。

52. 郭道晖、陶威:《人权禁区是怎样突破的》,载《法学》1999 年第 5 期。

53. 张文显、于宁:《当代法哲学研究范式的转换——从阶级斗争范式到权利本位范式》,载《中国法学》2001 年第 1 期。

54. 林来梵、胡锦光:《西岸宾馆诉帕里什案》,载《判解研究》2001 年第 3 辑,人民法院出版社 2001 年版。

55. 莫纪宏:《论宪法原则》,载《中国法学》2001 年第 4 期。

56. 季卫东:《合宪性审查与司法权的强化》,载《中国社会科学》2002 年第 2 期。

57. 陈林林:《从自然法到自然权利》,载《浙江大学学报》(人文社会科学版)2003 年第 2 期。

58. 何柏生:《法律与作为西方理性精神 核心的数学理性》,载《法制与社会发展》2003 年第 4 期。

59. 白强:《论中国儒道法思想与西方自然法特质》,载《重庆大学学报》(社会科学版)2003 年第 5 期。

60. 王立峰:《评罗尔斯的规则功利主义惩罚思想》,载《国家行政学院学报》2004 年第 2 期。

61. 胡晓进:《美国伦奎斯特法院保守性初探——以联邦主义问题的相关判决为中心》,载《南京大学学报》(人文社科版)2004 年第 3 期。

62. 肖巍、钱箭星:《人权与发展》,载《复旦大学学报》(社会科学版)2004 年第 3 期。

63. 邓辉:《言论自由原则在商业领域的拓展》,载《中国人民大学学报》2004 年第 4 期。

64. 韩大元:《宪法文本中"人权条款"的规范分析》,载《法学家》2004 年第 4 期。

65. 林来梵:《互惠正义:第四次修宪的规范精神》,载《法学家》2004 年第 4 期。

66. 夏清瑕:《个人发展权探究》,载《政法论坛》2004 年第 6 期。

67. 林来梵、季彦敏:《人权保障:作为原则的意义》,载《法商研究》2005 年第 2 期。

68. 白雪峰:《美国沃伦法院述评》,载《南京大学学报》(哲学·人文科学·社会科学版)2005 年第 4 期。

69. 孙笑侠、郭春镇:《法律父爱主义在中国的适用》,载《中国社会科学》2006 年第 1 期。

70. 朱晓喆:《农民生存权视野下的农村社会保障——我国农村社会保障制度的法理透视》,载《财贸研究》2006 年第 2 期。

71. 钱宁:《"共同善"与分配正义论——社群主义的社会福利思想及其对社会政策研

究的启示》，载《学海》2006 年第 6 期。

72.屠振宇：《未列举基本权利的宪法保护》，载《中外法学》2007 年第 1 期。

73.王广辉：《论宪法未列举权利》，载《法商研究》2007 年第 5 期。

74.李步云、杨松才：《论人权的普遍性和特殊性》，载《环球法律评论》2007 年第 6 期。

75 屠振宇：《未列举基本权利的认定方法》，载《法学》2007 年第 9 期。

76.张卓明：《法官能否推定未列举权利？——格里斯沃尔德诉康涅狄格州案述评》，载《云南大学学报》(法学版)2008 年第 2 期。

77.邵健：《"还权于民"中的权利本位》，载《领导文萃》2009 年第 3 期。

78.郭春镇：《〈行动计划〉·计划·行动》，载《厦门大学法律评论》2009 卷，第 17 辑，厦门大学出版社 2009 年版。

79.周彪：《人大代表"权利本位意识"值得期待》，载《学习月刊》2009 年第 9 期。

80.姜峰：《违宪审查：一根救命的稻草？》，载《政法论坛》2010 年第 1 期。

81.郭春镇：《从"限制权力"到"未列举权利"》，载《环球法律评论》2010 年第 2 期。

82.朱晓喆：《格劳秀斯与近代自然法传统的近代转型》，载《东方法学》2010 年第 4 期。

83.张薇薇：《"人权条款"：宪法未列举权利的"安身之所"》，载《法学评论》2011 年第 1 期。

84.曾凡珂：《论法治国家中的权利本位与权力制约》，载《黑龙江省政法管理干部学院学报》2011 年第 1 期。

85.姚伟：《"权利本位"理念下的教师专业自主权特征解析》，载《东北师范大学学报》(哲学社会科学版)2011 年第 1 期。

86.夏泽祥：《未列举权利的认定方法与判断标准》，载《山东社会科学》2010 年第 7 期。

87.晋运锋：《当代西方功利主义研究述评》，载《哲学动态》2010 第 10 期。

88.王旭：《我国宪法实施中的商谈机制：去蔽与建构》，载《中外法学》2011 年第 3 期。

89.赵宏：《主观权利与客观价值——基本权利在德国法中的两种面向》，载《浙江社会科学》2011 年第 3 期。

90.吕明：《刚性维权与动态维稳——"权利本位说"在维稳时代所遭遇的挑战》，载《法律科学》2011 年第 4 期。

91.李琦：《司法审查正当性论争之辨析》，载《法律科学》2012 年第 6 期。

92.郭春镇：《论反司法审查观的"民主解药"》，载《法律科学》2012 年第 2 期。

英文著作

1.Samuel D. Warren, Louis D. Brandeis, "The Right to Privacy", 5, *Harvard Law Review*, 1890.

2.O. W. Holmes, Jr., "Agency", *Harvard Law Review*, 4, 1891.

3.David M. Walker, *The Oxford Companion Law*, Clarendon Press, 1980.

4. Gerald Dworkin, *The Theory and Practice of Autonomy*, Cambridge University Press, 1988.

5. Joel Feinberg, 1989, *Moral Limits of the Criminal Law: Harm to Self*, Vol. 3, p. 23, Oxford University Press.

6. Burr Henly, "Penumbra": The Roots of a Legal Metaphor, *Hastings Constitutional Law Quarterly*, Fall, 1987.

7. Henry T. Greely, A Footnote to "Penumbra" in Griswold v. Connecticut, *Constitutional Commentary*, Vol. 6, 1989.

8. Cameron S. Matheson, The Once and Future Ninth Amendment, 38 *B. C. L. Rev.*, 1996.

9. Thomas B. McAffee, The Original Meaning of the Ninth Amendment, 90 *Colum. L. Rev.*, 1990.

10. Kurt T. Lash, The Lost Original Meaning of the Ninth Amendment, 83 *Tex. L. Rev.* 427. 2004.

11. Sanford Levinson, Symposium on Interpreting the Ninth Amendment: Constitutional Rhetoric and the Ninth Amendment, 64 *Chi. -Kent. L. Rev.* 140～142, 1988.

12. Russell L. Caplan, The History and Meaning of the Ninth Amendment, 69 *Vir. L. Rev.*, 1983.

13. Suzanna Sherry, Commentary on the Symposium Interpreting the Ninth Amendment: The Ninth Amendment: Righting an Unwritten Constitution, 64 *Chi. -Kent. L. Rev.*, 1988.

14. Thomas B. McAffee, The Original Meaning of the Ninth Amendment, 90 *Colum. L. Rev.*, 1990.

15. The Lost Jurisprudence of the Ninth Amendment, 83 *Tex. L. Rev.*, 2005.

16. A Textual-Historical Theory of the Ninth Amendment, 60 *Stanford Law Review*, 2008.

17. John Choon Yoo, Our Declaratory Ninth Amendment, 42 *Emory L. J*, 1993.

18. Cushman, *Barry Rethinking the new deal court: the structure of a constitutional revolution*, Oxford University Press, 1998.

19. Christopher J. Schmidt, Revitalizing the Quiet Ninth Amendment: Determining Unenumerated Rights and Eliminating Substantive Due Process, *U. Balt. L. Rev.*, 2003.

20. Ernst Benda, The Protection of Human Dignity, 3 *SMU L. Rev.* 452, 453. Spring, 2000.

后　记

写后记是人生最大乐事之一。

你想想,你忙完了一篇博士论文、一份出站报告或一本书,前面所有的工作环节都已经结束,你带着轻松惬意的心情写着后记,感谢着那些对你工作和学习助益量多的师长、友人和家人,然后你将要和这段生涯说声再见,开始新的历程,后面还有各种新鲜和快乐的事情等着你,这是多么愉快的一件事!

本书是在我的博士后出站报告的基础上和张薇薇博士合作而成的,撰写出站报告是一件苦差事,但相对于博士论文,仍然是较为轻松和愉快的过程——这从文章和后记的写作可以看得出来。当年作博士论文的时候,每天都感觉在和文字鏖战,且时常有被击溃的感觉,其间不乏多次把自己灌个半醉然后与它们继续作战的经历,以求酒精能够给自己壮胆,同时增加"经验值"与想象力来对文字实施反击溃行动。更有很多次想暂时放弃手边的工作,写一下后记,想象一下论文结束之后的悠闲心境。现在则不然,虽然博士后在研其间要搞好工作与科研,要照顾家庭,但好在不像博士毕业那样有严格的时间限制,在时间的安排上较为从容,所以我能够在完成了所有环节之后,把最好的果子放在最后吃。

这份从容不是随便来的。在此,必须要感谢导师张文显教授的温厚与宽容。由于工作与家庭的事情,在出站报告的选题、开题和写作的过程中会遇到时间安排等各方面的困难,有时熬不过,就向张老师申请推迟或延期,每次他都宽厚地同意,给予我最大的宽容和最大的鼓励,想起这些,心里总是充满感激。

一直很相信缘分，跟张老师应该也是有缘的。记得刚读博的时候，找了很久张老师的《二十世纪西方法哲学思潮研究》，就是不可得。后来终于在一位师兄那里见到，那时好像还没有复印书这么一种想法，就是想从他那里得到这本原版书。但这位师兄不知是开我的玩笑还是磨炼我的意志，就是不愿送给我（花钱买就不用说了，那多伤感情），直到最后我用美国第一个诺贝尔经济学奖获得者萨缪尔森的那本厚厚的、当板砖使足以让人瞬间失去战斗力的"巨著"《经济学》跟他交换，才终于获得了这本书。现在想来，萨缪尔森的那本书仍然还静静地躺在他的书架上吧，而张老师的这本书则帮我解决了博士论文，并帮我找到了一份让我衣食无忧的工作。据说这本书是张老师在哥大访学时苦熬了很长时间的冷板凳才写出来的，主要对20世纪美国的各种法哲学思潮进行了精致的梳理，对我颇有启发的是这种对一手文献的掌控与把握，以及如何从大量文献所蕴含纷繁复杂的信息中寻出头绪进行梳理的技巧与艺术。这与浙大法学院当时的学术风气相结合，影响到了我学术研究的方式与路径——至今我还喜欢从大量的一手文献中梳理出自己想要的信息与文章。这本书对我的影响还不止研究方式与路径，它还直接决定了我博士论文的选题，我对其中法律限制自由的理由一部分颇有兴趣，博士时候的导师孙笑侠教授因势利导（跟孙老师也是颇有缘分，当我还是一个为考研苦苦奋斗的"悲催"工科男时，用的就是孙老师参编的一本法理学教科书，当时看到他名字的时候，觉得这个名字真的很酷，要是能有机会向他请教就好了。结果，竟然终于有幸成了他的弟子），让我专门研究法律父爱主义，于是才有了我的博士论文《法律父爱主义及其对基本权利的限制》。从这个角度来说，要感谢孙老师的指导，也要感谢张老师的引路。当我在厦门大学法学院工作一段时间之后，出于提高自己的目的，想做一个博士后研究，当时没敢想去选张老师作为合作导师，因为没有信心能获得他的认可，没想到提交材料后竟然顺利通过了审核，自己竟然有幸成为张老师的学生。后来想想，除了张老师对后辈的提携和关照，只能用缘分来解释了。

写了这么多，应该进行浓墨重彩的感谢了。首先，要诚挚感谢张老师这三年来的培养。张老师这些年担任着繁重的行政工作和学术工作，但对学生的指导却没有放松。记得在确定选题时，张老师专门从高院驱车到中心，在对我的选题予以肯定的同时，对文章的选题、构架和内容进行了详尽的指导,让我至今记忆犹新的是他对未列举权利的分类,作为多年从事法学教育与实践的著名法学家,他具有强烈的问题意识和现实意识,特别关注真实世界,他提醒我注意从文本、现实和社会发展的角度关注宪法未列举权利,同时又让我注意这些权利的价值基础和方法论基点,以及如何能让这些权利最终转化为可以人们真正可以在实践中享有的"实有权利",这让我很受启发并奠定了报告的基本框架。此外,他对我如何运用资料也提出了建设性的意见,让我不仅关注域外的文献与理论,而且要用好国内学者已有的著作,而这背后隐藏的是其浓厚的中国问题意识。当然,由于个人的天资所限,我可能没有完全领会和表达这些指导,但这无损于他的贡献,也不妨碍我诚挚的感激。

还要诚挚感谢中心的其他老师,他们为我的研究和生活提供了各种帮助和便利。感谢姚建宗老师。姚老师是一院之长,而且有各种学术和行政职务,事务非常繁忙,但在我的记忆中,只要我有事相求或相问,他总是马上提供足够的帮助。如果当时确实有事,也会在第一时间回电话相助,他的这种平易与善意,让我常有如沐春风之感。感谢黄文艺老师。跟黄老师打交道比较多,一是因为他是导师组的成员,二是因为跟他有一些共同的学术话题。黄老师不怎么爱说话,即便是提出不同意见,也是以温和与商讨的口气。对研究的方法与前沿问题,从来都是倾囊相授,颇有谦谦君子之风。感谢杜宴林老师。杜老师的年龄与我相仿,只比我年长一点,因此他更多的时候是以兄长的口气说话。除了学术上的交流与指导,杜老师对我的生活给了更多的关心与帮助。不管是选题与开题的时间安排,还是来长春的衣食住行,甚至报账的细节,他都不厌其烦地指点与帮助。有了这三位亦兄亦友的老师,让我的学习与研究轻松了很多,他们的善德懿行,让我会一直心存感激。感谢中心的霍存福老师、任喜荣老师、李拥军老师、钱大军老师、刘红臻老师、丰霏老师、侯学宾老师、王奇才老师、蔡宏伟老师、朱振老师、苗炎老师、鲁鹏宇老师和孟庆红老师,跟他们交流,是一种享受。特别是丰霏与侯学宾老师,在我身处厦门的时候,他们还为我填写、提交各种复杂的表格,处理了很多日常的事务。尤其要感谢王蕾老师,她给我提供了极大的帮助,也为给她带来的不便深表歉意。

感谢我在厦门大学法学院的同事、我的师长与其他朋友。感谢宋方青老师,正是她的帮助,使我有机会成为张老师的学生,能加入到吉大法理中心这样一个具有良好学术氛围的团队里，能接触这么多优秀与谦和的学界精英。非但如此，在厦大法学院的各种事务中，宋老师都体现了"观音姐姐"（这是我院同事和学生对她的爱称）风范，带着极大的善意为我的工作和生活提供了最大的帮助，让我能专注于学习与科研。感谢葛洪义老师，葛老师是我们学院的兼职博导，他除了为我参加学术活动创造条件与机会外，还时常在科研方面提供建设性的意见和建议。他跟人交谈的时候常常微笑，他微笑的时候一般会眯着眼睛，亲切又有点"迷人"。跟他喝酒也是很愉快的事情，让人不由得会喝多，曾经有一次喝得我找不到家。感谢沈国明老师，在2007年的法理学年会上偶遇了他，他平易近人，在学术上精益求精的同时对后辈提携有加。虽然不是他的弟子，但他的学养与人格魅力永远值得我执弟子礼，值得我学习与效仿。感谢杨春福老师，他的友善与提携让我能够从容面对学术与生活中的挑战。感谢我的导师孙笑侠教授、周世中教授和杨丽艳教授，我曾经是他们的学生，我永远是他们的学生。虽然已经不在他们身边求学，但他们仍然继续教我为人为文，在我遇到疑惑、困难的时候仍然耐心教诲和帮助。感谢徐崇利老师、刘连泰老师、周刚志老师、周东平老师、蔡庆辉老师、吴旭阳老师一直以来的关心与帮助。感谢熊静波、孙祥生、林海、于敬斌、赵耀彤、成凡、陈林林、李学尧、李伟、王凌皞、杜宫磊、胡成蹊等人，他们是我需要的时候从不吝惜伸出双手的同学与兄弟。

最后，要感谢我的家人。感谢我的妻子张薇薇，说来也奇怪，两个人在一个单位，而且在一间办公室，一天二十四小时在一起，竟然还能"相看两不厌"，也算是一种奇观了，希望这种奇观再保持个二三十年（那时就退休了，不在一间办公室了）。虽然平日跟她也有争吵，但基本上都是学术争吵。严格地说，宪法未列举权利这一论题，是我们两人共有的话题，但两人却存在大量的分歧与争议，结果是各执一词，谁也说服不了谁，最终的结果是以它各自撰文——她将未列举权利作为博士论文的题目，而我作为博士后出站报告的题目。虽然就这个问题的学术讨论与争吵一直在持续，甚至有时一方会发出"以后再也不跟你讨论学术了"这样的狠话，但毕竟有些观点达成了基本共识，以至于在报告的某些部分，我都不确定当初是谁先提出并论证的观点。或许，这就像当前两个人的状态一样：虽然"你还是你，我还是我"，但"我中有你，你中有我"。而这本书，正是在我的博士后出站报告的基础上,加上她和我之间就宪法未列举权利问题的研讨、纷争后形成的最大公约数。其中,第三章第一、二节在张薇薇撰写的基础上合作而成,第四章第三节为两人反复探讨后合写,附录为张薇薇独自撰写,其余主要由我来完成。感谢我的女儿昕昕,虽然为她曾耗尽心力,但她也给我带来了无限的欢乐。虽然她只有两岁四个月,但她对我有很多启示和鼓励。昨天晚上十点多,她不肯好好睡觉,她妈妈用大鲨鱼、残豹(《功夫熊猫》1里面的大反派)等角色吓唬她,以让她安静下来休息。她确实安静了一会儿,不过突然小宇宙爆发,从床上跳起来,手指长天,大喊:"我不怕,我要战胜一切!"她"战胜一切"的语言可能在那一刻无助于她的睡眠,但她可爱的样子让她的爸爸增加了克服一切困难的勇气。要感谢我的岳母,她辛劳了一辈子,在晚年又来帮我照顾孩子,每天都为我们默默地付出。感谢我的父母,他们为我付出了很多,而我却回报很少。他们把开始只有"砖头那么长"的我养育成人,并以自己的行为给了我最初的教育,教育我要为人实诚,与人为善。他们都已经老了,我却不能在身边伺候,只能在寒暑假去陪陪他们,很是内疚。感谢我的几位姐姐和哥哥,是他们代我履行了为人子的义务,希望能有一天报答他们的爱与深情。

郭春镇
2011 年 11 月 4 日于五缘湾

187

图书在版编目(CIP)数据

转型期权利的法律保障研究:以未列举权利及其推定为例/郭春镇,张薇薇
著. —厦门:厦门大学出版社,2013.7
ISBN 978-7-5615-4649-9

Ⅰ.①转… Ⅱ.①郭…②张… Ⅲ.①权益保护-研究-中国 Ⅳ.①D923.04

中国版本图书馆 CIP 数据核字(2013)第 107471 号

厦门大学出版社出版发行

(地址:厦门市软件园二期望海路 39 号 邮编:361008)
http://www.xmupress.com
xmup @ xmupress.com

厦门集大印刷厂印刷

2013 年 7 月第 1 版 2013 年 7 月第 1 次印刷

开本:720×970 1/16 印张:12 插页:2

字数:202 千字 印数:1~1 200 册

定价:30.00 元

本书如有印装质量问题请直接寄承印厂调换